国家社科基金项目"经济新常态和新型城镇化下农民工市民化利益冲突与协调机制研究"(2016BJY100)

农民工市民化利益：
主体关系演化与协调机制研究

刘鸿渊　彭新艳　陈怡男 ◎ 著

图书在版编目（CIP）数据

农民工市民化利益：主体关系演化与协调机制研究 / 刘鸿渊，彭新艳，陈怡男著. — 成都：四川大学出版社，2024.1
ISBN 978-7-5690-6436-0

Ⅰ. ①农… Ⅱ. ①刘… ②彭… ③陈… Ⅲ. ①民工-城市化-研究-中国 Ⅳ. ①D422.64

中国国家版本馆CIP数据核字（2023）第211365号

书　　名：	农民工市民化利益：主体关系演化与协调机制研究
	Nongmingong Shiminhua Liyi: Zhuti Guanxi Yanhua yu Xietiao Jizhi Yanjiu
著　　者：	刘鸿渊　彭新艳　陈怡男

选题策划：	梁　平　杨　果
责任编辑：	梁　平
责任校对：	李　梅
装帧设计：	裴菊红
责任印制：	王　炜

出版发行：	四川大学出版社有限责任公司
	地址：成都市一环路南一段24号（610065）
	电话：（028）85408311（发行部）、85400276（总编室）
	电子邮箱：scupress@vip.163.com
	网址：https://press.scu.edu.cn
印前制作：	四川胜翔数码印务设计有限公司
印刷装订：	成都金阳印务有限责任公司

成品尺寸：	170 mm×240 mm
印　　张：	14.25
字　　数：	269千字

版　　次：	2024年4月 第1版
印　　次：	2024年4月 第1次印刷
定　　价：	75.00元

本社图书如有印装质量问题，请联系发行部调换

版权所有 ◆ 侵权必究

扫码获取数字资源

四川大学出版社
微信公众号

本书是在国家社科基金项目"经济新常态和新型城镇化下农民工市民化利益冲突与协调机制研究"(2016BJY100)结题报告的基础上,充分吸收评审专家意见,系统修改而成。感谢评审专家提出的宝贵意见。

前　言

　　农民工顺利市民化涉及广大人民的根本利益，加快推进农民工市民化是全面深化改革重大决定之一，是人口规模巨大现代化的重要议题。经过改革开放以来的40多年经济快速增长，中国已经成为世界第二大经济体。2022年，中国GDP总量已达到18万亿美元。从经济总量、经济结构、经济效益、经济影响等层面看，我国已成为名副其实的经济大国。2008年国际金融危机以来，我国经济发展已由高速增长期进入增长速度换挡期，把握好经济增长的适度区间，努力实现经济的平稳增长是宏观经济调控的主要任务，人们通常将这一阶段称作"新常态"。经济新常态对中国经济社会持续发展的影响具有广泛性、复杂性，因此，正确认识、适应和引领经济新常态，坚持以人为本的新型城镇化道路，加强农民工市民化的战略研究，有序推进农民工市民化，成为2014年中央经济和城市工作会议的新要求。一方面，经济新常态意味着经济发展方式、增长形态和动力机制的转变，势必会给农民工就业、收入带来相应影响，改变农民工与企业、社区居民之间的经济、社会关系，形成一种新的利益关系格局。另一方面，新型城镇化是以人为本的城镇化，是建立在对传统的物的城镇化的深刻反思基础上的，具有全新发展理念和丰富时代内涵，意味着一种新的可持续发展方式将替代粗放式的发展方式，必将对整个社会发展产生深刻而全面的影响。以人为本的新型城镇化是以人民为中心发展思想在中国式现代化发展进程中的具体体现，意味着原来游离在城市与乡村之间的农民工的社会福利将进入相关的制度安排之中，意味着原有的影响农民工市民化的制度性障碍将会被破除，其进程将会进一步加快。这既是一个生产力发展的过程，也是生产关系的社会性重构过程。生产关系的调整势必会对既有的利益关系格局形成挑战，引发利益调整。协调处理好其利益关系，将有利于经济社会的发展。在经济新常态、新型城镇化的双重背景下,如何有序地推进农民工市民化,最大限度地发挥农民工在供给侧与需求侧的潜在优势,释放更多的人口红利,事关经济社会发展,事关社会公平正义,事关我国经济社会结构转型和发展新动能,事关"中等收入陷阱"的跨越和高收入国家战略目标的实现,具有重要的经济、社会意义。

立足经济新常态、新型城镇化与农民工市民化的内在逻辑关系,围绕农民工市民化所形成的利益关系,建立起以利益相关者行动策略为中心的理论研究总框架,在全面而系统地认识清楚农民工市民化的利益属性基础上,构建起以利益关系为基础的总体研究框架,从利益关系形成、动态演化和主体策略性行为去揭示农民工市民化的基本规律,提出以利益相关者行为为基础的利益协调机制,对其有效性进行评价和优化,是本书的主要研究目标。本书的主要研究内容共包括七个部分。

主要研究内容一为"农民工市民化:研究脉络与理论框架"。农民工市民化是个体层面上农民工重要的生命历程,是由农民工这一特殊群体在整个国家现代化进程中追求美好生活而引发的众多经济社会现象中的一个重要分支,受到广大理论工作者的高度重视。既有的研究成果是本书认识经济新常态和新型城镇化背景下农民工市民化这一特殊现象的基础,因此,本部分在采用文献计量的方法对农民工市民化研究文献特征、知识研究规律、研究热点和前沿进行研究的基础上,从利益关系角度构建起一个有关农民工市民化的理论分析框架,将政府、企业、农民工纳入一个利益关系行动系统之中,提出了主体收益、主体成本和群体信念等影响行动者行为的关键因素,从而为后续研究奠定基础。

主要研究内容二为"农民工市民化:双重背景与公共属性"。基于农民工市民化深深地嵌入在特定的时代背景之中这一基本社会事实,本部分立足于课题立项时的时代背景,从众多的时代背景中抽取"经济新常态"和"新型城镇化"两大社会事实,从农民工市民化对外在结构性环境的需求出发,在系统地分析研究城镇化、新型城镇化和经济新常态的相关议题基础上,从整体层面对农民工市民化的公共属性、内在条件与所面临的现实难题进行规范性分析,进一步深化人们对农民工市民化价值和复杂性认识。

主要研究内容三为"农民工市民化：群体特征与利益主体"。农民工市民化具有典型的外部性，不仅事关农民工这一特殊群体的利益，而且涉及政府、企业、社会化公共服务机构、城市社区居民等众多利益相关者，对农民工这一群体的总体性认识与利益主体之间的关系认识是研究基础。因此，本部分从整体变化规模、地域分化、内部分化、受教育水平、就业状况、收入、城市消费特征与居住状况等角度对农民工群体特征进行整体性分析，并以利益相关者理论为指导，从角色和类型两个维度对农民工市民化进程中的利益相关者进行了系统分析，旨在夯实农民工市民化利益相关者行为分析基础。

主要研究内容四为"农民工市民化：私人成本与公共成本"。农民工市民化相关利益主体的不同收益和成本直接影响着利益主体的行动策略，本部分从利益相关者角度将农民工市民化的成本类型界定为私人成本、企业成本和公共成本，并基于不同区域、不同经济发展水平，构建起以区域为基本尺度的农民工市民化成本测算指标体系，对不同区域的农民工市民化的成本、跨省市民化和就地市民化的成本进行测算，从而形成了一个成本视角认识农民工市民化主体行为的分析框架。

主要研究内容五为"农民工市民化：政府行为与实证检验"。政府在农民工市民化进程中扮演着重要角色，其行为策略直接关系到农民工市民化成本。农民工市民化离不开政府的公共政策供给，需要纵向层面的中央与地方政府、横向层面的政府的集体一致性行动，但受制于成本收益的非一致性，纵向层面与横向层面的政府之间存在利益博弈，农民工市民化本质上就演化成为政府行为博弈的结果。基于这一理论命题，本部分在系统地分析政府行为基础上，构建政府行为博弈模型，得到相应的命题，采用文本分析方法，收集政府有关农民工市民化的政策文本，对理论研究结果进行验证。

主要研究内容六为"农民工市民化：企业行为与结果验证"。农民工在城市实现就业是其市民化的基本前提，离不开以企业为主的经济社会组织所提供的就业机会，企业行为与农民工市民化的关系直接而紧密，因此，本书将农民工市民化与企业行为纳入一个行动系统中，在认识两者关系的基础上，设定情景，构建起了两者之间的行为博弈模型，系统地研究了其演化稳定策略和均衡条件，并以农民工群体权益事件对理论研究结果进行了验证。

主要研究内容七为"农民工市民化：利益关系再认识与协调机制"。基于农民工市民化环境、属性、成本与政府行为、企业行为关系的研究，从过程、扩展过程中的结构性约束，重新构建起了认识农民工市民化利益关系的四个维度，以农民工市民化的顺利实施决定于四个维度的利益关系的协调为理论命题，提出利益协调机制设计的基本原则、内容体系，采用数值仿真方法对农民市民化的利益协调机制的有效性进行验证。

研究最后给出研究结论与政策建议。在系统梳理研究结论的基础上，以有效、有序推进农民市民化为基本公共政策目标，围绕农民工历史价值认识、宽松政策环境营造、就业机会提供、政府行为激励、社会环境建设五个方面，提出了促进农民工市民化的政策建议。

目 录

第1章 概 论 … 1
- 1.1 研究背景 … 1
- 1.2 研究目的与意义 … 4
- 1.3 主要研究内容 … 6
- 1.4 研究的重点与难点 … 8
- 1.5 研究的基本思路与方法 … 8
- 1.6 研究的创新之处 … 10

第2章 农民工市民化：研究脉络与理论框架 … 11
- 2.1 农民工市民化研究演进脉络 … 12
- 2.2 农民工市民化研究的知识演进分析 … 17
- 2.3 农民工市民化研究热点与前沿分析 … 20
- 2.4 农民工市民化进程中利益研究的理论框架 … 24
- 2.5 农民工市民化利益关系调整重塑的理论命题 … 27
- 2.6 农民工市民化的关键因素分析 … 28
- 2.7 农民工市民化研究演进脉络分析 … 32
- 2.8 农民工市民化利益研究的基本框架分析 … 33

第3章 农民工市民化：双重背景与公共属性 … 35
- 3.1 新型城镇化与农民工市民化的相关议题 … 36
- 3.2 经济新常态与农民工市民化的相关议题 … 45
- 3.3 双重背景下的农民工市民化属性认识 … 51
- 3.4 本章小结 … 59

第4章 农民工市民化：群体特征与利益主体 ... 60
- 4.1 农民工群体特征演化趋势的整体认识 ... 60
- 4.2 农民工市民化进程中的利益相关者分析 ... 75
- 4.3 农民工市民化进程中利益相关者类型划分 ... 78
- 4.4 本章小结 ... 81

第5章 农民工市民化：私人成本与公共成本 ... 82
- 5.1 农民工市民化的成本测算 ... 83
- 5.2 农民工市民化的成本测算结果分析 ... 98
- 5.3 本章小结 ... 103

第6章 农民工市民化：政府行为与实证检验 ... 104
- 6.1 农民工市民化进程中的政府制度供给 ... 104
- 6.2 农民工市民化进程中的政府行为研究 ... 112
- 6.3 农民工市民化进程中的主体行为演化分析 ... 116
- 6.4 农民工市民化进程中的政府行为验证 ... 122

第7章 农民工市民化：企业行为与结果验证 ... 139
- 7.1 农民工市民化进程中的农民工与企业关系认识 ... 139
- 7.2 农民工市民化进程中的企业与农民工行为博弈模型的构建 ... 142
- 7.3 企业策略行为与农民工市民化策略行为分析 ... 145
- 7.4 农民工权益保障分析 ... 152

第8章 农民工市民化：利益关系再认识与协调机制 ... 158
- 8.1 农民工市民化过程中的利益关系再认识 ... 159
- 8.2 农民工市民化利益协调机制的设计 ... 164
- 8.3 农民工市民化利益协调机制运行效率的数值仿真检验 ... 171
- 8.4 本章小结 ... 182

第 9 章 研究结论、政策建议、不足与展望 ⋯⋯⋯⋯⋯⋯⋯⋯⋯⋯ 185
   9.1 研究结论 ⋯⋯⋯⋯⋯⋯⋯⋯⋯⋯⋯⋯⋯⋯⋯⋯ 185
   9.2 政策建议 ⋯⋯⋯⋯⋯⋯⋯⋯⋯⋯⋯⋯⋯⋯⋯⋯ 188
   9.3 研究不足 ⋯⋯⋯⋯⋯⋯⋯⋯⋯⋯⋯⋯⋯⋯⋯⋯ 193
   9.4 研究展望 ⋯⋯⋯⋯⋯⋯⋯⋯⋯⋯⋯⋯⋯⋯⋯⋯ 194

参考文献 ⋯⋯⋯⋯⋯⋯⋯⋯⋯⋯⋯⋯⋯⋯⋯⋯⋯⋯⋯⋯⋯ 196

后　　记 ⋯⋯⋯⋯⋯⋯⋯⋯⋯⋯⋯⋯⋯⋯⋯⋯⋯⋯⋯⋯⋯ 213

第1章 概 论

1.1 研究背景

农民工是改革开放后国家放松人口流动管制措施,允许农民离开农村进入到乡镇企业以及城市二、三产业自主就业的结果,与国家相关制度安排密切相关。农民工虽身为农民,却在二、三产业部门从事以劳动、技术为主的工作,其出现且以低廉的劳动力要素资源进入城市二、三产业,满足了城市二、三产业规模化快速发展对劳动要素的数量需求,极大地促进了城市二、三产业的发展,推动了中国经济社会的快速发展,是推动我国成为世界第二大经济体和制造大国的重要力量。2014年,我国进入经济发展的新常态,"物的城镇化"转化为"人的城镇化",从而对农民工市民化提出了新要求。农民工顺利市民化不仅是广大人民的根本利益所在,也是全面深化改革的重点。立足于经济新常态和新型城镇化的内在要求,农民工顺利市民化将有利于我国经济社会的高质量发展和发展新格局的形成。农民工顺利市民化是一项系统性复杂工程,其顺利实施离不开以时空背景为主的环境分析和科学研判。总体上,农民工市民化在经济新常态和新型城镇化两大宏观环境中顺序展开,因此,正确认识、适应和引领经济新常态,将以人为本的新型城镇化思想贯彻落实到农民工市民化的相关问题研究中,将有利于深化对新形势下农民工市民化的认识,有利于加快农民工市民化的进程,有利于更好地落实中央经济和城市工作会议的新要求。经济新常态和新型城镇化是农民工市民化必须面对的客观环境,这一宏观环境是影响农民工市民化的结构性条件。一方面,经济新常态不仅意味着宏观经济的基本面的变化,而且意味着经济发展方式、增长形态和动力机制的转变,势必会给农民工就业、收入带来相应影响,改变农民工与企业、社区居民之间的经济、社会关系,形成一种新的利益关系格局。另一方面,以人为本的新型城镇化具有丰富的新内涵,势必会对农民工市民化提出新的要求,农民工市民化进程的加快势必会对既有的利益关系格局形成挑战,从而引发利益关系结构的调整和重塑。认识清楚其利益关系结构调整演化的形成机理,协调处理好其利益关系,为农民工市民化营造良好社会环境不仅具有实践价值,而且也具有丰富的理论意义。在经济新常态和新型城镇化的双重背景下,如何有序地推进农民工市民化,最大限度地发挥农民工在供给侧与需求侧的潜在要素优势,释放更多的人口红利,事关社会公平正义,事关我国经济结构转型、"中等收入陷阱"的跨越和高收入国家战略目标的实现,事关我国国内国际双循环发展新格局的形成,具有重要的经济、社会意义。

劳动力的流动与人口城市化是工业化的必然产物。早期的国外经典人口转移理论认为在二元经济结构中,传统农业部门与现代工业部门之间边际劳动生产率的工资差别(Lewis,1954;Fei and Rains,1961)、农业剩余、消费结构(Jorgenson,1961)、预期收入(Todaro,1969;Harris,1970)和相对贫困(Stark and Taylor,1991)促使边际生产率为零或负的劳动力向城市转移,其成功转移不仅加快了工业部门的资本积累和技术进步,而且提高了农业部门的生产效率,满足了城市居民对农业剩余的需要,从而促进了整个经济的均衡性增长。后期的人口转移理论集中在转移的动因上,政治文化(Koopmans等,2005)、社会福利差异(Schierry等,2006)、劳动力市场整合(Sébastien等,2007)将形成"推—拉"合力,共同促使劳动力转移现象的产生,人口城市化是推力和拉力因素共同作用的结果。

中国农村剩余劳动力转移是人类和平时期规模最大的人口流动,呈现出特殊的"中国路径"(刘传江等,2014)。人的城镇化滞后于物的城镇化导致农民工市民化成为中国新型城镇化的难点、重点和关键所在(李强,2013;魏后凯,2016)。国内有关农民工的学术研究始于20世纪80年代,陆学艺、李培林、李强、蔡昉、黄祖辉、辜胜阻、王春光等国内知名学者聚焦于农民工的城市生活、工作环境、收入待遇、社会权益保护和社会保障等与农民工作、生活密切相关的内容,从社会学、政治学等多个学科的多种理论视角对其产生的原因、外在表现和治理措施进行系统的研究,不仅深化了人们对农民工群体的整体性认识,而且也为经济新常态、新型城镇化的农民工市民化研究奠定了重要基础。

总体上,农民工难以市民化的成因解释和对策建议是农民工市民化研究的重点,其学术研究进路主要聚焦于以下三个方面:一是农民工市民化制度困境说。制度层面研究认为土地、户籍、社会保障、就业、医疗、教育等制度安排束缚了农民工,抬高了农民工市民化的门槛(黄锟,2013;迟福林,2015)。

基于制度困境，其政策建议就是打破城乡二元体制，围绕农民从农村退出、城市进入和融入三个环节进行土地、户籍、就业、社会保障等制度改革（赵树凯，2011；韩俊等，2014；党国英，2015；张占斌，2016；郭熙保等，2016）。二是农民工市民化成本约束说。国内学者从社会成本（张国胜等，2013）、公共服务成本（国务院发展研究中心课题组，2011）、主体成本（中国社会科学院，2013）、政府财政支出成本（冯俏彬，2014）、当前成本（丁萌萌等，2014）几方面对农民工市民化的成本进行了测算。基于成本规模和性质不同，建立起政府、企业、农民工等多主体共担的成本分担机制是破解农民工市民化成本约束的基本政策取向（蔡昉，2013；吕炜等，2015）。三是农民工市民化主体能力缺陷说。基于农民工是其自身市民化的主体，农民工自身文化教育程度低，缺乏技术和社会关系网络以及缺资金来源渠道等不足制约着农民工的职业转化、城市生存和融合能力发展（钱文荣等，2012；周晔馨等，2013；王竹林等，2015）。基于农民工自身能力不足，外部赋权与内在增能是提升其市民化能力的主要途径。外部赋权要求将农民工纳入城市管理体系中，为其参与社区管理提供平等机会，增强其对城市的认同感和归属感（徐勇，2014）。内在增能强调公共政策应以提高农村剩余劳动力的整体素质为基本落脚点（程名望等，2014），将农民工技能培训作为一项公共投入纳入国家职业教育体系中（崔传义，2011；郁建兴等，2012），通过农民工技能培训的方式可以有效地提高农民工在首属劳动力市场上的竞争力，消除就业、收入歧视对农民工市民化的不利影响（章元等，2015）。

综上所述，以古典经济学和新古典经济学为范式的西方人口转移理论具有十分明显的经验主义色彩，是建立在要素自由流动基础上的，与中国农民工流动的制度环境有着本质的区别，由此可见，与中国农民工流动相关的研究必须结合中国实际。农村剩余劳动力转移与经济增长的内在逻辑关系进一步深化了对新形势下中国农民工市民化重要价值的认识，为经济新常态与新型城镇化背景下的农民工市民化提供了理论指导。面对中国农民工"流而不迁"、经济上吸纳与社会上排斥共存、相关政策难以在行为主体间达成一致等现象，现有的理论存在解释力不足的问题。因此，立足中国国情，以新的视角对农民工市民化进行系统研究具有理论上的必要性。

农民工市民化的制度困境、成本约束、能力缺陷说是对同一问题进行的不同侧面研究，相关研究深化了人们对农民工市民化成因复杂性的认识，推动了农民工市民化的社会实践。然而，制度、成本角度的研究忽视了农民工市民化进程中的利益关系的建构、解构特征，难以反映农民工市民化利益属性和动态规律,难以对政府行为非一致性现象做出合理解释;主体能力角度的研究忽视了利益相关者的能动性,难以反映利益相关者行为与农民工市民化的内在作用机理和相互关系,难以反映企业、社区居民对农民工市民化的态度差异和影响。以经济新常态、新型城镇化为背景,以既有的财政体制,区域经济发展不平衡,城乡二元结构、城市病和农村空心化等为具体情境,农民工市民化外部性将因经济新常态和新型城镇化而呈现出多元、复杂的新趋势,其进程必将对既有的利益格局形成冲击、提出挑战,从而引发利益关系的调整,这客观要求后续研究从利益关系角度去审视农民工市民化,将利益相关者的偏好、资源、关系格局纳入行为博弈框架内,对利益关系动态调整模式下的策略性行为进行研究,建构起相应的利益协调机制,以满足农民工市民化社会实践的现实需要。

1.2 研究目的与意义

1.2.1 研究目的

本书以经济新常态和新型城镇化为农民工市民化的时代背景,在对相关概念、基础理论进行梳理的基础上,以农民工顺利市民化为基本遵循,从利益关系角度去认识清楚农民工市民化的环境因素和主体行为。本书的主要研究目的集中在以下三个方面。

一是认识清楚农民工市民化的双重背景。将农民工市民化纳入经济新常态和新型城镇化的宏观情境中,立足于农民工就业、收入和公共服务角度构建起农民工市民化情境认识的一个基本框架,从而建立起中观、微观社会事实分析与宏观背景之间的逻辑关系。

二是认识清楚农民工市民化利益相关者的行为策略。根据农民工的流动就业特征,以农民工顺利市民化决定于中央政府、地方政府和企业的行为为基本命题,构建起一个优化农民工市民化的利益关系动态调整优化的基本分析框架。在对农民工市民化的成本收益结构进行分析研究的基础上,重点对地方政府和企业的策略行为进行研究,形成一个利益相关者行动策略分析框架,从而构建起以生产关系为基础的主体行为研究的新视角。

三是提出有序推进农民工市民化的政策建议。在认识清楚关键行为主体行为规律的基础上,从中央政府与地方政府之间的利益协调、企业行为规范、农民工素质、乡村振兴等多个角度提出相应的对策,以促进农民工顺利市民化,为构建发展新格局，激发经济社会发展活力做出贡献。

1.2.2 研究意义

1. 理论意义

如果将农民工市民化作为一项系统性工程，农民工自身既是生产者，也是消费者，那么农民工市民化将会对流入地、流出地政府、企业和社区居民的既有利益关系结构产生影响。以此为基本命题，农民工市民化具有公共属性，兼具正负外部性，兼具帕累托改进和卡尔多改进的双重特征[①]。一是从利益关系角度，对农民工市民化进程中的利益关系动态调整、演化规律进行研究，为西方人口转移理论提供具有中国特色的研究样本，其结论将进一步拓展人口转移理论。二是从宏观、微观两个层面，从历史发展角度去认识农民工市民化进程中的利益相关者的策略性行为，系统地研究不同利益格局下的不同行为选择，将丰富异质性集体行动研究的内容。三是采用系统建模的方法，对既定制度环境下的多主体策略性行为选择进行仿真研究，对制度的有效性进行验证，推动政策制定由经验探索向量化的转变，为公共政策评价研究提供新思路。

2. 实践意义

经济新常态对我国经济社会发展的影响深刻而全面，不仅意味着我国经济增长速度的放缓，而且也意味着我国经济增长方式的转变，高质量发展将成为经济新常态的主旋律。新型城镇化是以人为本的城镇化，更好地关注人们对美好生活的需求是新型城镇化的内在本质。显然，经济新常态和新型城镇化对农民工市民化的内在要求存在着不一致。经济新常态和新型城镇化之间的内在张力给农民工市民化带来了诸多不确定性，利益关系结构调整重塑、演化规律认识和主体行为调适是农民工顺利市民化的前提和基础。一是农民工市民化的利益分析是认识和引领经济新常态发展，适应新型城镇化的应有之义，其研究将丰富创新、协调、绿色、开放和共享五大发展理念的内涵。二是将利益相关者的策略性行为纳入国家战略、制度、政策体系、政府管理体制和社会关系等复杂系统中进行研究，将有助于深化对农民工市民化进程中的一致性集体行动形成机理的认识，为相关制度创新和体制改革提供实践指导。三是围绕农民工市民化形成一个利益相关者集体行动系统，将利益相关者行动策略纳入一个利益

---

① 卡尔多改进也称卡尔多-希克斯改进，是相对于帕累托改进而言的，是约翰·希克斯（John Hicks）于1939年提出的，主要用于评价比较不同公共政策和经济状态。

关系的形成、关系演化和协调的研究框架中，建构起农民工市民化进程和规律认识的新视角，有助于国家现代治理实践体系的完善，促进和谐社会的发展。

1.3 主要研究内容

本书以经济新常态和新型城镇化为背景，将农民工市民化界定为利益关系建构、解构的动态过程，以农民工市民化所产生的外部性将形成新的利益关系格局、引发利益关系调整重塑，利益相关者的利益关系调适与一致性集体行动的实现是农民工顺利市民化的关键为基本命题，将农民工顺利市民化分解为利益属性认识、利益关系调整重塑、主体策略性行为选择和利益协调等子课题，开展相关研究。本书的研究对象：一是经济新常态、新型城镇化与农民工市民化的利益关系及属性研究；二是农民工市民化的利益关系形式、演化和利益相关者策略性行为研究；三是相关者利益协调机制的构建、动态仿真和政策建议研究。

本书的主要研究内容包括：

内容一为"农民工市民化：研究脉络与理论框架"。农民工市民化是由农民工这一特殊群体所引发的众多经济社会现象中的一个重要分支，受到广大理论工作者的高度重视，既有的研究成果是我们认识经济新常态和新型城镇化背景下农民工市民化的基础，因此，本部分采用文献计量的方法，在对农民工市民化研究文献特征、知识研究规律、研究热点和前沿进行研究的基础上，从利益关系角度构建起了一个有关农民工市民化的理论分析框架，将政府、企业、农民工纳入一个利益关系集合之中，提出了包括主体收益、主体成本和群体信念的关键行为因素，从而为后续的研究奠定基础。

内容二为"农民工市民化：双重背景与公共属性"。基于农民工市民化深深地嵌入在特定的时代背景之中这一基本社会事实，本部分从众多的时代背景中抽取了经济新常态和新型城镇化两大社会事实，从农民工市民化对外在环境的需求出发，在系统研究分析城镇化、新型城镇化和经济新常态的相关议题基础上，从整体层面对农民工市民化的公共属性、内在条件及所面临的现实难题进行规范性分析，以认识清楚农民工市民化的价值和基本现状。

内容三为"农民工市民化：群体特征与利益主体"。农民工市民化不仅事关农民工这一特殊群体的个人利益，还具有典型的外部性，涉及众多利益相关者利益。因此，本部分从整体变化规模、地域分化、内部分化、受教育水平、就业状况、收入、城市消费特征与居住状况等角度对农民工群体特征进行整体性分析，并以此为基础，识别了农民工市民化进程中的利益相关者，分析了利益相关者的功能和地位，刻画了利益相关者的利益属性维度，从而进一步认识清楚行为主体的利益关系。

内容四为"农民工市民化：私人成本与公共成本"。农民工市民化相关利益主体的不同收益和成本直接影响着利益主体的行动策略，本部分从利益相关者角度将农民工市民化的成本类型界定为私人成本、企业成本和公共成本，并构建起农民工市民化成本测算指标体系，对不同区域的农民工市民化的成本、跨省市民化和就地市民化的成本进行测算，从而为认识清楚农民工市民化进程中的个体行为和政府行为提供一个新的视角。

内容五为"农民工市民化：政府行为与实证检验"。农民工市民化离不开政府的公共政策供给，需要纵向层面的中央与地方政府、横向层面的政府的集体一致性行动，但受制于成本收益的非一致性，纵向层面与横向层面的政府之间存在利益博弈，农民工市民化本质上就演化成为政府行为博弈的结果。基于这一理论命题，本部分在系统地分析政府行为基础上，构建了政府行为博弈模型，得到了相应的结论，更进一步采用文本分析方法，对结论进行了验证，以达到对农民工市民化进程中政府行为的认识。

内容六为"农民工市民化：企业行为与结果验证"。农民工在城市实现就业是其市民化的基本前提，离不开以企业为主的经济社会组织所提供的就业机会，企业行为与农民工市民化密切相关。因此，本部分将农民工市民化与企业行为纳入一个行动系统中，在认识两者关系的基础上，设定情景，构建起两者之间的行为博弈模型，系统地研究了其演化稳定策略和均衡条件，以达到对企业与农民工市民化利益关系的认识。

内容七为"农民工市民化：利益关系再认识与协调机制"。基于农民工市民化环境、属性、成本与政府行为、企业行为关系的研究，从过程、扩展过程中的结构性约束，重新构建起了农民工市民化利益关系认识的四个维度，以农民工市民化的顺利实施决定于四个维度的利益关系的协调为理论命题，提出了利益协调机制设计的基本原则、内容体系，并以效率为基本视角，采用数值仿真方法对农民市民化利益协调机制的有效性进行了验证，以达到健全农民工市民化促进机制的目的。

研究最后给出政策建议。以有效、有序推进农民市民化为基本公共政策目标，围绕农民工历史认识、宽松政策环境营造、就业机会提质、政府行为激励、社会环境建设五个方面，提出了具体的政策建议，以增强整个研究的应用价值。

1.4 研究的重点与难点

1.4.1 研究重点

一是经济新常态和新型城镇化下农民工市民化的利益属性，二是农民工市民化的利益关系形式、动态演化规律和利益相关者策略行为，三是利益关系结构情境下的利益相关者一致性集体行动的协调机制构建、有效性评价。

1.4.2 研究难点

一是农民工流动性导致其利益相关者处于变化之中，微观层面研究数据的收集和相关理论命题的验证是本课题研究需要突破的难点；二是农民工市民化是经济利益、社会利益、政治利益、文化利益的集合体，利益多维性的量化处理将是本研究克服的技术难点；三是农民工市民化的利益相关者既包括政府、企业等抽象的行为主体，也包括社区居民等具体的行为主体，如何将不同属性的主体纳入一般均衡的分析框架内是本书研究的理论难点。

1.5 研究的基本思路与方法

1.5.1 基本思路

首先，本书将利益定义为经济、社会现象，认为当行动者试图实现自己利益时，必须将他人的利益纳入其决策范围内，从而从利益角度将农民工市民化界定为利益关系产生、演化和协调过程，将利益概念置于利益相关者之间的利益重新调整、分配的社会事实中，建立起利益和策略行为研究总框架；其次，本书在相关理论基础上，在国内外有关农民工市民化研究基础上，立足经济新常态和新型城镇化与农民工市民化的经济、社会关系，以不同的利益相关者之间的成本和收益非一致性必然会引起利益关系结构的调整和重塑，利益相关者策略行为演化规律的认识是协调机制构建的基础，三者之间的动态变化是影响和制约农民工顺利市民化进程的关键为理论假设，从利益属性、利益关系形式、动态演化规律、主体策略性行为、协调机制等方面展开相关研究，验证相关假设，提出相关政策建议。农民工市民化利益关系调整重塑与协调机制研究流程见图 1-1。

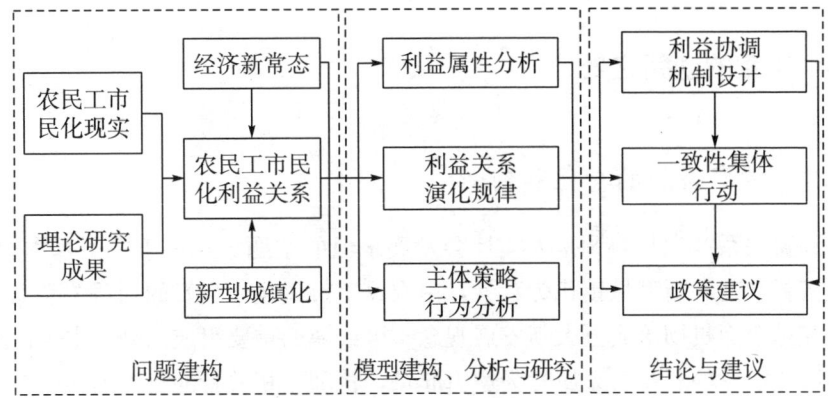

图 1-1　农民工市民化利益关系调整重塑与协调机制研究流程

1.5.2　具体研究方法

1. 多学科相互交叉的研究方法

经济新常态和新型城镇化赋予了农民工市民化新的价值意蕴，凸显了农民工市民化的多重利益属性，研究农民工市民化的多重利益属性需要交叉应用多学科知识。本书综合运用制度经济学、行为经济学、公共管理学和经济社会学等多学科知识，对农民工市民化所涉及利益关系和主体策略行为进行多角度研究，以揭示农民工市民化的利益关系动态演化本质。

2. 定性分析与数理分析相结合的方法

农民工市民化的顺利实施涉及现状价值判断和程度刻画。本书在对农民工市民化的利益属性和利益相关者关系格局进行定性分析的基础上，提出相关命题，构建起相关的概念模型和行动策略博弈模型，验证相关理论假设，对微观层面利益相关者的策略行为进行研究，深化利益相关者行为对农民工市民化作用机理的认识。

3. 内容分析与多主体仿真方法

政府行为决定了农民工市民化的政策效果，与协调机制设计有关。以地方政府出台的有关农民工市民化的政策、实施意见为研究样本，进行内容编码和量化处理，验证相关理论假设。运用多主体仿真方法分析不同协调机制作用下的利益相关者之间的行为选择，模拟利益协调机制对不同利益相关者的作用和影响，提出机制优化组合方案，实现利益协调机制的量化研究。

1.6 研究的创新之处

1.6.1 学术思想的特色和创新

利益关系产生与协调是人类社会发展永恒的主题。立足于中国基本国情，以经济新常态和新型城镇化为背景，由农民工市民化而引发的利益关系动态演化研究是全面贯彻落实五大新发展观念不可或缺的重要组成部分。本书以农民工市民化引发的利益关系属性为逻辑起点，将利益相关者的行为纳入一个具体的行动系统之中，从利益关系角度去认识农民工市民化的历史进程，将农民工市民化理解为利益关系产生、主体行为规律认识、利益关系协调过程，形成研究新视角，在学术思想上具有一定的特色和创新。

1.6.2 学术观点的特色和创新

经济新常态和新型城镇化给农民工市民化带来了挑战和历史机遇，既有的农民工市民化政策的贯彻实施是未来相当长一段时期我国现代化建设的重点，利益相关者的一致性集体行动直接或间接影响到农民工市民化的成本，是农民工能否顺利市民化的关键。本书以经济新常态和新型城镇化背景下农民工市民化的利益关系的形成、演化与协调为研究主线，将利益相关者的偏好、资源和互动模式纳入农民工市民化的整个过程中进行分析和现象解释，在学术观点上具有一定的创新。

1.6.3 研究方法的特色和创新

本书在博弈分析的基础上，引入多主体仿真方法对农民工市民化利益相关者组成的复杂系统进行建模，从而为利益协调机制的有效性评价和利益相关者的行为调适提供了更为科学的方法。这不仅有利于提高国家有关农民工公共政策的整体性效果，而且也为其他方面的公共政策有效性和主体行为调适提供了方法支撑，在研究方法上具有一定的创新。

第2章　农民工市民化：研究脉络与理论框架

农民工现象内生于中国改革开放，是中国特有的制度语境中所出现的农村劳动力转移现象。农民工市民化与农村劳动力转移既有联系又有区别，农民工市民化始于农村劳动力的自由流动，是农村劳动力转移后的一种外在表现形式和结果。中国改革开放发轫于中国广大农村，农村家庭承包经营制的确定意味着农村家庭真正成为一个具有自主生产经营决策组织，拥有如何使用土地、如何在家庭内部配置资源的权力，如何处置劳动收入的自由。农业部门与城市二、三产业之间巨大的劳动生产率差距以及由此而产生的相对收入差距是吸引农村劳动力大规模流入城市的动力因素，是农村剩余劳动力向城市二、三产业流动的强劲拉力。城市的拉力与家庭劳动力配置的决策自由和劳动力生产率低所形成的推力，共同作用就形成了改革开放初期势不可挡的"民工潮"。"民工潮"作为一种经济社会现象虽与中国开放初期的交通基础设施供给能力不足有关，但作为一种经济社会现象，其本身形成却有着深刻而复杂的经济、社会和文化原因，引起了社会各界的广泛关注，出现了"农民工"这一特有的称谓[①]。长期以来，农民工权利保护、城市生活行为以及代际差异受到学术界的高度关注，产生了丰富的文献资料，为研究农民工提供了学术支撑。农民工市民化是农民工问题研究的重点。本章在系统梳理农民工市民化文献资料的基础上，利用文献计量方法，完整地呈现了农民工市民化研究的基本脉络，并以此为基础，构建了一个基于利益相关者行动系统的农民工市民化的主体行为分析框架。

---

① 改革开放后，国家对农村劳动力转移的认识是一个渐变的过程。1991年国务院颁布《关于劝阻民工盲目去广东的通知》。1995年公安部在原将三证（身份证、暂住证、务工证）不全的流动人员作为遣返对象的基础上又颁布了《关于加强盲流人员管理工作的通知》，"盲流"成为社会对农民工的贬称。孙志刚事件后，国家修改了收容遣送制度，"盲流"退出历史舞台。2006年国务院颁布了《国务院关于解决农民工问题的若干意见》，正式采用了"农民工"一词。参见李培林等. 大变革——农民工和中产阶层[M]. 北京：中国社会科学出版社，2019：13-14。

2.1 农民工市民化研究演进脉络

农业部门剩余劳动力由农村向城市的二、三产业转移是人类社会工业化、现代化和城市化的基本社会现象,是发展经济学人口迁移理论研究的核心内容。在发展经济学家刘易斯(Lewis)(1954)看来,发展中国家既存在现代城市工业,也存在着传统农业生产部门,传统农业部门存在着大量劳动生产率为零的剩余劳动力,可以为城市的非农部门提供无限的劳动供给。拉尼斯(Ranis)和费景汉(John Fei)(1961)进一步完善了刘易斯的理论观点,形成了刘-拉-费模型,强调了工业发展和农业发展的内在联系,提出了经济均衡增长的必要条件。Torado(1969)认为城乡预期收入差距是农民迁移行为产生的主要原因。Vilallonga(1998)通过实证研究发现人们的迁移习惯、家庭经验、工作经验、成功的社会价值和个人价值实现是导致人口迁移的主要因素。Seeborg等(2000)以中国的劳动力迁移问题为研究对象,发现古典的迁移模型并不能解释中国的人口迁移问题,制度安排是阻碍中国劳动力迁移的真正原因。

发生在中国改革开放后的农村剩余劳动力流动是世界人类历史上最大规模的人口迁移,不仅对中国经济社会发展产生了深刻影响,而且也对世界经济社会的发展影响深远。农民工是中国大规模人口迁移的结果,是中国工业化、城市化和现代化进程中的特有现象,与国家的户籍制度、公共产品供给制度、社会保障制度关系密切。如果说农民工是一种特定的社会现象,那么由此而产生的社会影响必然会受到社会的高度关注。在农民工现象集合中,农民工难以市民化的现象受到社会各界高度重视。围绕农民工市民化的动因、障碍和市民化进程中所衍生出的公共服务体系和利益冲突产生了大量的文献,为深化人们对农民工市民化的认识提供了智力支撑。目前,关于农民工市民化的文献研究以定性评述为主。刘小年(2017)从马克思的社会人思想出发,将影响农民工市民化的因素归纳为历时性和共时性因素,历时性社会环境因素和共时性主体因素共同构成了农民工市民化的影响因素,前者决定了农民工市民化的历史进程,后者决定了农民工市民化的演化路径。单菁菁(2014)从农民工顺利市民化角度出发,对与农民工市民化相关的概念、内涵、研究现状、主要问题、制度因素、发展路径等文献进行了定性评述。虽然定性文献评述研究为农民工市民化研究提供了整体认识,但却难以动态地反映研究热点、重点的历时性演变,存在不足。采用文献计量方法对农民工市民化研究的热点和演化趋势进行系统研究可以有效地避免定性研究的不足，为农民工市民化定性文献研究进行有益补充。王玉国等（2014）基于CNKI，利用文献计量中的知识图谱方法，对农民工市民化中的文化自觉和文化适应性方面做了研究，通过对关键词、作者和科研机构的分析，直观形象地展示了农民工市民化中文化自觉和文化适应性的研究现状、特点和特征，为综合性的农民工市民化文献计量研究提供了有益参考。

为科学、全面、动态地呈现近十五年来我国农民工市民化研究的进展，本章在借鉴相关文献计量方法的基础上，充分利用CNKI的文献数据，通过关键词共现、作者分析等方式和方法，对中国农民工市民化的研究现状、热点主题、演进趋势进行可视化分析，较为全面地呈现了农民工市民化研究的整体概貌，为新形势下的农民工市民化的进一步深入研究提供理论参考和借鉴，有利于农民工市民化社会实践的进一步深入开展。

2.1.1 文献数据来源、方法和工具选择

1. 文献数据来源选择

CNKI是中国最为重要的中文文献数据库，也是国内学者目前使用最为广泛、最为综合的数据库，收集了各种期刊、论文、专利年鉴等，是文献研究的重要数据来源。为保证文献计量研究的科学性，全面地体现研究学术水平和理论价值，本书选择了CNKI中的核心期刊和CSSCI期刊作为文献数据来源。在文献数据收集过程中，我们先通过高级检索设定文献类型为期刊，将"农民工市民化"设定为检索主题，共检索到919条文献数据。通过人工剔除相关的通知、访谈、书评等非学术论文，得到917条有效数据（表2-1），并将数据转换成CiteSpace V软件能够识别的UTF-8数据格式，以供后续数据分析。

表2-1 文献数据检索情况

检索科目	检索内容及结果
获取时间	2018年6月8日
检索时间范围	2004—2018年
数据库	CNKI
文献类型	期刊
检索主题	农民工市民化
检索结果	917条（涵盖文献名称、研究机构、发文作者、基金项目、关键词、参考文献等）

农民工市民化利益：主体关系演化与协调机制 研究

2. 研究方法和工具选择

建立在寻径网络算法与共引分析理论基础上的知识图谱分析是国内外学者所广泛采用的文献计量和文本挖掘方法。知识图谱分析通过将文献数据映射在平面和立体图形之中，为文献计量研究提供可视化分析结果，能够从宏观、中观和微观三个层次完整地展现某一研究主题的研究热点、前沿、趋势、机构、作者等方面的信息，可以完整地呈现某一研究主题的动态发展过程。知识图谱分析方法已被广泛应用于文献的计量研究中，在与农民工相关的新型城镇化、农村发展方面也有不少应用。王梓懿等（2017）基于CNKI中的CSSCI来源文献，运用知识图谱分析方法分析了2005—2016年国内新型城镇化研究概貌和热点领域；谭雪兰等（2017）基于CNKI核心期刊和CSSCI数据库，利用知识图谱分析方法并借助可视化分析工具CiteSpace V，对1992—2016年中国乡村功能的研究现状、热点和发展趋势进行了研究分析。上述有关城镇化、乡村功能的科学知识图谱分析为农民工市民化文献计量研究提供了有效的方法，具有工具性意义，是农民工市民化文献研究方法和工具选择的基础。

2.1.2 农民工市民化文献特征分析

1. 农民工市民化研究文献时间分布特征

从文献学角度看，一个研究主题是否会引起学术界的关注可以从文献的时间分布去进行分析。基于文献数据的计量分析及图2-1所反映的信息，本书将2004年至2018年的农民工市民化研究划分为三个阶段。一是萌芽阶段。从2004年"农民工市民化"一词出现在学者研究视野里到2010年，共历时7年。在这一时期内，不仅刊发农民工市民化的学术期刊较少，而且有影响的研究团队尚未形成。二是快速成长期。时间集中在2011年至2013年，发文期刊和文章数量快速增长，究其原因是因国家出台了农民工市民化相关政策，国家层面的农民工市民化政策的落实形成了大量的研究成果，顺理成章出现了有影响的研究机构和学者。三是成熟稳定期。经过10年的研究积累，不仅一些研究团队发展定型，而且农民工市民化研究呈现出学科多元化特征，农民工市民化研究的内容体系进一步清晰，相关研究在边界清晰的基础上逐渐深入，不少问题已经在理论上达成了共识，出现了相关研究趋弱的态势。

第2章 农民工市民化：研究脉络与理论框架

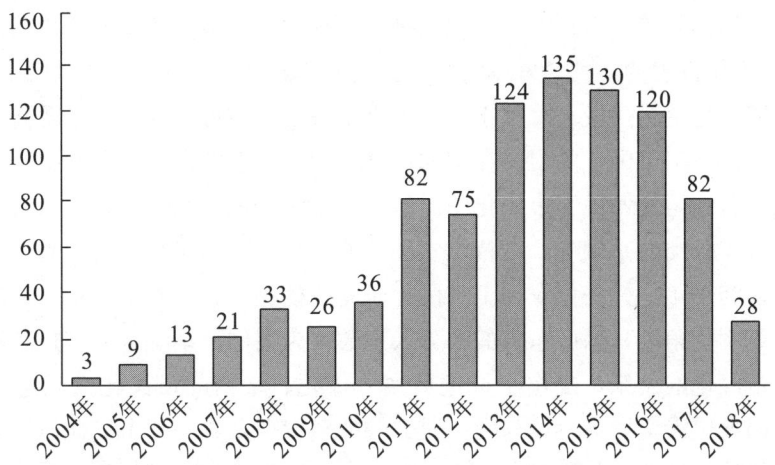

图 2—1 2004—2018 年农民工市民化 CNKI 核心期刊和 CSSCI 来源期刊发文量

注：2018 年数据截至 2018 年 5 月 30 日。

2. 农民工市民化研究的核心作者分析

从 2004 年至 2018 年，围绕农民工市民化形成一批了有影响的核心作者，他们的研究成果不仅将农民工市民的研究引向深入，而且扩大了农民工市民化的社会影响，其理论和社会贡献巨大。我们将从 CNKI 核心期刊和 CSSCI 来源期刊中获取的数据输入 CiteSpace V 软件，选定 2004—2018 年为时间范围，设置"Author"为节点类型，经过反复调试，在其他值为系统默认的情景下取阈值"TOPN"为 40，共生成节点 411 个，作者连线 165 条，如图 2-2 所示。

图 2-2 核心作者可视化分析的知识图谱

从图 2-2 可知，对农民工市民化研究影响较大的核心作者应首推武汉大

15

学的刘传江。刘传江（2004）是国内最早研究农民工市民化的学者之一。纵观其从 2004 年发表的《社会资本与农民工的城市融合》开始到 2016 年的《中国第三条城镇化道路探索——基于劳动力供给视角》结束，刘传江主要研究了户籍制度对农民工市民化的阻碍作用和社会认同、技能培训、生理情感需要、价值观取向对新生代农民工市民化的影响。前者为宏观层面的研究；后者是在对农民工群体分类的基础上，对特定农民工群体市民化的研究。东莞理工学院政法学院的刘小年是另一位农民工市民化研究的核心作者。刘小年主要从政策和户籍改革制度角度，以广东省的积分入户政策为案例，系统地研究户籍制度与农民工市民化的关系，提出了推进城乡一体化、平衡的市民化的渐进主义模式。中国人民大学经济改革与发展研究院的黄锟也是农民工市民化研究领域中有影响的核心作者，其研究角度集中在制度冲突和制度协调创新两个方面，其主要的研究方法是实证主义。刘洪银、张国胜、辜胜阻、钱正武、胡杰成、丁静、高君等核心作者的研究主题集中在农民工市民化成本估算、土地制度、人力资本结构和社会保障等方面。王竹林、吴叶苗等其他核心学者关注的主要问题则是农民工市民化现状、成因、路径选择等相关问题。

3. 农民工市民化研究机构分布分析

由 CiteSpace V 软件分析生成的图 2-3 和表 2-2 数据展示了在国内具有影响的农民工市民化主要研究机构。首先，从主要研究机构合作网络分析看，武汉大学经济发展研究中心是农民工市民化发文数量最多的研究机构，信阳师范学院政法学院、东莞理工学院政法学院、华南农业大学经济管理学院、西北农林科技大学经济管理学院、浙江林学院人文学院、西安财经学院管理学院、南京师范大学社会发展学院、吉林大学马克思主义学院、四川大学经济学院等紧随其后，在农民工市民化研究领域具有重要地位。其次，从节点强度来看，西北农林科技大学经管学院和西北农林科技大学人文学院有直接节点连接，且处于同一所大学；华南农业大学经济管理学院和东莞理工学院政法学院之间也存在着合作，同处于华南广州地区，具有地域相关性。农民工市民化主要研究机构具有机构内分工合作和地域相近合作的特点。

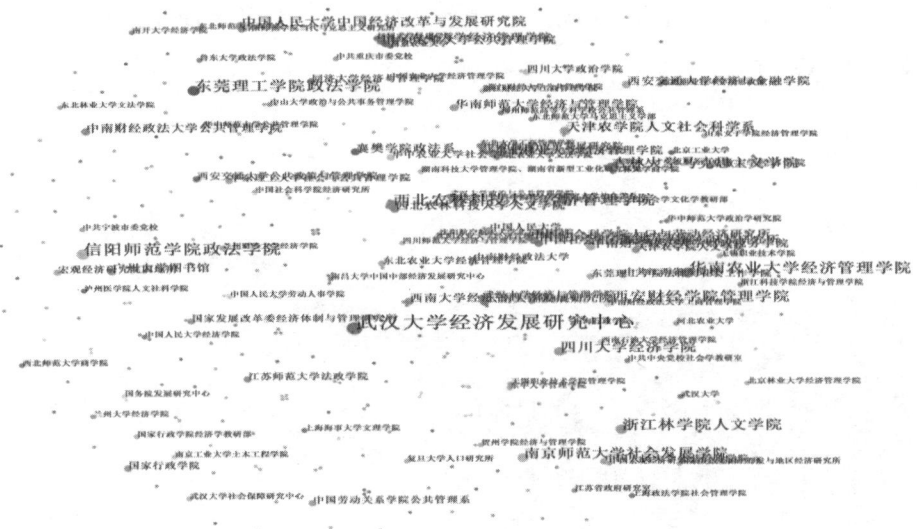

图 2-3 农民工市民化研究机构合作网络与节点分析

表 2-2 农民工市民化发文高频机构分析

频数	作者机构
14	武汉大学经济发展研究中心
9	信阳师范学院政法学院
8	东莞理工学院政法学院
8	华南农业大学经济管理学院
8	西北农林科技大学经济管理学院
7	浙江林学院人文学院
7	西安财经学院管理学院
6	南京师范大学社会发展学院
6	吉林大学马克思主义学院
6	四川大学经济学院

2.2 农民工市民化研究的知识演进分析

对农民工市民化研究的知识演进分析需要对核心文献、高被引核心文献进行分析。将 CiteSpace V 软件节点类型设置为"keyword",以 2004—2018 年为时间范围,将阈值设定为(2,2,20)、(3,3,20)、(3,3,20)后反复调试,选择寻径算法(Path Finder),生成农民工市民化关键词共现时区视图,如图 2-4 所示。

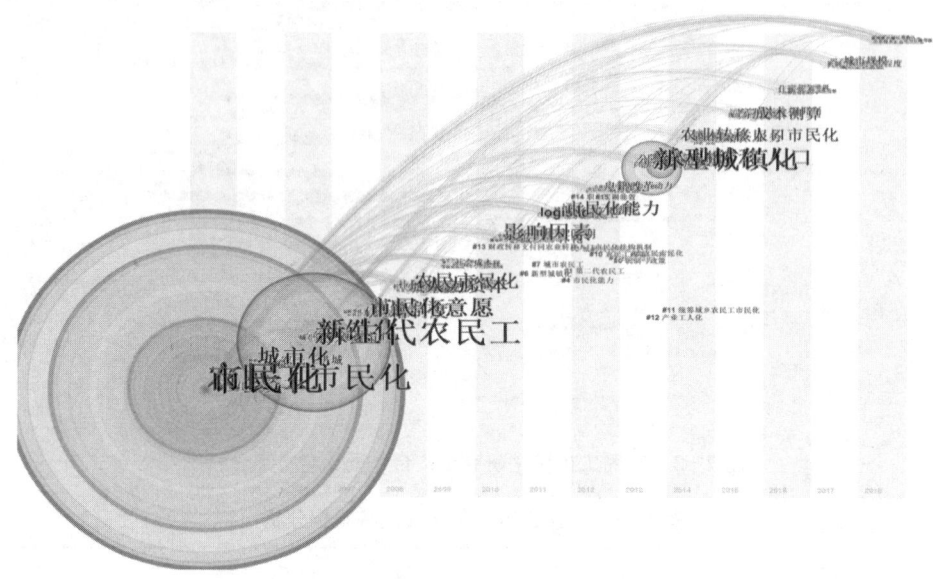

图 2-4 农民工市民化关键词共现时区

2.2.1 农民工市民化早期研究的知识演进特征

农民工市民化研究是在社会实践和理论互动过程中得以强化和发展的。第十届全国人民代表大会报告首次出现农民工市民待遇。虽然农民工市民待遇与农民工市民化在内涵和外延上都有不同,但国家层面的这一提法立即引起了社会各界对农民工市民化的高度关注。2004 年,刘传江首次从社会资本角度对农民工城市融合过程进行了研究,揭示了农民工社会地位边缘化、社会资本匮乏和质量低下与其城市融入之间的内在作用机理,开启了农民工市民化的学术研究。王元璋等(2004)在系统阐述户籍制度与农民工在就业、工资、教育培训、住房、社会保障、社会地位方面的不公平关系基础上,认为户籍制度是农民工难以市民化的制度原因。

2005 年,公安部正式提出打破农业、非农业户口的界限,探索建立城乡统一的户口登记管理制度。卢科(2005)在系统地分析了我国城镇化存在的弊病基础上,认为现有城镇化模式阻碍了城镇化的可持续发展和农民工市民化进程,提出了包括区划改革、完善医疗户籍制度等内容的集约式城镇化道路。钱正武、蒋国保、王国辉等学者在系统地探究社会政策支持与农民工市民化关系的基础上，认为农民工市民化需要完善包括内容、程序和行动主体在内的社会政策支持系统。2006年以后，随着我国农民工群体内部结构的变化，农民工群体内部出现了分化，社会上有了"一代农民工"和"二代农民工"的提法，广大学者将年轻的一代农民工概念化为新生代农民工，并作为一个特殊群体进行研究。马用浩等（2006）从社会经济地位角度出发，发现新生代农民工与城市居民之间的经济、社会地位的差距正在不断扩大，认为提高新生代农民工的社会组织程度将有利于提高新生代农民工权益，促进其市民化。

随着农民工跨省流动规模的增大，以农民工跨省流动为基本事实，申兵等（2010）认为公共产品的供给制度安排强化了地方政府的利益格局，加大了农民工流入地教育、卫生、医疗和住房保障支出负担。这种公共产品供给制度安排不利于农民工的跨地域市民化，其有效的解决措施是进行公共产品供给制度的改革和创新。由此可见，这一阶段的农民工市民化研究多以"制度安排不合理是农民工难以市民化的真正原因"为基本命题，研究的焦点是制度的改革和完善，在研究层次兼顾了宏观和微观，在研究方法上兼顾了定性研究与定量研究。

2.2.2 农民工市民化新近研究的知识演进特征

自2014年起，农民工市民化意愿、基本公共服务提供成本逐渐成为学者们关注的焦点。赵立（2014）从市民化心理适应角度，对浙江省904名农民工进行了问卷调查，认为新生代农民工群体的心理适应水平仍存在较大差异，个体心理调适和外在社会支持机制将影响到农民工的城市融入。2016年，欧阳慧在分析研究新型城镇化背景下农民工市民化动力不足问题的基础上指出，地方干部认识分歧、发展路径依赖、制度锁定效应和经济导向是制约农民工市民化的真正原因。对农民工市民化成本测算研究始于2012年，对农民工市民化的外部性的不同认识直接关系到人们对农民工市民化成本的认识，因此，现有文献对农民工市民化的成本测算还没有形成一个统一的结果。农民工市民化成本测算研究的目的是要建立起机理相容的农民工市民化成本分摊机制，提高国家、集体和个体共同分摊的制度安排的合理性（张继良等，2015）。

2.3 农民工市民化研究热点与前沿分析

2.3.1 农民工市民化研究热点分析

传递科研信息，进行知识交流、储存、积累是科研论文发表的价值所在，而关键词是作者在研究过程中所提炼出的，旨在反映其研究核心内容、方法的信息，关键词不仅为文献的储存和检索带来了极大的方便，而且也是某一领域研究热点的集中体现。采用聚类分析方法对关键词共现的词频进行统计可以科学地把握某一特定研究领域的热点。通过将"keyword"设置为节点类型，以2004—2018年为时间范围，选择寻径算法，生成农民工市民化关键词的共现知识图谱和高频、高中心度的关键词，其结果如图2-5和表2-3所示。

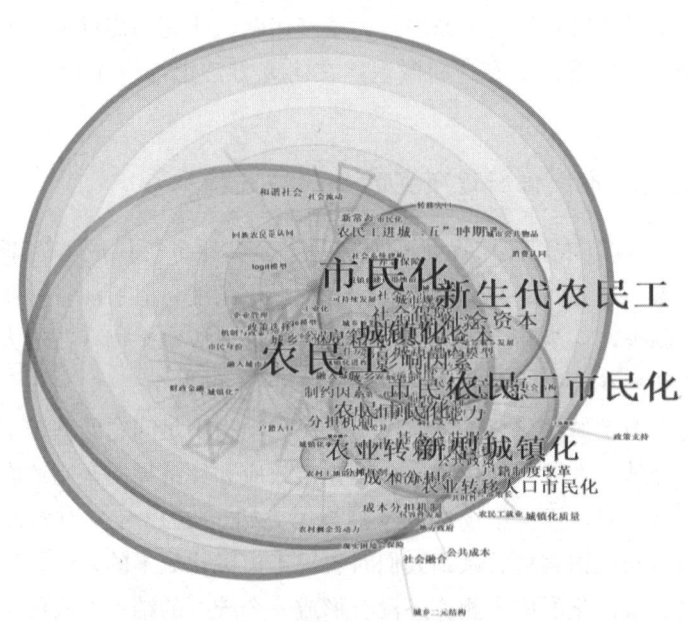

图 2-5 农民工市民化关键词的共现知识图谱

表 2-3 农民工市民化研究排序前10的高频、高中心度关键词

频次排序				中心度排序			
序号	关键词	频次	中心度	序号	关键词	频次	中心度
1	市民化	472	0.74	1	农民工	374	0.81
2	农民工	374	0.81	2	市民化	472	0.74

续表

	频次排序				中心度排序		
序号	关键词	频次	中心度	序号	关键词	频次	中心度
3	新生代农民工	187	0.24	3	农民工市民化	185	0.52
4	农民工市民化	185	0.52	4	新生代农民工	187	0.24
5	新型城镇化	74	0.16	5	新型城镇化	74	0.16
6	城镇化	58	0.12	6	农业转移人口	39	0.15
7	农业转移人口	39	0.15	7	城市化	38	0.15
8	城市化	38	0.15	8	城镇化	58	0.12
9	市民化意愿	38	0.10	9	市民化意愿	38	0.10
10	影响因素	24	0.04	10	农民市民化	19	0.08

基于图 2-5 知识图谱和表 3-3 的关键词出现频数、中心度数据并研读经典文献，可以将 2004—2018 年国内农民工市民化的研究热点概括为以下三类。

1. 新生代农民工市民化

新生代农民工广义上主要指 20 世纪 80 年代、90 年代出生的，在城市务工的农民工新群体，狭义上指 20 世纪 90 年代以后出生的户籍在农村并在城市务工的农民工群体。改革开放 40 多年以来，中国农民的流动目的地发生了三次显著性变化：第一次是"离土不离乡、进厂不进城"，是以乡镇企业为就业目的地就地转移；第二次是"离土又离乡、进厂又进城"，是以就业城市为目的地异地暂居性流动；第三次则是以在就业地长期居住为特征，且举家迁移的倾向明显。相对于 20 世纪 50 年代—70 年代出生的第一代农民工，新生代农民工从小就随着父母在务工地上学或留守在家乡，他们的成长环境与父母明显不同，呈现出不同的群体特征，他们已习惯或更加渴望城市生活，其市民化意愿更为强烈。邓秀华（2010）将二元制度羁绊、社会阶级歧视、组织平台缺失归结为新生代农民工市民化的主要障碍。丁静（2013）认为虽然新生代农民工具有市民化意愿强烈、远离农业，受教育程度相对较高，就业更为广泛，更加注重职业发展和自我意识强的典型特征，但其社会参与程度较低、远离城市政治生活、自身利益诉求难以表达是其真正难以融入城市原因。俞林等（2018）发现新生代农民工市民化过程中出现了居住、精神文化与权益保障方面的问题。李诗然等（2014）认为新生代农民工市民化过程中出现了"行动式""回流式"和"非均衡式"三种路径选择新趋势，其中"非均衡式"呈现出强化趋势，代表着新生代农民工市民化的新特征。

2. 新型城镇化与农民工市民化

城镇化对农民工市民化提出了新要求，新型城镇化有别于以物为主的城镇化，强调以人为本，农民工市民化是新型城镇化的关键。蔡昉（2013）认为应以农民工市民化来推动城镇化，让农民落户城市并享受城市基本公共服务是我国新型城镇化的核心。蒋万胜等（2013）从城镇化的健康发展需要角度出发，认为保障农民工市民化，需要对户籍制度、土地制度、住房政策、就业、教育、社会保障等进行全面改革。郭万超等（2014）在研究新型城镇化进程中的农民工市民化时指出，"土地城镇化"快于人的城镇化是中国城镇化最主要的问题，提出处理好人与社会、人与环境、人与城镇化的关系是农民工顺利市民化的关键。

3. 农民工市民化影响因素

农民工市民化是个循序渐进的过程，各种因素对农民工市民化的影响机理是农民工市民化的另一热点。在刘传江（2013）、张国胜（2013）、辜胜阻（2014）等人看来，迁徙条件、生存现状、户籍制度、社会成本、分摊机制都是农民工市民化的影响因素，而这些因素既可以分为宏观层面的制度安排，也可以分为中观层面和微观层面的利益相关者行为动机和个体能力素质、习惯等。

2.3.2 农民工市民化研究前沿分析

研究前沿是一个领域最新的研究动态和进展的集中体现，关键词出现或被使用频率的变化幅度可以用来表征研究前沿。为反映农民工市民化研究的最新研究前沿，我们重点关注了2014年以来开始出现的突变词，以此对农民工市民化研究前沿形成一个综合判断。在Cite Space V软件中，我们将"keyword"设置为"node types"，通过控制面板中的"burstness"功能绘制关键词突变率的知识图谱。在按照年份顺序截取2004—2014年开始出现的部分突变词，生成农民工市民化主题词突变知识图谱基础上，经过强度分析并咨询专家意见，我们发现了2004—2018年中国农民工市民化的研究前沿，如图2-6所示。

农业转移人口市民化	2004	3.3127	2014	2016
市民化意愿	2004	1.9898	2014	2018
基本公共服务	2004	3.4073	2014	2015
人力资本	2004	2.9426	2014	2016
新型城镇化	2004	8.6507	2014	2016
成本测算	2004	3.3047	2015	2018
农业转移人口	2004	4.7284	2016	2018

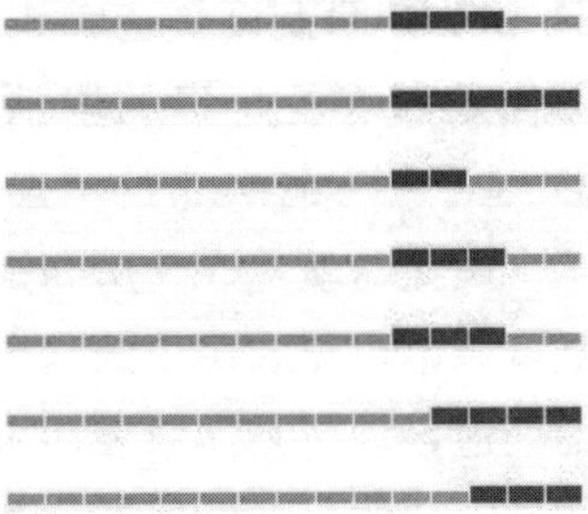

图 2—6 农民工市民化突发性关键词知识图谱

1. 新型城镇化

农民工市民化是新型城镇化的核心和关键，新型城镇化与农民工市民化研究既是研究热点也是研究前沿。近年来，关于新型城镇化背景下的农民工市民化的研究受到广大学者的关注，已成为农民工市民化研究领域的前沿话题。王振等（2014）认为新型城镇化是以异地转移的农民工为主体，其市民化是根本，其主要途径是城市群的发展，新型城镇化的动力来源是体制和机制的创新。杨静等（2014）认为"以人为本"是新型城镇化的基本内涵和核心，农民工理应成为新型城镇化的主体，空间、职业和身份的转化应三者同步，新型城镇化背景下的农民工市民化的两个着力点是提高农民工个人消费能力和公共服务均等化。

2. 农民工市民化意愿

2014年以来，农民工市民化意愿的研究成为农民工市民化研究前沿。杨燕（2017）立足于农民工市民化的内生性意愿，采用问卷调查并结合统计分析对农民工市民化的意愿进行了分析，研究发现人力资本、社会资本、心理资本的缺乏是农民工市民化意愿不强的重要原因；罗竖元（2017）认为农民工市民化意愿受到农民工创业能力、创业环境与社会网络的影响，农民工返乡创业不仅是农民工就地市民化的理性选择，而且遵从进城打工学习—积累创业资本—返乡创业实践的市民化路径。

3. 基本公共服务均等化与农民工市民化

基于社会公平正义，为保障个人最基本的生存权和发展权，为每个人都提供就业、养老、教育、文化服务、健康等保障是政府和社会的基本职责，就业、养老、教育和文化服务共同构成了基本公共服务。在农民工市民化进程中，农民工的基本公共服务供给缺乏是关键问题。与农民工市民化密切相关的基本公共服务包括了农民工子女教育、社会保障、职业技能培训等。张晓山

(2016)认为户籍制度是造成基本公共服务城乡二元结构的主要原因,公共服务均等化是以农业户口的取消,建立居住证制度为前提条件的。徐增阳等(2012)基于广东省 Z 市的调查数据分析认为地方政府的公共服务供给水平与农民工市民化对就业、住房和社会保险的需求意愿存在着十分突出的矛盾,在建立健全城市覆盖农民工的基本公共服务体系的基础上,完善农民工获得公共服务的渠道,创新其需求表达机制将有利于农民工市民化。吴业苗(2017)认为人的城镇化的不断发展与公共服务供给不足、非均等化是新型城镇化的主要矛盾,优化公共服务的城乡空间配置、提高公共服务的供给能力将有利于农民工市民化。

4. 农民工市民化成本测算

农民工市民化成本测算直接关系到农民工市民化成本分担机制的设计,与农民工顺利市民化密切相关,也是近些年来的研究前沿。现有的农民工市民化成本测算研究主要集中在成本构成、测算和成本分担机制设计方面,测算模型、指标体系和测算方法呈多元化趋势。杜海峰等(2015)通过建立农民工市民化外部成本和私人成本的指标体系,测算出农民工市民化的年度人均总成本为 6314 元。张继良等(2015)测算了不同视角下的江苏外来农民工市民化的费用为 12.3 万元。陆成林(2014)对辽宁省的农民工市民化进行了简单的成本测算,得出其下限成本为人均 24926.3 元,而包括社会保障成本、义务教育成本、住房成本和市政设施成本后的上限成本为 74702.8 元。

2.4 农民工市民化进程中利益研究的理论框架

2.4.1 农民工市民化利益关系形成的理论分析

农民工作为一种身份表征,是城乡二元结构制度安排的产物,既与中国城乡二元分割的户籍、公共服务供给、社会保障体制和政策体系有关,也与中国省际层面、地市县之间的竞争和发展不平衡有关。农民工作为一种劳动力要素从农业部门进入非农业部门就业是整个中国劳动力要素的优化配置过程,劳动力要素配置效率的提高对中国快速崛起发挥了不可低估的作用,做出了巨大的贡献,产生了巨大的人口红利。立足于中国经济社会发展进入新阶段的内在要求,立足于中国新型城镇化发展理念的变化,立足于中国经济增长方式的转变和发展新动能的转换,农民工实现市民化不仅将进一步丰富新型城镇化的内涵,而且也将在供给端和消费端增强整个经济社会发展新动能,对中国经济社会可持续发展和共同富裕具有重要作用。首先，农民工市民化意味着其将从农业生产者与消费者转化为完整的农产品消费者，其生产方式和生活方式将会发生深刻而彻底的变化，这一转化过程将极大地促进我国的消费升级，拉动国内消费，从而促进经济增长。其次，农民工市民化意味着其将摆脱土地资源的束缚，从农业生产部门脱离出来，为农村土地资源的优化配置创造有利条件，从而将有效地促进农村土地等生产要素的优化配置，极大地提高我国农村的劳动生产率，促进农业农村的经济社会发展。如果我们将上述两方面的作用理解为农民工市民化的时代价值，那么这种价值已超越了农民工个人利益本身，外溢而影响到整个社会，具有十分明显的正外部性。显然，这种价值是国家和社会层面的。更进一步，农民工市民化不仅意味着其身份将由农民转化为市民，而且将农民工市民化这一问题纳入一定的社会空间中进行分析，也意味着其生产、生活空间将发生转变，将从农村完全进入城市，从整体意义看，其势必会对既有的城市社会产生影响，从而形成另一层面的社会关系。一方面，大量的农民工市民化势必会对城市的教育、医疗卫生、交通等公共服务供给能力提出新的供给量要求，这无疑会增加流入地地方政府的公共财政支出，从而加大其财政支出预算。另一方面，在一定时期，如果流入地的教育、医疗卫生、交通等公共服务供给能力提高低于农民工市民化进度，则势必会产生"拥挤"现象，造成上学难、就医难等，这些现象的出现势必会降低原有的城市居民满意度，存在着利益之争。这在一定程度上会引起原有城市居民与新增城市居民之间的矛盾，势必会引发原有城市居民的不满，从而形成一定的社会性阻力，影响农民工市民化。

聚焦于上述问题的第一方面，如果将其纳入中国既有的财税体制中去理解，那么不难发现隐藏在农民工市民化进程中的一个基本事实，在中国现实背景下，农民工市民化的整体外部性是相对于国家而言的，但具体到地方政府而言，农民工市民化除增加本地劳动力供给外，也会对地方政府的公共财政形成支出压力。这不仅涉及中央与地方政府之间的财政与事权划分问题，而且也涉及地方政府不同阶段的工作重点选择问题。如果以这些问题客观存在为基本事实，那么理性的地方政府是否能够将中央政府有关农民工市民化的政策贯彻落实到具体的行动中理应成为探讨的重点，必须予以回答。聚焦于上述问题的第二个方面，我们将有逻辑地推出以下两个相互关联的问题：在地方政府所提供的公共服务为常量的情况下，农民工市民化将会对城市居民的既有利益形成冲击，农民工市民化势必会引起城市居民一系列的心理变化，其对农民工市民化的态度将在一定程度上增加或降低农民工市民化的成本，是一个农民工的社会融入问题。同样地，农民工市民化意味着既要"安居"又要"乐业"，乐业的前提是城市非农部门能够为农民工提供合适的、足够数量的就业机会，这涉及劳动力市场体制机制改革创新问题和用工企业的认真履责问题。企业是经济组织，其能否将农民工就业纳入正规的劳动力市场进行管理，能否让农民工享受到与城市居民同等的劳动报酬和相同的社会福利待遇不仅决定于国家相关制度安排、制度的落实，而且也决定于劳动力市场的供需结构。显然，企业雇佣农民工的行为选择将决定农民工的经济收入、福利待遇，是农民工市民化的关键组成部分。

2.4.2 农民工市民化利益关系调整重塑的基本分析框架

农民工市民化既是社会流动的必然要求，也是农业劳动力依靠其自身所拥有的经济、社会资源进入城市二、三产业去获取其应有的经济和社会地位的过程。在这一过程中，农村劳动力的大规模流动必然会对既有的经济社会体系形成冲击，从而引起整个社会的利益关系重构。从以上分析不难看出，农民工市民化本质是利益关系的建构和解构过程。理论上，围绕农民工市民化将产生中央与地方政府、流入地与流出地地方政府、企业与农民工、城市居民与农民工之间的利益关系，且这种利益关系将因农民工的流动而更加复杂，呈现动态变化的典型特征。如果以农民工顺利市民化为根本目标，且这一目标的实现与农民工市民化的利益相关者之间的行动逻辑有关，那么正确认识利益相关者的行动逻辑就成为整个课题研究的逻辑起点。结合农民工市民化发展的时代背景，农民工市民化则演变成为特定的时代背景，赋予了农民工市民化特定的时代意义和时代价值，具有外部性。在特定时代背景下的农民工市民化外部性的外溢范围是不同的，具有动态性特征。因农民工市民化外部性的外溢涉及主体之间的关系，其实质是利益关系，构成了农民工市民化的利益关系集合，农民工顺利市民化公共政策目标能否顺利实现则决定于利益相关者的策略性行为选择，由此，利益关系视角下的农民工市民化本质上是利益相关者之间的利益博弈，这在一定程度上规定了其研究思路和逻辑。农民工市民化利益主体行为研究框架见图2-7。

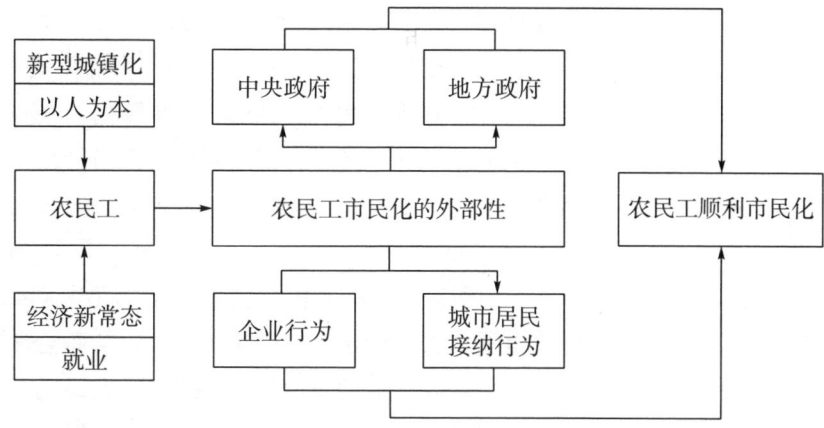

图 2-7　农民工市民化利益主体行为研究框架

2.5　农民工市民化利益关系调整重塑的理论命题

立足于经济新常态和新型城镇化，农民工顺利市民化将有利于经济社会建设，有利于中国特色社会主义现代化国家建设。基于农民工市民化的利益属性，本书认为相较于主体之间的共同利益，认识清楚主体之间的"成本—利益"非一致性更加有利于农民工市民化目标的实现。基于以上认识，本书将研究重点集中在农民工利益相关者的行动逻辑研究上，我们关注的重点是农民工市民化进程中的利益相关者行为策略，旨在基于利益相关者的利益诉求来归纳总结农民工市民化的动力与阻力，因此经济新常态和新型城镇化双重背景下的农民工市民化问题研究就转化成了其利益相关者的行为策略研究。显然，在农民工市民化进程中的利益相关者行为研究中，政府行为选择是关键，其行为选择不仅可以有效解决"市场失灵"的问题，而且直接决定着农民工市民化的成本结构和成本规模。政府对农民工市民化的态度和策略可以从公共利益、政治策略角度去思考，我们既可以把政府推动农民工市民化的行为理解为是基于社会福利最大化，也可以理解为是意识形态领域内的政治博弈，是一个面对各种利益群体的政治利益考量。除政府外，农民工市民化还涉及企业和城市居民，企业与城市居民将因农民工市民化的外部性而影响其既有的社会福利，从而影响其行动策略，作为理性的企业和城市居民的行为选择具有不确定性，因此，如果以农民工市民化决定于其利益相关者的行为选择为基本命题，那么我们可以从归因角度分别提出有关政府、企业、城市居民和农民工自身的收益函数变化的基本命题。

命题1：在一定的内外部环境条件下，地方政府的财政收入、财政支出、政府政绩与政治压力是影响地方政府对农民工市民化态度和行为的关键[①]。政府行为的本质是政府官员行为，在多重委托代理关系的行动框架内，一些政府官员为了追求政绩、规避不利的政治风险，常常会出现对农民工市民化"口惠而实不至"的现象。并且因为地方财政状况不一样，流入地地方政府和流出地地方政府的态度和行为也会存在差异[②]。

命题2：在一定环境条件下，国家对农民工相关法律法规、权益保障以及各种隐性成本会影响到企业尤其是农民工用工企业的用工成本，从而会影响到其对农民工市民化的态度和支持行为，企业的态度将直接反映在农民工市民化权益保障方面和收入保障上，其是否愿意为农民工提供相关的权益保障，提供相应的福利，与农民工权益密切相关。

命题3：在一定环境条件下，城市二、三产业的就业机会、工资收入水平、福利待遇、公共服务供给水平会影响到农民工自身的市民化意愿和能力，农民工能否顺利市民化决定于农民工自身的理想和信念。

命题4：在一定环境条件下，对农民工市民化收益与成本的权衡会影响到农民工市民化利益相关者的行动意愿，进而影响到其实践行动，政府的政策制度供给、企业对农民工权益保障和农民工自身意愿和能力将从整体上系统地影响农民工市民化进程。

2.6 农民工市民化的关键因素分析

从农民工市民化进程中的利益相关者集合中的政府、企业、农民工、城市

---

① 上述命题可以理解为一种政府行为变异。政府作为社会系统中特殊的行为主体，其行为本身具有公共性、强制性、普遍性、非营利性等基本特征，政府行为目标是维护和增进社会公共利益，维护和增进社会公共利益是政府行为合法性的基础，然而受政府官员这一特殊的行为主体自身利益和政府行为客体中的公共事务、政府内部事务的影响，政府行为因人、因事和时空不同而具有不确定性，如何解释政府行为的不确定性不仅是政治学研究的热点，也是经济学关注的焦点。参考马万里，刘雯. 地方政府行为变异：一个共时性的分析逻辑[J]. 人文杂志，2021(1)：110—119.

② 关注流入地与流出地地方政府之间对农民工市民化的态度和行为存在差异的观点的理论依据是横向层面的地方政府之间存在竞争，主要参考了周黎安等人所提出的政治锦标赛理论，在政治锦标赛的行为治理框架内，同级地方政府为了晋升将围绕上级政府所确定的标尺而展开竞争，在这一竞争格局下，地方政府很难将具有正外部性的事务作为自己的工作重点，具体到农民工市民化这一研究对象，流入地和流出地地方政府的成本和收益是不同的，其结果对其晋升影响不大，因此很难引起重视，也很难形成一致性集体行动。参见周黎安. 中国地方官员的晋升锦标赛模式研究[J]. 经济研究，2007(7)：36—50.

居民的行为来看,不同利益者在农民工市民化进程中的利益诉求是不同的,且决定其行为的具体影响因素也会因场景变化而有所不同。立足于成本与收益的经济理性,我们不难发现:政府政绩、政治风险、经济收益、收入水平、隐性成本、隐性收益、就业机会、权益保障等八个因素从不同角度对不同的利益者产生了行为影响,进而对农民工市民化的进程起到了关键作用。更进一步对这些因素进行深入分析可知,虽然在不同情景下,不同的利益相关者对概念和表述有所不同,但其相互之间却有着内在的逻辑关联,其最终反映在利益相关者的成本和收益之上,借鉴质性研究中的译码典范模型,我们可以在上述影响因素中进一步从行动者的个体经济收益、个体成本和整体态度三个主范畴来刻画和阐释以上八个因素,如表2-4所示。

表2-4 影响农民工市民化利益相关者行为关键因素

主范畴	包含的影响因素	主范畴含义
主体收益	政绩表现、财政收入增加、劳动力价格降低	利益相关者的收益
主体成本	风险、财政支出增加、隐性成本、机会竞争、公共服务质量降低、用工成本增加	利益相关者的成本
群体信念	共同态度	全体利益相关者对农民工市民化的共同思想和认识

农民工市民化发生在一定的环境条件下,环境条件的变化将改变利益相关者的成本-收益函数,从而影响到农民工市民化的进程。更进一步,我们可以将环境条件分为外部环境条件和内部环境条件,两者对不同的利益相关者的成本-收益函数的影响是不同的。总体上,新型城镇化强调以人为本,那么对流入地地方政府的城市经营理念会产生深刻的影响,要求其在城镇化进程中应将农民工的社会福利保障成本部分或全部纳入其公共服务供给体系中,以实现其公共服务均等化,这势必会加大其公共服务支出成本。同样地,当一个地方不断地加大公共服务投入,并让农民工分享到地方政府加大公共服务投入而带来的切身利益,那么这一地区将会对农民工产生吸引力,从而会吸引更多的农民工流入该地。这在一定程度上会增加劳动力的供给,改变劳动力市场的供需结构,为企业用工创造良好的市场环境,对企业是有益的。在经济新常态下,经济增速的放缓、产业结构的调整,势必会对原有农民工就业市场产生影响,出现结构性失业。综合新型城镇化和经济新常态对农民工市民化的利益格局的影响如表2-5所示。

表 2—5 外部环境对农民工市民化利益相关者行为的影响

外部环境	环境状态	利益相关者对农民工市民化的态度			
		流入地	流出地	企业	城市居民
新型城镇化	强	+−	+	√	√
经济新常态	强	−	+	√	√

注：+、−、√分别表示利益相关者对农民工市民化的影响是积极的、消极的还是不确定。

命题5：在相同的内部环境条件下，新型城镇化和经济新常态的推进变革力度越大，对农民工市民化的利益相关者行为的影响越明显。

我们将农民工市民化涉及内部环境条件界定为直接利益相关者，即农民工家庭、城市居民和用工企业，内部环境条件对农民工市民化的利益相关者的行为有着一定的影响。对于农民工家庭而言，农民工市民化将意味着其可分享到城市较好的公共服务资源，其有动机支持市民化；对于农民工用工企业而言，农民工市民化规模的增加对其而言是有利的，在劳动力需求一定的情况下，农民工市民化无疑会加大劳动力市场的供给，从而增强用工企业在劳动力市场的权力，增加其要价能力；受传统思想的影响，城市居民对农民工市民化的影响存在个体的差异性，具有不确定性，如表2—6所示。

表 2—6 内部环境对农民工市民化利益相关者行为的影响

内部环境	环境状态	利益相关者对农民工市民化的态度			
		流入地	流出地	企业	城市居民
收入水平	较高	−	+	−	√
就业机会	较多	+	+	−	√
社会文化	保守或开放				√

注：+、−、√分别表示内部环境下利益相关者对农民工市民化的态度影响是积极的、消极的还是不确定。

在外部环境一定的情况下，地方财政收入水平的增加会促使地方政府改变对农民工的态度，为农民工提供更加友好的就业、创业环境，农民工就业环境的改善也会促使企业吸收更多的农民工。但受城乡有别的传统思想和文化以及城市居民与农民工市民化的不同利益联结方式的影响，城市居民对农民工市民化的态度具有高度的不确定性，这种不确定性会因个体且同一个体在不同的时空上表现出不同的态度和行为。

命题 6：在外部环境一定的条件下，内部环境对农民工市民化利益相关者的行为影响具有调节作用。

农民工能否顺利市民化决定于国家、地方政府、企业、城市居民以及农民工自身对收益和成本的权衡，是行动主体理性选择的结果。由于不同利益相关者对农民工市民化的认知有着不同的角度，围绕农民工市民化难免会产生非一致性集体行动。由此可见，只有在既有的利益框架内，利益相关者认为自身利益不受损或有所增加的情况下，农民工市民化才可能顺利进行，农民工市民化的本质是利益相关者围绕农民工市民化而产生的利益的博弈结果。回到农民工市民化的现实实践中，政府的政策供给和制度安排无疑是影响农民工市民化进程的关键，因此政府是影响农民工市民化的关键利益相关者，企业和城市居民是农民工市民化在国家和地方政府一系列制度框架内的参与者。由此我们根据农民工市民化进程中不同利益相关者的行动逻辑，可以将农民工市民化的类型简单地分为政府主导型和市场主导型。在一定环境条件下，政府主导型和市场主导型农民工市民化的结果可能有着相同之处，但所具有的驱动因素与约束条件却有着本质上的区别。

政府主导型农民工市民化是以政府为农民工市民化的推动者，企业、城市居民和农民工是参与者，其收益构成具体的约束条件，其市民化均衡模型可表示为：

$$\max GW = r(zj, sy, cb, fx)$$
$$\text{s.t} \begin{cases} \Delta f(qyys, cjys) > 0 \\ \Delta g(nmys) > 0 \end{cases}$$

GW 表示政府期望收益，zj 表示政府政绩，sy 表示政府收入，cb 表示政府成本，fx 表示政府风险。显然，政府主导型农民工市民化决定于以政府为主体的收益和成本之间的比较。$\Delta f(gyys, cjys)$、$\Delta g(nmys)$ 分别表示企业、城市居民和农民工本身对农民工市民化的预期收益，其中 $qyys$、$cjys$、$nmys$ 分别表示企业、城市居民和农民工的预期收益之差。

市场主导型的农民工市民化则是以农民工自身为推动者，政府、企业、城市居民的收益构成具体的约束条件，其市民化均衡模型可表示为：

$$\max \mu = f(nmgys, nmgyc)$$
$$\text{s.t} \begin{cases} \Delta G(zj, sy, cb, fx) \\ \Delta Q(qyys, qyyc) \end{cases}$$

农民工市民化在不同时期、不同地区以及不同的个体上有着不同的表现，简单的市场主导型和政府主导型模型难以充分反映农民工群体分化这一基本现实，存在着单一维度解释力不够的问题。显然，如果以农民工自身为其市民化的推动者，其动力来源于农民工群体内部，那么农民工是其市民化的积极倡导者和具体的实施主体，利益相关者之间的利益博弈更容易在短时间内出现均衡解。但是，农民工市民化是政府主导与市场主导综合的结果，这在一定程度解释了农民工难以市民化的这一现象。现实中，地方政府因财政支出压力过大，对农民工市民化的态度具有不确定性；企业则更多地在国家政策规制下，关注农民工的用工成本，关注短期的利益最大化，其是否愿意为农民工提供社会保障完全决定于政策的执行以及政策监督；农民工自身能否顺利市民化完全决定于其市民化的能力，虽有意愿但却无能力是常态。由此，我们似乎可以提出以下推论：在一定环境条件下，就农民工顺利市民化而言，政府主导型农民工市民化更容易改变农民工市民化的成本结构，降低其市民化成本；市场主导型农民工市民化最需要的是农民工自身的能力和意愿。综合分析以上推论，我们可以发现以农民工市民化特有的制度环境为背景并立足于中国特有的政府和市场的实践逻辑，任何单一的农民工市民化路径都难以有效，有效有序的农民工市民化是两者共同作用的结果。围绕农民工市民化这一实践逻辑，政府主导型和市场主导型各自有着自身的优势，也有着运行实践的不足，因此，我们可以将农民工市民化的实践逻辑简化为内外因素"双轮驱动"的市民化模式。

2.7 农民工市民化研究演进脉络分析

在对 2004—2018 年有关农民工市民化研究文献进行收集、整理的基础上，采用文献计量方法并结合 CiteSpace V 软件对来源于 CNKI 收录的核心期刊和 CSSCI 来源期刊中的 917 条文献数据进行分析，形成了一个较为完整的有关农民工市民化的研究现状、演进脉络和最新发展趋势的整体性认知，其主要结论是：

一是农民工市民化的研究具有明显的阶段性特征，一批重要学者和机构对农民工市民化研究做出了显著贡献。2004 年至 2018 年，农民工市民化研究可以分为萌芽、快速增长和成熟稳定三个时期；刘传江、刘小年、黄锟、刘洪银、丁静、高君、王竹林、吴业苗等人是农民工市民化研究领域具有重要影响的学者，武汉大学经济发展研究中心、华南农业大学经济管理学院、西北农林科技大学经济管理学院、四川大学经济学院是农民工市民化研究领域具有重要影响的机构。

二是农民工市民化研究对象、研究主题动态变化趋势明显。基于关键文献内容分析，农民工市民化的演化路径概括为：研究对象从最初的农民工市民化到新生代农民工市民化，农民工难以市民化的制度成因解释始终是研究重点；研究方法从单一的理论研究逐渐转变为理论与实际相结合，研究角度也从宏观的农民工市民化研究转向中观和微观的农民工市民化成本测算和意愿。农民工市民化现状、障碍及对策，新生代农民工、新型城镇化下农民工市民化，农民工市民化影响因素及成本测算始终贯穿在整个农民工市民化研究的进程中。

三是农民工市民化研究热点与前沿始终与国家相关政策保持高度一致。通过关键词共现、突现词的分析，农民工市民化主要的研究热点有新生代农民工、农民工市民化与新型城镇化、农民工市民化影响因素，研究前沿集中于新型城镇化、农民工市民化意愿、基本公共服务与农民工市民化关系、农民工市民化的成本测算，两者都以如何在不同的现实背景下有效推进农民工市民化为根本性目标，满足社会实践需要的倾向明显。

立足于新时代人民对美好生活需要和发展不平衡不充分的矛盾，农民工难以市民化是发展不平衡不充分的具体表现。农民工顺利市民化将有利于社会主义基本矛盾的缓解，具有重要的现实意义。农民工市民化是以既有的城乡二元结构和基本公共财政制度为时代背景的，农民工市民化具有明显的外部性，由农民工市民化的外部性而引发的利益冲突是农民工难以市民化的本质性原因，必须引起社会各界的重视，值得深入研究。现有的农民工市民化的知识图谱分析结果表明，农民工市民化进程中的利益冲突及协调机制的构建并没有引起国内学者的重视，存在学术增值空间。因此，在对农民工市民化进程中的利益主体、冲突类型和演化规律进行系统研究的基础上，构建起涵盖利益相关者的利益协调机制将进一步深化农民工市民化的研究，其结果将有利于农民工市民化政策环境的构建，理应成为新形势下农民工市民化的研究重点。

2.8 农民工市民化利益研究的基本框架分析

农民工市民化的本质是在一定的内外环境因素驱动与约束下，利益相关者之间围绕农民工市民化而产生的公共利益和私人利益而展开的利益博弈，利益博弈本身是利益关系的调和过程。农民工市民化这一本质特点决定了我们在对其研究过程中必须将内外环境条件纳入其对利益相关者的行为影响过程中，从而对农民工市民化进程的利益关系进行系统阐释。从利益相关者的理性选择角度去审视农民工市民化，我们发现农民工顺利市民化的均衡解是存在的，其均衡解的存在表明只要我们兼顾农民工市民化各利益相关者的利益，农民工就能够顺利市民化。这涉及在新的形势下，我们如何去理顺国家和地方政府、流入地与流出地政府、政府与企业之间的关系，让利益相关者参与到农民工市民化进程中，进而顺利地推进农民工市民化。更进一步，如果将政府、企业、城市居民以及农民工纳入一个利益相关者体系中去研究，那么政府的决策系统理应对利益相关者开放，扩大利益相关者的决策参与权，以保证政策质量。同时，农民工市民化是应该坚持政府主导还是市场主导或者是两者的综合也值得进一步深入探讨。在很长一段时间内，农民工市民化完全是农民工的一种自发行为，政府的作用仅停留在对国家相关政策的贯彻落实上，其响应性行动十分明显，政府政策供给不到位的直接结果是农民工始终被排斥在正式的公共服务体系之外，推高了农民工市民化的私人成本，极大地降低了中国城镇化的质量。新发展理念的明确和转型发展对农民工市民化提出了新的要求，原有的农民工自发市民化已难以适应新型城镇化的总体要求，农民工市民化理应由自发主导转向"政府与市场"双轮驱动，政府的作用应体现在形成促进农民工市民化的总体规划上，体现在制度创新和相关政策的贯彻落实上。

第3章 农民工市民化：双重背景与公共属性

长期以来，农民工和农民工市民化受到党和政府、社会各界的高度重视。国家先后出台了一系列政策鼓励支持农民工市民化，以政策的供给去消除农民工市民化的制度壁垒，降低农民工市民化的个人成本，有序推进农民工市民化。与此同时，社会有识之士通过各种方式为农民工顺利市民化建言献策，为达成农民工市民化社会共识做出了巨大贡献。然而回到农民工市民化的现实之中，农民工市民化仍旧困难重重，农民工在就业地难以真正地享受到平等的社会公共服务，被排斥在正式的公共服务和社会保障体系之外，农民工的经济、社会权益难以得到有效保障，各种侵害农民工权益的事件时有发生，制约着农民工的顺利市民化。近年来，随着我国经济社会的转型发展，整个经济社会呈现出两大基本的宏观背景：一是以人为本的新型城镇化，二是经济新常态。新型城镇化意味着城镇化的发展目的发生了根本性变化，不仅要追求经济增长，而且还要关心人的全面发展；经济新常态则意味着我国经济发展进入有别于原有的发展阶段，经济增长的方式发生了深刻变化。中国农民工出现并以一种群体方式进入人们的视野中是历史发展和制度安排的结果，这一现象本身离不开宏观场景的分析，同样地，以农民工市民化过程中的种种现象为分析研究对象，同样离不开其背景研究。为更好地理解农民工市民化过程中利益关系的结构变化和利益相关者的行动逻辑，本章基于新型城镇化和经济新常态这两大基本发展态势，构建起一个农民工市民化研究的背景框架，以保证在一个有限的时空背景下去进一步深化农民工市民化的利益关系研究。

3.1 新型城镇化与农民工市民化的相关议题

3.1.1 新型城镇化研究的缘起

城镇化是工业化的必然结果，城镇化必然会导致生产要素从农村向城镇、城市的集聚，从而促进一个国家和地区经济社会的发展。城镇化水平是判断和衡量一个国家现代化的重要依据。西方发达国家的经验表明，城镇化是现代化的必由之路，是保持经济增长，加快产业结构转型升级，推动区域协调发展的重要力量，是促进一个国家和地区全面发展的必然要求。城镇化是我国现代化建设的重大战略举措，是城市进一步社会化、现代化和集约化的过程。改革开放以来，我国城镇化得到了快速发展，与城镇化相关的问题也成为广大学者研究的重点。通过对广大学者有关城镇化的研究成果文献的系统化梳理，我们可以清楚地认识到中国城镇化进程中的重要议题。新型城镇化理论研究、实践探讨已成为我国城镇化研究领域的热点话题，广大学者分别从地理学、社会学、政治学、经济学、城市规划学等多个学科，采用不同的研究范式分析、解释了新型城镇化发展的内在规律（张荣天等，2016）。张景华（2013）提出城镇化的核心是农民工的市民化，并从税收角度提出我国新型城镇化建设要以建立与地方政府事权相对应的地方税、城市税收为主要支撑。单卓然等（2013）从城镇化概念内涵、目标内容、规划策略和认知误区解析新型城镇化，指出新型城镇化存在的六大可预见性认知误区。国家行政学院的张占斌（2013）对新型城镇化的难点做了阐述，认为新型城镇化的难点集中于户籍制度、土地制度、住房保障和金融体制四方面的改革与推进上。

1978年，我国城镇化率仅为17.92%。1988年，我国首次提出"城镇化"战略。据2019年国家统计公布的数据，我国常住人口城镇化率已超过60%，城镇化水平显著提高。但常住人口城镇化率不同于户籍人口城镇化，两者之间的巨大差异暴露了中国城镇化的质量缺陷，被广大学者称为"伪城镇化"和"半城镇化"。为切实解决中国城镇化质量问题，2013年，中央经济会议提出"走集约、智能、绿色、低碳的新型城镇化道路"，"新型城镇化"这一概念被正式确立。新型城镇化的提出给城镇化工作指明方向，这意味着新型城镇化将成为中国经济发展的主导方式，新型城镇化将成为促进中国经济转型发展和高质量发展的重要驱动力量。

突破传统城镇化桎梏，实现"集约、智能、绿色、低碳"的发展是新型城镇化的核心内涵。辜胜阻、李洪彬等（2014）认为新型城镇化是一项系统工程，涉及公共服务体系改革、户籍制度改革、土地制度改革、城市投融资改革以及房地产改革等。坚持新型城镇化建设与改革的有机结合，既要发挥好市场在资源配置的基础性作用，也要发挥好政府在制度建设和改革中的作用。市场和政府的关系与界限是新型城镇化的重要研究课题，"有效市场"和"有为政府"是新型城镇化的应有命题。

如何才能顺利地推进新型城镇化、新型城镇化与传统城镇化的区别与联系、如何看待城镇化发展历史过程等都是在新的历史发展阶段，审视新型城镇化必须思考的问题。为更好地理解中国城镇化的典型特征，我们试图从新型城镇化的社会基础研究、传统城镇化与新型城镇化差异、新型城镇化进程中政府与市场、新型城镇化水平测度研究、新型城镇化与农民工市民化的关系认识五个方面，对新型城镇化相关的研究文献进行系统梳理，旨在进一步明确新型城镇化的典型特征和内在发展规律，以认识清楚其对农民工市民化外在和潜在的影响机理。

3.1.2 新型城镇化的社会基础研究

1. 新型城镇化与新型工业化

工业化是城镇化的前提，城镇化的发展是工业化可持续发展的基础，两者之间高度相关，密不可分。工业化与城镇化的关系认识始终是研究重点，受工业化和城镇化发展历史短的影响，我国关于工业化与城镇化之间关系研究成果相对较少，主要包括理论研究和实证研究两个部分。在理论研究方面，孙虎等（2014）认为传统的城镇化与工业化是一种赶超式、不均衡、不可持续的发展，人口红利的逐渐消失、刘易斯拐点的出现、环境容量日渐饱和制约着粗放型城镇化；能源利用效率较低，工业企业产能过剩，后备土地资源有限等问题制约着工业化的可持续发展。因此，转变工业化和城镇化发展的既有模式将有利于破解资源瓶颈，提升工业效益以及城市效益，能有效地推动我国新型工业化和新型城镇化的协调发展。王可侠和杨学峰（2014）认为我国城镇化正处在快速城镇化发展阶段，经济欠发达地区通过承接发达地区的产业转移将促进工业化与城镇化的融合发展。从产城融合视角看，只有正确把握我国工业化、城镇化互动发展关系，才能有效破解"去工业化""伪城镇化"等畸形发展障碍（宋加山等，2016；胡若痴，2014）。

从实证角度出发，高志刚等（2015）通过建立评价指标对新疆地区的新型城镇化和新型工业化耦合度进行了测算，发现新型城镇化超前于工业化发展，但二者水平都不高。肖海平等（2015）采用主成分分析法和模糊数学法测度了郴州市11个县域新型城镇化与新型工业化综合评价指数及其协调度，发现郴州市新型城镇化与新型工业化协调度总体上处于"双低型"协调发展状态或不同程度的失调状态，提出了从区域发展规划、工业空间布局和产城一体化等方面协同发力、整体推进来促进二者协调发展的政策建议。党的十八大以后，党中央对新型城镇化和新型工业化做了重新规划，但学术界对二者的协调互动关系的深入分析却相对不够，这意味着人们对新型城镇化和工业化之间的协调发展问题的认识还处于探索之中。

2. 新型城镇化与农业现代化

新型城镇化离不开城乡要素流动，离不开城乡融合发展。基于新型城镇化与农业现代化之间的关系，国内广大学者从二者内涵、相互关系、发展路径进行了广泛而深入的研究。新型城镇化与农业现代化相辅相成，统筹城乡发展的新起点是以农业现代化支撑新型城镇化。农业现代化是新型城镇化的基本前提，是新型城镇化的基础，没有农业现代化，新型城镇化将成为无源之水。曹俊杰和刘丽娟（2014）认为我国城镇化和农业现代化的基本格局已初步形成，但还存在土地城镇化与人口城镇化不同步、政府主导的城镇化与市场主导的城镇化矛盾以及城镇化和农业现代化非持续、不协调等突出问题。农业现代化受制于城乡差距大，工业反哺农业力度不足、区域经济发展水平不均衡严重制约着我国的农业现代化进程，加强科技创新提高产出投入比，缩小城乡二元差距，加大工业反哺农业力度，将有助于实现新型城镇化背景下我国工业化与农业现代化之间的良性互动和共同发展（江省身，2017）。

实证研究方面，主要采用的方法为协同分析和数据包络分析法等。韩国明和张恒铭（2015）实证研究发现，我国城镇化和农业现代化协调发展的空间格局呈现出"东部高、中部低、西部最低"的逆地势阶梯分布状态，城镇化与农业现代化高质量协调发展仍未出现。张勇民等（2014）实证分析发现新型城镇化对农业现代化发展的拉动效应弱，与之相反的是农业现代化对新型城镇化的促进作用却相对较强，两者之间的内部差异明显，协调互动发展明显不够。

新型城镇化是一个动态过程，人的城镇化、经济社会可持续发展和城镇发展质量提高是新型城镇化的目标，这些目标的实现离不开信息化的作用。刘国斌和杨富民（2015）在分析研究了信息化带动新型城镇必要性与困境的基础上，认为可以通过信息化发展来推动新型城镇化高效、健康、低碳、节约、集约的可持续和谐发展。

3. 新型城镇化与城市建设发展

新型城镇化的发展是体系化发展，需要特大、大、中、小城市和城镇一起共同完成，是大中小城市协调发展问题（阎树鑫等，2013）。石忆邵（2013）认为新型城镇化应依托"社会性投资驱动"而非传统的"房地产型投资驱动"。汪丽和李九全（2014）对西北省会城市的实证研究发现，经济发展质量和资源基础质量与城市化综合发展质量具有显著相关性，人口发展质量、环境发展质量、社会发展质量、城乡统筹质量与城市化综合发展质量相关性却相对较小，说明它们与城市化综合发展并不同步，这在一定程度上说明城镇化与城市建设之间既存在相关性，也存在着非同步性。

新型城镇化为我国城市群的发展提出了新要求。高相铎和陈天从城市群规划和思路转变角度出发，从功能定位、空间结构、同城化、城乡统筹、基础设施等方面提出了城市群规划中应关注的问题（高相铎等，2014）。姚士谋等人（2015）则论证了我国大城市群地区的新型城镇化建设方针、路径与方法措施，探索了中国新型城镇化的理论与实践问题。城市、城市群的功能定位、空间结构优化以及其与信息城镇化之间的关系的研究不仅表明了城镇化与城市建设两者间的内在逻辑关系，而且也表明人们更加关注两者之间的协调发展，即如何将新型城镇化"以人为本"的理念落实到城市建设的各项事业中去。

3.1.3 传统城镇化与新型城镇化差异

2013年，中央经济工作会议提出"走集约、智能、绿色、低碳的新型城镇化道路"，引起了广大理论工作者的高度关注。学界围绕"何谓新型城镇化"这一基本问题，从多个维度对新型城镇化展开了深入的讨论，进一步深化了人们对新型城镇化的认识。张贡生和罗登义（2014）从四个方面对新型城镇化的"新"做了诠释，取得了一系列的成果。首先，新型城镇化的"新"体现在新的目标上：促进人的全面发展。其次是新的主体形态：城市群建设。再次是新的战略："两横三纵"式的空间布局。最后是新的产业：信息化、战略性新兴产业、服务业、文化产业。改革开放40多年，中国的城镇化基本上沿着规模的扩张而渐次展开，在这一过程中，中国基本上完成了其工业化，城市的空间布局和人口规模都有了巨大的发展，但在这一过程中也引发了一系列的社会矛盾，导致其可持续发展后劲不足。基于中国改革开放40多年在城镇化过程中所出现的矛盾，人们提出了"新型城镇化"。总体上看，新型城镇化相对于传统城镇化，是对传统城镇化的扬弃和发展，两者有着不同的价值理念。张荣天等（2016）认为传统城镇化概念更多地强调"硬件城镇化"，而新型城镇化将向"软件城镇化"转型;传统城镇化更多地强调"物的城镇化",而新型城镇化更加关注"人的城镇化"。"新型城镇化"与"传统城镇化"相比,在发展理念上,更加注重城镇化质量,强调以人为本;在发展模式上,更加强调耕地资源保护、集约发展;在空间形态上,更加注重效率,促进特大、大、中、小城市及小城镇协调发展;在城镇建设上,更加注重文化保护、彰显地方特色,让居民"望得见山、看得见水、记得住乡愁";在可持续发展上,更加注重生态文明建设,避免城市病;在政策保障上,更加注重改革与制度创新(谢天成等,2015)。传统的以"GDP为核心"的城镇化忽略了人的城镇化、城镇化质量和城镇化本质,而新型城镇化是一种以人为本的城镇化,应该以提高人口素质为城镇化的核心内容(张许颖等,2014)。

新型城镇化强调的是城镇增长方式的可持续性,不仅关注增长,而且更关注发展,是内涵式发展,是依托新型工业化的发展,是以现代新兴技术为主要动力,以城乡一体化和城市现代化为目标的可持续发展,是集约型城镇化。对于新型城镇化与传统城镇化的区别差异,学术界的研究主要集中在对其内涵的理解上,而从具体操作方面去测量新型城镇化的却相对较少,存在不足。

3.1.4 新型城镇化进程中的政府与市场

总体上,中国的城镇化进程是政府主导型和市场创新的共同结果。城市发展过程中充斥着权利和市场的博弈,政府与市场的关系认识是理解中国新型城镇化的重要窗口。赵永平和徐盈之(2014)对我国30个省(区、市)的新型城镇化发展水平进行了测度与评价,结果发现市场机制对我国新型城镇化的驱动作用最为显著,其次是外部机制和政府机制。政府主导城镇化建设主要体现在宏观政策上,财政制度、户籍制度、教育体制以及城市发展规划等因素都会影响到城镇化的发展。

1. 政府作用下的新型城镇化

新型城镇化建设离不开政府的规划、引导,政府的规划、引导主要体现在公共财政政策上,公共政策供给质量最终将体现在公共服务和公共产品供给水平上。从公共财政角度出发,薛翠翠等(2013)分析新型城镇化建设所需资金规模,认为保守估计,到2020年时,新型城镇化建设需要超过16万亿元人民币。虽然财政政策的支持与引导对欠发达地区新型城镇化作用重大,但财政政策的边际效应却存在着明显的递减,对流动人口提供公共服务、支持产业发展的财政政策效果难以显现(杨得前等,2015)。更进一步,徐盈之和赵永平(2015)实证分析研究发现,财政支配能力对公共交通基础设施和医疗卫生供给呈倒"U"型，对基础教育的负向影响逐渐减弱；财政汲取能力对公共交通基础设施的投资倾向逐渐减弱，对公共基础教育具有正向促进作用，对公共医疗卫生的积极作用逐渐显现。在新型城镇化的进程中，根据基本公共服务的流动性程度和边际成本高低来对公共物品进行分类，并据此来确定各级政府支出责任及成本分担机制是提高财政供给效率，实现公共财政支出社会效率最大化的有效方式（童光辉等，2014）。由于地区之间的发展不平衡，对城镇化发展的关键影响因素也不同，东部地区工业、服务业的发展和地方财政支出显著地促进了城镇化发展，中部地区的关键因素是工业发展和对外贸易发展水平，而对于西部地区，产业的发展并没有促进城镇化，对城镇化有推动作用的关键因素是地方财政支出和教育水平（于燕，2015）。

从土地制度角度来看，中国土地城镇化速度明显快于人口城镇化，这一现象的产生与既有的财政体制和政府行为密不可分。各地政府在政治锦标赛的刺激下，形成了以土地为载体的经济发展方式，并且随着时间的推移，地方政府对土地财政严重依赖，经营城市或城市经营本质上是土地资源一、二级市场上的倒腾。以土地为核心的城镇化必然会形成企业、城市户籍居民、金融机构、地方政府的复杂利益关系，这种利益关系相互强化的结果是以地方政府为核心的利益铁三角和超级利益铁三角的形成，激励地方政府积极推进空间城镇化，即城市规模不断扩张，而相应的公共服务却严重滞后，这已发展为新型城镇化的现实梗阻。在土地财政与土地金融耦合背景下，理性的地方政府将土地作为商品，在获取土地出让收入的同时亦衍生出以土地为主的融资模式，导致中国城镇化发展呈现"向外建设"而不是"向上建设"的非均衡化路径，这不仅推高了房价，而且也导致人口城镇化的严重滞后[①]。现有的土地制度改革目标是提高土地利用率、促进房价合理回归，保障我国粮食安全和解决城镇化融资问题（中国金融四十人论坛课题组，2013）。吴福象等（2015）基于融合租金分离和投标竞租理论模型，对新型城镇化中被拆迁户的福利补偿机制进行了理论分析和实证检验，研究发现土地的位置租金上涨存在较大的时空差异，边际区位租金上涨幅度远快于成熟区租金上涨幅度，土地开发增速主要取决于需求拉动与拆迁补偿成本收益比，被拆迁户的福利损失主要源自动态福利补偿机制的缺失。这一研究表明在现有体制下，城镇化的主要动力源于土地商品化带给理

---

① 在马万里、刘胡皓看来，造成中国城镇化非协调发展的主要原因是地方政府的行为选择失当，晋升锦标赛与财政锦标赛的共同作用结果是空间城镇化。参见马万里，刘胡皓. 为什么中国的城镇化是人地非协调的？——土地财政与土地金融耦合下地方政府行为的视角[J]. 中央财经大学学报，2018（8）：113-120。

性政府的巨大土地财政收入，城镇化的成本并没有完全内部化，是一种有折扣的成本。

从户籍改革角度来看，新型城镇化本质上是城乡统筹发展，需要系统性的改革，推动以"公共服务提供"为核心的户籍制度改革势在必行，且户籍改革应以城中村和城郊村土地制度改革为突破口（陶然等，2015）。在劳动力市场上，城乡户籍的差别性对待，存在着劳动力市场分割问题。本地城市户籍对农民工工资增长具有影响，如果将土地被征收从而取得城市户籍作为农转非户籍转换的工具变量，结果表明城市户籍可以增加农民工的工资水平，减轻工资歧视程度，降低工作的流动性，这在一定程度上折射出了户籍制度改革与农民工市民化的关系（温兴祥，2017）。

从教育体制改革来看，城镇化的发展必须与教育发展相协同，现有学者从不同视角分别讨论了社区教育、城乡教育、职业教育和乡村教育与新型城镇化之间的关系。在新型城镇化视角下，教育的功能应立足于人的城镇化、农村转移人口的市民化、社会融合、政治民主和经济发展（褚宏启，2015）。新型城镇化与社区教育发展之间关系密切，新型城镇化战略实施将对社区教育发展带来潜在机遇和隐性挑战（叶忠海等，2014）。在城乡二元结构的条件下，城乡教育向更均等化方向发展虽然会放缓城镇化速度，但有利于促进城镇化质量提高（王朝明等，2014）。立足于我国乡村教育与新型城镇化建设、乡村教育与城市教育以及乡村教育系统自身的动态平衡与协同共进，我国乡村教育的弱势进一步显现，遭遇着边缘化、断裂化、现代化与离土化等挑战。乡村教育的弱化不仅降低了农村劳动力的受教育机会，而且对其进入城市非农部门就业也存在潜在影响（李森，2015）。总体上，职业教育体系的建立和健全有利于我国从人口大国向人力资源强国的转变，大力开展农民工就业创业的职业培训，能使他们更好地融入城市且具有立竿见影的效果。为此，我们不仅要加快高端技术技能人才的培养，推进经济转型升级和产业结构调整优化，也要推进职业教育服务与城镇化、信息化深度融合，培养新型信息化技术技能人才，不断提高农业职业教育水平，促进农村劳动力素质提升和剩余劳动力规模扩大（辜胜阻等，2015）。乡村教师专业发展有助于提升乡村教育质量，是新型城镇化进程中必须思考的问题，李森和崔友兴通过调查研究川、滇、贵、渝四省市乡村教师专业发展现状，发现乡村教师人际关系较好，科研教学能力得到提高，专业发展处于中等水平（李森等，2015）。这一研究结果虽与乡村教师队伍专业发展有一定的差距，但却坚定了我们办好乡村义务教育的信心。

信息化、农业产业化和新型工业化是新型城镇化发展的动力源泉，是以

"内涵增长"为发展方式,以"政府引导、市场运作"为机制保障,政府应通过制定战略与规划、提供基础设施和公共服务、完善制度与政策、加强监督与管理积极推进新型城镇化进程(倪鹏飞,2013)。但统筹力度不够,多主体协调困难;村民市民化进程缓慢,居民幸福感较低;资源利用粗放,发展质量不高;生态文化保护不足,可持续发展能力不强仍然是制约新型城镇化发展的关键问题。以城中村改造为研究样本,如果以新型城镇化为背景,那么城中村改造需要兼顾依法治理、统筹兼顾、以人为本、集约发展、环境友好五个方面的关系,有效地将城中村改造纳入新型城镇化建设中,从而有效地保证新型城镇化的顺利推进(李润国等,2015)。

2. 市场作用下的新型城镇化

以中国特色社会主义市场经济为背景,新型城镇化既要考虑政府对空间资源和其他资源的支配能力,又要考虑到市场因素对空间资源及其他资源的作用和影响,新型城镇化必须从政府和市场出发,市场作用下的城镇化发展主要凸显在房地产、土地市场、科技创新、金融支持方面。

中国城镇化的快速发展对以市场为基础的房地产发展提出了巨大需求。然而,中国房地产业发展存在着市场垄断、供给的结构性矛盾突出、房价持续走高和房地产业"一枝独秀"等问题,一定程度上阻碍了新型城镇化的可持续发展(李传健等,2015)。中国新型城镇化离不开土地资源的投入和利用效率的提高,需要不断地调整和优化土地红利的分配格局,做好土地红利分配结构优化和土地红利增加的统筹(陈浩等,2015)。

新型城镇化是建立在要素配置效率的不断优化和提高基础之上的,其本质是全要素生产率的提高。相对于农村而言,城市的要素集聚程度更高,具有技术和知识创造方面的比较优势。现有理论研究表明,城市技术优势和劳动力知识溢出对城市空间结构的均衡具有作用和影响,这一研究结果表明,可持续的新型城镇化是建立在高技术产业基础上的。因此,地方政府应重视城市的技术进步和产业升级,并培育城市的技术比较优势,从而提高城市的综合实力(陈强远等,2014)。我国科技创新与新型城镇化包容性发展相互耦合且相互协调,虽然其耦合协调度呈平稳上升态势,但整体协调性较差,处于较不协调的水平,且省与省间存在较大差异(田逸飘等,2017)。科技创新对人口城镇化的影响显著为正,对社会城镇化的影响显著为负(贺建风等,2016)。立足于省级层面,科技创新投入能力、产出能力、环境和转化能力都可以有效地促进新型城镇化的发展,其中科技创新投入能力与科技创新环境对省级范围内的新型城镇化的发展影响最大(王文寅等,2016)。这些研究说明技术进步在未来的新型城镇化建设进程中的作用将更加明显。无论是立足于城镇化的国际经验、国内城镇化进程的反思，还是立足于未来不确定性和政府执政理念的变化，科技创新都将是中国新型城镇化高质量发展的有力支撑（于莲，2016）。科技创新与新型城镇化存在明显的正向空间关联性和空间溢出效应（宛群超等，2017）。科技创新对新型城镇化的影响显著存在基于科技创新水平和时间的正向双门槛效应，即科技创新对新型城镇化的正效应会随科技创新水平提高和时间推移而逐步减弱（郑强，2017）。由此可见，新型城镇化离不开科技创新，如何激励更多的科技创新主体围绕新型城镇化的发展，尤其是围绕以人为本的新型城镇化进行科技创新成为新型城镇化必须思考的问题。

新型城镇化将对我国的人口、经济、社会产生全面而深刻的影响，其势必会对金融产生新的需求，离不开金融的支持和创新。新型城镇化包括了人口、产业和空间的变化，而这些方面的变化均会对金融产生巨大的需求（王振波等，2014）。基于协调发展视角，金融支持将有利于新型城镇化发展。虽然二者的协调发展状况正在好转，但规模不足、结构不合理、效率不高的问题仍然存在，难以满足新型城镇化对金融的需要，制约着中国新型城镇化的发展（杨慧等，2015）。

3.1.5 新型城镇化水平测度研究

在新型城镇化快速发展的背景下，城镇化质量的测度和提升成为必须面对的问题。2014年3月出台的《国家新型城镇化规划（2014—2020年）》构建了新型城镇化状态定量评估指标体系，开启了学界对城镇化水平实证研究高潮。

以国家出台的评价指标体系为参照，广大学者以部分区域城市为样本，从不同的角度对中国新型城镇化质量进行测评。对山东半岛城市群进行实证研究的结果表明，山东半岛城市群新型城镇化状态区域差异显著，总体可分为高等（青岛、烟台）、中等（济南、威海、潍坊、东营）和低等水平（淄博、日照）3个等级（杨洋等，2015）。对重庆市城镇化发展质量进行综合测评并将重庆市与其他中心城市的城镇化发展质量结果进行横向比较分析发现，重庆市新型城镇化发展质量虽然在快速提高，但仍落后于东部中心城市；重庆市的人口、土地、产业发展要素与资源利用方式、生态环境之间耦合度相对较好，可持续发展潜力较大（张引等，2015）。从人口流动、用地变化、经济增长等要素演化及其互动协调关系看，长三角城镇化发展是中国经济最为发达、人口最为密集、城镇化进程快的地区（陈雯等，2015）。从西北五省区省会城市城镇化水平看，西安、乌鲁木齐、兰州、银川、西宁的城市化质量以从高到低的顺序展开，经济发展质量和资源基础质量与现阶段西北省会城市化综合发展质量具有显著的相关性（汪丽等，2014）。上述研究表明，中国城镇化水平不仅具有区域性差异，而且在一个区域内也存在着发展不均衡的问题，中国新型城镇化建设仍有巨大的发展和上升空间。

3.1.6 新型城镇化与农民工市民化的关系认识

现有文献中，学者们从经济学、社会学和公共管理学等学科对新型城镇化做了充分的研究，为我们深刻理解新型城镇化的内涵、发展现状、发展路径、优化措施和建设条件提供了丰富的理论基础和经验参照。

总体上，新型城镇化与新型工业化、农业现代化、城市建设发展之间存在着密切的相关性和互动关系，新型工业化、农业现代化以及城市建设的发展能够有效地推动新型城镇化的发展，但在现实表现上，中国新型城镇化在不同的地区、不同的城市以及不同的内容方面都存在着发展不平衡、不充分和不协调的问题，其深层次的原因有待进一步的探讨。立足于新型城镇化与农民工市民化之间的关系，国家倡导的以人为本的新型城镇化能否在现实中得到很好的体现，能否得到很好的贯彻落实，需要什么样的条件等问题有待于进一步做出回答。显然，这些问题的回答不能离开对系统中的利益相关者的行动逻辑的探讨，需要构建起一个总体分析框架。更进一步，如果我们将农民工市民化这一问题纳入新型城镇化进程中，并对以人为本的核心内涵进行基本的阐释，那么以人为本的发展理念最为朴实的展现应是将农民工作为新型城镇化的重要生产要素和推动力量，将其纳入城市公共服务供给和社会保障体系中，这意味着政府和企业应承担其相应的责任，主动承担起农民工市民化的社会成本。如果以此为新型城镇化背景下的农民工市民化的理想类型，那么在现实中相关的利益主体行为又会做何选择则有待深入探讨。

3.2 经济新常态与农民工市民化的相关议题

2010年开始，我国经济增长速度从10%放缓到7%左右，经济高速增长转为中高速增长。中国政府直面我国经济发展中所出现的这一基本事实，指出中国经济从此进入一个新的发展阶段，即经济新常态。经济新常态意味着原有的依靠廉价劳动力和资源要素粗放型投入的经济发展模式的结束。经济新常态对整个经济发展的观念、认识和方式方法都提出更高的要求。经济新常态的提出引发了大家的广泛关注，不少研究对其基本内涵、产生的原因、所引发的社会特征变化进行了深入的探讨，形成了一些有价值的结论。

3.2.1 经济新常态基本内涵的系统性阐释

2009年初，美国太平洋基金管理公司总裁埃里安提出了"新常态"一词[①]。显然，经济新常态与新常态是有区别的。总体上，经济新常态具有四个典型特征：经济增长速度从高速转为中高速，经济发展方式从规模速度型粗放增长转向质量效率型集约增长，经济结构从增量扩能为主转向调整存量、做优增量并存的深度调整，经济增长的驱动力由要素驱动、投资驱动等传统增长点转向以创新驱动为代表的新增长点。经济新常态涉及经济增长速度、经济发展方式、经济结构调整、动力源的转变，是系统性的（高建昆等，2015）。经济新常态是对一个国家和地区经济发展阶段性特征的整体性判断，具有丰富的思想内涵。经济新常态揭示了我国经济社会发展转型期的内在规律与主要特征，包括经济增速将从高速增长转向中高速增长、经济增长趋于平稳、经济发展更多依靠国内消费需求拉动和经济发展方式将从要素规模驱动转向创新驱动等（张来明等，2015）。中国经济新常态是经济发展的客观规律导致经济发展阶段转变和改革进入新阶段使经济增长的内在动力发生转换的必然结果，不同于美国经济的新常态，是中国经济进入更加接近市场经济正常状态的表现（齐建国等，2015）。

长期以来，中国生产领域中的生产方式粗放、产业结构不合理、科技难以转化为现实生产力、要素生产率较低是经济领域出现新常态的主要原因（逄锦聚，2016）。经济新常态是经济增长目标和增长动力适时改变的必然结果，也是可持续发展的内在要求（余斌等，2014）。经济新常态意味着中国的后发优势的基本消失、增长动力的转换、经济结构和收入结构的调整，是长周期而非短周期。从马克思经济周期理论看，中国经济新常态是社会主义市场经济周期波动的必然阶段，经济新常态下要不断优化经济结构、增加有效需求、防范金融风险（李娟娟等，2015）。经济新常态下，国家宏观调控政策应做出相应的调整，应以供给管理为主、需求管理为辅，且保证政策连续和稳健（马宇，2015）。

但从经济新常态下的经济增速看，GDP增速持续下降是经济新常态的典

---

① 在埃里安看来，受金融危机的冲击，后危机时代，消费群体的观念和预期将会发生变化，从而引发整个世界的商业环境变化，西方发达经济体将从整体上呈现出长期的通货紧缩，这种趋势就是一种新常态。

型特征。总体上，我国 GDP 增速将维持在 6%~7.5%之间（王少平等，2017）。中国经济进入以跨越"中等收入陷阱"为标志的经济新常态已经成为不争的事实（范金等，2015）。经济新常态给我国社会保障体系带来了新的挑战，发展环境的改变加剧了财政支出的压力，从顶层设计、城乡一体化、基金管理、扩大内需四方面来把握和深化社会保障体系改革将有利于缓解因经济增长降低而带来的财政支出压力（黄文正等，2015）。

3.2.2 经济新常态下的社会特征变化趋势分析

1. 经济新常态下的行业发展

进入经济新常态，我国经济社会发展面临着人口红利逐渐消失、资源约束和环境污染等新问题。显然，这些问题将对经济社会的可持续发展带来不利影响。在人口、资源、环境的硬约束下，面对经济社会发展的新要求，产业的转型升级已势在必行。总体上，产业转型升级要以保护环境、适应市场需求变化、有利于技术进步和劳动生产率提高和提升产业关联度和附加值为基本原则，增加产业链高端环节，减少产业链低端环节是转型升级的重点（杜朝晖，2017）。

我国经济进入新常态后，农业和农产品流通也随之进入新常态，然而，农产品流通存在主体规模小，批发市场平均交易规模小、档次不高、功能不完善，渠道终端技术含量不高、效率低，营销水平落后、信息化管理水平较低等问题，制约着农业和农产品竞争力的提高。农业竞争力弱必然会影响到农民的收入，这在一定程度上对缩小城乡差距是不利的。因此，在经济新常态下，如何加强农业投资、优化农产品生产结构、做强农业基础将成为国家"三农"工作的重点（肖文金等，2015）。

经济转型是经济新常态的内在要求，然而经济转型却需要智力支撑，智力支撑离不开教育体系的完善，这在一定程度上对教育制度的改革和创新提出了新需求。总体上，现代职业教育体系已经展现出人才供给的结构性矛盾和经费投入的绩效性矛盾。现代职业教育治理体系与职业教育机构发展之间的供需不平衡的综合性矛盾是引发其深层矛盾的关键原因（闫智勇等，2017）。在经济新常态下，政府应出台一系列政策，鼓励高校等主体积极创新，为整个社会创新发展提供创新成果支撑。目前大学生创新创业已成为校园活动热点，然而政策不到位、创业资金短缺、项目缺乏科学论证、经验不足、体系不健全极大地弱化了国家创新创业政策的执行效果，创新发展存在明显的短板（胡月等，2015）。

经济发展到一定阶段后,服务业在经济中的占比必然会逐渐提升。在经济新常态下,服务业应成为吸纳就业的主力军。现阶段我国服务贸易总体面临结构不合理、"大而不强"以及严重依赖进口的主要问题,应聚焦政府政策供给、企业的市场主体活力和人才培养,通过政策、企业主体地位和人才三大要素的优化配置共同促进我国服务贸易的转型升级发展(赵若锦,2016)。

2. 经济新常态下的创新驱动发展

"创新、协调、绿色、开放、共享"是新时期中国经济社会发展的五大发展新理念。创新驱动的发展模式是我国经济社会发展到一定阶段的必然选择,创新驱动发展则意味着必须转变发展方式,不断调整优化结构,转方式要注重创新投入和创新氛围的营造,调结构要重视培育战略性新兴产业,实现制造业的创新和提升,实现服务业的转型和升级。中国制造业在资源消耗、劳动生产率、品牌竞争力、创新能力、高附加价值的技术密集型产品供给能力等方面与发达国家仍有不小差距。为此,既要不断提高高附加值的技术密集型产业在制造业构成中的比重,也要努力保持比较优势,继续发展劳动密集型产业(吕政,2015)。

在经济新常态下,促进经济增长的消费、投资和出口的增速明显放缓,这客观要求通过创新来实现供给侧改革。目前,阻碍自主创新的金融市场、产权制度、知识产权保护等环境条件仍然存在,推动国有企业改革、建立政府"负面清单"、实施"负面清单"管理、培育互联网领先市场将有利于创新发展(王宇等,2015)。在经济新常态的阶段性转变时期,应更加注重其民生福祉效应。在经济新常态下,消费外延,中下层居民消费将得到优先增长和更快增长,消费个性化趋势显著增强,这在一定程度上要求创新必须顺应社会整体消费趋势的变化,以不断提高创新绩效(易培强,2015)。

产业调整和优化离不开政府的产业政策供给。在经济新常态下,产业政策的重点应该放在保障市场机制的充分发挥上面,构建开放、公平竞争的市场环境,培养人力资本和技能劳动力人才(江飞涛等,2015)。在产业政策供给优化方面,应充分结合我国人口结构的变化以及人口结构变化而带来的新需求。总体上,我国已逐渐进入老龄社会,在经济新常态下,养老消费需求巨大,养老产业的发展对于稳增长、调结构起着积极的促进作用,加快发展养老服务业,是积极应对经济新常态的有效途径。对一个国家来说,养老既具有私人属性,又具有公共属性,养老服务业的发展应该厘清政府养老责任边界、建立多层次的养老模式、扩大养老产业的客户群、延伸养老产业链、壮大养老产业(张郧,2015)。扩大产业链,旅游产业和养老产业的融合发展是养老模式的发展新方向（刘昌平等，2017）。

3. 经济新常态下的货币金融政策改革

进入经济新常态后，为适应中国经济高速增长的要素禀赋变化而对金融系统进行改革是大势所趋。金融系统的有效性和稳定性将会保障经济顺利转型，因此构建高效率、广覆盖的金融服务系统，把资金配置给高效率企业，促进大众创业和居民消费等措施将有利于实体经济转型升级发展（康珂，2016）。从发展趋势上看，我国金融对战略性新兴产业的支持呈整体上升趋势，但产业间差异较大且战略性新兴产业的技术效率相对较低（李萌等，2016）。在经济新常态下，如何完善我国货币政策传导机制，健全利率调节机制，创新货币政策工具，是我国金融货币政策改革创新的重点；如何继续提高金融机构的自主定价能力，不断完善金融市场基准利率体系，健全与市场化相适应的货币政策传导机制，不断优化人民币汇率形成机制，增强汇率传导机制的作用理应成为货币金融政策改革创新的主要方向。为此，通过发展多层次金融市场，提高直接融资市场的比重的市场化改革来提高我国金融运行效率和服务实体经济的能力必须纳入经济新常态下的货币金融改革的整体框架之中。

在经济新常态下，经济发展速度放缓，中央和地方政府的财政收入将会持续下降，相反地，财政支出却会刚性增长，这势必会引起地方债务问题。邓晓兰和陈宝东（2017）通过指标分析和跨时预算约束下的协整检验了我国的财政可持续性，认为我国的财政依存度已经超过合理区间，赤字率和债务率不断增加，进入新常态后的财政可持续性更弱。为了实现财政的可持续发展，推进供给侧改革的财政政策应着力于减税清费、创新投融资模式、优化投资结构与资金效率，深化财税体制改革，协调处理好中央与地方的财政关系，建立中长期财政规划，加强财政与金融的协同配合。总体上，地方政府的融资应做到外部融资供给与地方政府融资需求相匹配、地方政府自身融资能力与融资需求相匹配、地方政府所融资金来源与资金用途相匹配、地方政府融资权利与融资责任相匹配（蔡书凯等，2015）。

实现产业结构优化是经济新常态下我国经济发展的重要目标。运用合理而科学的税收政策促进产业结构调整、优化和升级要兼顾"政府有形之手"与"市场无形之手"，应坚持以民生改善为重点刺激消费需求，税收政策应坚持以创新驱动为导向，应建立税收优惠退出机制、绩效评估管理机制，不断地提高税收政策的效率（李波，2015）。在经济新常态下，中小企业仍然是我国市场体系中的重要竞争主体。利用科学而合理的税收政策去激励中小企业不断加大研发投入力度，推动技术创新，增加就业人数，对我国经济新常态下的产业结构优化升级将有显著促进作用（姜丽丽，2015）。

4. 经济新常态下的劳动力新常态

经济新常态必然会带来产业结构的调整和优化，产业结构性调整必然会给劳动力市场带来冲击。这可能会造成短期内的结构性失业，造成劳动力市场上的供需失衡和两极分化的出现，即部分素质较低的劳动力难以实现充分就业，而企业在劳动力市场上却难以找到合适的人力资源，这在一定程度上可以理解为经济新常态下的劳动力新常态。我国就业市场面临的结构性矛盾突出，供给侧改革引发大量转岗就业，科技进步对劳动力市场带来冲击，劳动力成本上升抑制用工需求和就业质量不高等问题，都可能在经济新常态下演化成为新的发展矛盾，对社会稳定产生不利影响（李长安，2016）。劳动力新常态对劳动就业政策提出了新要求。显然，现行的就业政策无法适应经济新常态下的就业形势变化，新常态下实现稳定和扩大就业，必须充分发挥市场在人力资源配置中的决定性作用，培育和挖掘新的经济增长点，激发企业活力。要破除一切束缚发展的体制机制障碍，让每个有创业意愿的人都有自主创业空间，让创新创业的血液在全社会自由流动，要强化政府的就业责任，消除就业过程中的歧视和壁垒，并守住底线，做好社会保障和社会救助，以三条保障线来"托底"保障就业困难群众的基本生活（蔺思涛，2015）。

自然人口增长率偏低、抚养比增加、人口老龄化加快等现象对我国人口方面的公共政策提出了新要求（李建民，2015）。面对人口结构变化与经济新常态，我们必须做好以下两个方面的工作：一是短期内做好稳定就业的工作，这既需要不断地提升企业的创业活力，增强其核心竞争力，也需要鼓励大众进行创新创业，给予因结构调整和优化而失业的劳动力更多的优惠政策，以让其实现再就业（刘昌平等，2016）；二是不断健全我国的职业教育体系，不断地提高劳动力的素质，以劳动力素质的提高和劳动生产率的提升来弥补人口结构变化带来的不利影响，进一步有效地解决我国复合型人才、高端技能型人才供给不足的现实问题（闫智勇等，2017；易华，2017）。

3.2.3 经济新常态与农民工市民化的关系认识

经济新常态是我国经济发展的新阶段，有其固有的特征，其影响和作用是两方面的。围绕经济新常态，国内学者从经济新常态的含义、政策支持、行业发展、创新驱动、金融支持、劳动力供给与需求等方面进行了重点研究，丰富了人们对经济新常态的理论研究。从既有的研究可知，人们对中国经济新常态内涵的理解已基本达成共识，经济新常态对不同行业的影响存在着差异，为维持经济新常态下的经济社会的稳定、保持一定比例的经济增长，就需要充分发挥政府和市场的作用。在坚持创新驱动发展的同时，应不断优化国家的金融、财税等政策，不断完善我国的职业教育体系，通过正确的方向、政策支持和重点领域的突破去实现经济新常态下的中国经济社会的可持续发展。如果说经济新常态对我国产业结构的转型升级提出了更高要求，那么在产业结构转型升级过程中，农民工群体会受到什么影响，是否会影响到其市民化进程，其内在的作用机理是什么，应该如何构建起一个观察经济新常态与农民工市民化的视角都是经济新常态下应该思考的问题。显然，以经济新常态所固有的特征去审视其对整个经济系统的影响，产业结构的转型升级将成为既有的经济系统的必然，其势必会对劳动力市场上的农民工产生影响，必然会对农民工产生挤出效应。如果这种挤出效应存在，那么经济新常态对农民工市民化的影响是不利的。更进一步，如果将农民工市民化纳入我国总体的人口变化趋势中去思考，我们不难发现：随着我国人口老龄化，劳动力的短缺将进一步加剧，尤其是服务业的发展将对农民工产生巨大的需求，这在一定程度可以有效地缓解经济新常态对农民工市民化的不利影响。由此，我们似乎可以得到一个基本的结论，整体意义上的经济新常态对农民工市民化的影响是不大的，但因为个体差异，其在个体层面上的影响却会因农民工自身的差异而呈现出不同程度的影响，从而表现为个体层面的非线性关系。

3.3 双重背景下的农民工市民化属性认识

农民工是中国城乡二元体制的特殊产物，是在目前基本国情下出现的一个特殊的社会群体（褚荣伟等，2012）。农民工的"市民化"不仅意味着农民工在职业上由农民变为工人，在身份上由农村居民转变为城市市民，而且在生活方式、社会交往、思想理念等方面将会与城市逐步融合，从而实现一个行为主体在生产、生活方式等多个层面与城市的高度融合和一体化（张国胜，2007）。农民工市民化既是新型城镇化的题中之义，也是与城镇化相伴相生的经济和社会现象。城镇化的核心内容和关键就是农村剩余劳动力从农业部门转移到城市工业部门和服务部门，实现充分就业并融入城市社会体系中，完全享受到城市居民应有的城市公共服务，其核心和本质是农民工能够在城市里充分地享受到与城市居民相同的公共服务，是公共权力和社会权益均等化的过程。如果要将农民工纳入既有的城市公共服务体系中去予以保证，那么农民工市民化将会增加地方公共财政的支出，从理性角度去看，在没有其他收益的情况下，地方政府会缺乏相应的积极性。为更好地推进农民工市民化，我们必须首先厘清农民工市民化的价值和意义。显然，对农民工市民化这一社会事实的价值和意义的认识需要正确的审视角度。为更好地认识农民工市民化，本书将从整体意义上去认识农民工市民化，主要立足于对国家层面的价值和意义的认识，其是一种公共意义上的属性认识。

3.3.1 农民工市民化的公共属性分析

农民工市民化既是一个过程，也是一个结果，不仅涵盖了个体层面的农民在生活空间、生活方式、生产方式上的彻底改变，而且也涵盖了国家层面生产关系和社会关系结构的变化和重塑，前者属于私人的成本与收益范畴，后者则属于公共领域的成本与收益，具有公共属性。在既有的研究框架中，公共属性分析既可以从研究对象去界定，也可以从思维角度去探讨。前者应包括事物权利人、事物受益人和事物本身。思维角度的分析强调的是供给与需求（陶涛，2011）。显然，按照这一基本的分析框架，我们就可以构建起农民工市民化的公共属性认识框架，如图3-1所示。

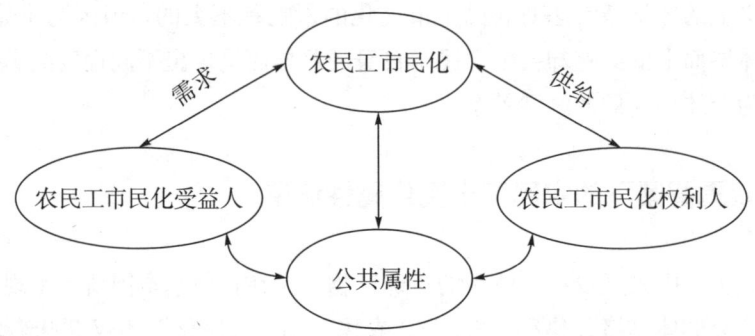

图3-1 农民工市民化公共属性分析框架

在农民工市民化公共属性这一整体分析框架中，首先，围绕农民工市民化这一事物本身必然会产生农民工市民化的受益人。立足中国新型城镇化和经济新常态双重背景，国家层面的经济社会可持续发展对农民工市民化具有多个层面的需求，即国家是农民工市民化的受益人。其次，围绕农民工市民化这一事物本身必然会产生农民工市民化的权利人，立足农业部门与城市二、三产业劳动生产率的巨大差异，农民工市民化将会带给农民工和农民工家庭不同程度的社会福利改善，由此而产生农民工市民化的权利人。从这一过程，我们不难发现，农民工与农民工家庭也是农民工市民化的权利人。公共属性的认识必须基于"公共性"，也就是一个事物本身的变化将会带给"事物受益人"和"事物权利人"共同的利益和共同的损失,如一事物具有以上的意义,则此事物就具有公共属性。

首先,要素流动而来的配置效应。农民工市民化意味着其从农业部门向城市工业部门与服务业的转移,农民工的就业领域的变化将会带来两个必然的结果:一是农业部门因剩余劳动力市民化,农业部门的相对劳动生产效率将会得到相应的提高,为继续留在农业部门从事农业生产的劳动力提高收入创造充分条件,对缩小城乡之间的收入差距、构建现代农业经营体系都具有重要的现实意义;二是农民工市民化意味着在既有的技术条件不变的情况下,劳动生产要素的增加将会改变整个中国经济增长的要素结构,从而继续维持中国经济增长的人口红利优势,保持整个国家在传统制造业和服务业的竞争力,为中国产业转型升级赢得战略机遇期,无疑对整个国家经济社会的可持续发展有着巨大的经济价值。

其次,身份变化而来的消费增长效应。农民工市民化意味着农民工将会由农村居民转变为城市居民,城市生活方式的变化必然会带来两个层面上的结果:一是市民化后的农民工将会由原来自给自足的生活者转变成为完全意义上的消费者,进入一个完全依靠社会化分工来实现、满足其日常生活的需要的社会分工体系中,这种生活方式的变化必然会促进整个社会分工系统的发展,促进社会服务系统的进一步完善和发展,加快社会的现代化进程;二是农民工市民化意味着其将会在城市社会分工体系中成为纯粹意义上的消费者,教育、就业、医疗、交通、公共设施将会成为满足其基本的生活需求所必不可少的重要组成部分,而这些设施的建设和公共服务的提供将会促进经济的增长,加快国家的城市化进程。

再次,市民化而来的社会公正效应。农民工市民化意味着均等公共服务体系的建立,有利于消除因社会性歧视而带来的不稳定性因素。在既有的城市社会体系中,公民因户籍的不同而享受着有差异化的社会福利,歧视性政策的存在使中国出现了双二元结构,在城乡二元结构尚未消除的情况下,在城市内部却出现了新的二元结构,给中国经济社会的可持续发展带来了巨大的不确定性。农民工市民化意味着差异化的城市公共服务的消除,基于公民身份公共服务体系的建立和完善,对中国和谐社会的建设和长治久安具有十分重要的现实意义。

由此可见,在投资渠道不畅、出口受阻、国内消费不足的历史环境条件下,农民工市民化在改善生产要素结构、降低全要素供给价格、促进需求增长、加快城市基础设施建设、完善社会公共服务体系、促进社会公平正义、维

农民工市民化利益：主体关系演化与协调机制 研究

护社会稳定等方面都有着超出个体层面的社会意义，与国家、地区和城市既有居民、农民都有着密不可分的关系，其本身已经超越了农民工个体自身的利益范畴，具有明显的外部性，这种外部性即为农民工市民化的公共属性。

3.3.2 农民工市民化的内在条件分析

基于对农民工市民化的公共属性认识，如何才能实现农民工的顺利市民化就成为农民工市民化公共政策必须思考的问题。换句话说，从目前的经济社会条件去看，我们是否具备了促进农民工市民化的基本条件？对这一问题的研究将有利于大家形成对农民工市民化这一问题的正确认识。首先，农民工市民化离不开城市二、三产业的就业机会。农民工市民化的首要条件是农村剩余劳动力从农村转移出来之后，在城市工业部门和服务业充分就业，这是农民工市民化的基础和前提条件。只有充分就业才能为农民工及其家庭在城市生活提供所必需的经济资源，满足其基本生活需要，增强其安全感；只有通过获取就业和工作机会，农民工才能在城市生活中完成其社会化过程，形成其关系网络，满足其社会交往的需要；也只有实现就业，农民工才有机会实现其自身的价值，满足其自我实现的需要。其次，农民工顺利市民化离不开城市均等的公共服务体系。城市生活有别于乡村自给自足的生活，是一种高度分工的、相互依赖的社会化生活。在城市生活体系中，个体层面私人生活及群体层面集体活动均依赖于两个层面的市场：一是公共服务市场，包括医疗、社会保险、养老等公共服务内容；二是私人商品市场，包括各种生活商品的供给和休闲娱乐等。公共服务和私人商品有着不同的生产和消费特征，不同的生产消费属性决定了其供给主体的不同。理论上，公共产品的有效率供给由政府提供，私人商品应由市场提供。完全意义上的农民工市民化意味着农民工的城市化生活应该包括以下两个方面的实质性内容：一方面有机会分享到政府所提供的公共服务，另一方面有能力从私人市场上购买自己生活所必需的商品。显然，农民工是否有机会分享到均等化的公共服务决定于政府的制度安排，是否有能力获取自身及家庭生活所必需的商品决定于市场所提供的就业机会的多寡以及自身所拥有的人力资本。从表面上看，前者与政府的供给意愿和行为能力有关，后者取决于农民工自身的资源禀赋。而实际上两者之间却有着内在的关联性，政府所提供的公共服务类型、多少既会影响到眼下的农民工生活成本和生活质量，也会影响到其个人的资源禀赋，尤其是人力资本的多少和质量。再次，农民工的社会化再生产问题。农民工的社会化再生产涉及两个层面的再生产：一是其自身的再生产，也就是其自身能力和劳动技能的提高问题。农民工自身能力和劳动技能的提高既可以通过"干中学"来实现，也可以通过社会化的继续教育系统来完成，这客观上要求政府应该提供相应的继续教育服务来满足农民工不断提高其社会竞争能力的需要。二是其家庭的再生产，家庭层面的再生产既可以从生理角度去理解，也可以从家庭的代际关系去理解。如果从家庭的代际关系去理解，农民工的再生产问题就是农民工的子女教育、成长问题，而要完成农民工子女的市民化的关键是其在城市接受义务教育权利的制度性保证，也就是说国家层面应该有一套制度安排，保证农民工子女在城市内享受到其应该拥有的接受教育的权利。从农民工市民化的条件可知，农民工市民化是多因素共同作用的结果，既需要政府的公共政策支持，也需要社会力量的共同参与，涉及多个利益主体，是多个利益主体共同行动的结果。

3.3.3 新型城镇化目标与农民工市民化难题

农民工市民化不仅意味着农民工在职业上由农业转向非农产业，在身份上由农民转向城市市民，而且在生活方式、社会交往、思想理念等方面与城市逐步融合，从而实现一体化。农民工是中国城乡二元体制的特殊产物，是在中国基本国情下出现的一个特殊的社会群体。农民工市民化既是城镇化的题中之义，也是与城镇化相伴生的一个社会现象。如果城镇化既涵盖了以城市规模扩展为表现形式的城镇化，又包括了以城市人口增长为实质内容的城镇化，那么城镇化的表现形式就是大、中、小城市和城镇规模的协调发展。城镇化的核心内容就是农村剩余劳动力从农业部门转移到城市工业部门和服务部门实现就业并融入城市社会体系中，完成其市民化。只有农村剩余劳动力就业形式上的转移而没有农村剩余劳动力的市民化，是一个不完全的城镇化。城镇化与农民工市民化两者之间是相辅相成的，但城镇化却不必然会带来农民工市民化，也就是说农民工市民化存在一定的外在条件，既与农民工自身的资源禀赋有关，也与国家的发展战略选择、制度安排有关。相对于农民工自身的资源禀赋条件而言，国家的战略选择与制度安排对农民工的市民化影响更为直接。纵观新中国成立以来的国家发展战略选择与国家对农村剩余劳动力的管控制度变迁之间的关系，我们会发现两者之间存在着统领与服从关系。新中国成立至今，我国的发展战略可以简单地区分为依靠自力更生的重工业优先发展和基于比较优势的社会分工发展两种典型模式，是一、二、三次产业均衡发展的战略变化过程。对农村剩余劳动力的制度安排反映在户籍制度的变化上，先后经历了严格控制、部分允许、合理引导和积极鼓励四种不同的制度取向。在国家鼓励农民工市民化的政策体系下，农民工却难以市民化，实践层面上出现了与国家政策目标相背离的现象。对造成这一矛盾结果的学术追问,唤起了理论界对中国改革开放以来城镇化的实质性目标的思考。立足于中国改革开放以来的城镇化历史进程,我们不难发现目前的中国城镇化是一种以政府为主导力量辅以市场经济作用的城镇化,经济增长是整个城镇化的根本性目标。以经济增长为根本性目标的城镇化必然会导致城镇化目标的偏离,其最终的结果是物的城镇化而非人的城镇化,无形之中给农民工市民化带来一系列的制度性成本,制约着农民工真正实现市民化的进程。

政府主导下的城镇化意味着政府在整个城镇化中的作用,其作用的发挥是通过一系列的社会政策来实现的,社会政策与国家福利发展之间有着密切的相关性。在国家中心的理论框架内,国家和整个国家结构体系中的不同层级的政府都是理性的行动者,在政策制定中,国家和不同层级的政府都有自己的偏好与目标,并根据这些偏好与目标来决定社会政策和各类福利项目的具体模式(Skocpol,1985)。在自由的市场经济条件下,农村剩余劳动力转移的动力是农业部门的劳动生产率低下和农业部门比较收入的持续低迷,劳动力的转移必然会带来劳动力的优化配置和整个国家社会福利的增加,是市场价格机制作用的结果。国家或政府主导下的城镇化发展模式选择受制于国家与政府的战略目标。改革开放以来,经济的高速增长一直是国家和各级政府的第一决策要务,保证经济快速增长和效率优先就是经济快速增长目标的具体化,而要实现经济的快速增长和保证效率的政策性目标有着多种路径选择。国家层面的经济增长决定于微观层面的经济增长,而微观层面的经济增长是一个"投入—转换—产出"的良性循环,投入与要素价格有关,要素价格以及转换环节的效率共同决定了微观层面生产系统产出在国内外两个市场的竞争力。总体上,一个国家的经济增长可以通过增加投资、出口和消费来实现。而投资包括了民间投资和国家投资,民间投资取决于经济发展阶段、民间资源的丰富程度和市场激励水平,国家投资取决于政府的财富积累能力,出口取决于产品的价格,消费是收入水平与国家层面的社会保障体系的函数。在改革开放初期,国家的经济增长面临着民间资本有限、国内居民消费能力不足的硬约束,为了保证国家层面的经济增长,国家一方面采取了鼓励出口的外向性发展战略,另一方面加大了政府的投资。出口替代战略的实施是建立在中国劳动力丰富、比较成本优势明显的基础上的。以国家或政府投资主导的经济增长模式一是以国家在整个国民收入中的更大份额的经济增长成果分配比例为基础条件的,二是以有能力减少国家层面的社会福利性总支出为配套条件的。在这种执政理念的指导下,国家层面的中央政府为减少其应该承担的事权责任,任由城乡二元体制的继续,典型做法就是通过户籍制度，人为地将国家公民区分为城市居民和农村居民两个不同的身份，并以户籍为载体给具有不同户籍类型的国家公民不同的上学、就医、就业、社会保障等公共服务内容。这样的制度安排在国家可控资源一定的情况下，减轻了政府即期的公共支出负担，保证了国家层面的政府投资规模和力度，为经济的增长提供了支撑条件。但实施的结果，一是在整个国家公民内部形成不同的身份意味着不同的等级，不利于公平竞争和公平正义，人为地为农民工及农民工子女市民化设置了门槛；二是面对大量农民工进城就业与公共服务的巨大需求，政府利用其强制性权威将本应由政府提供的服务通过默许或授权的方式委托给市场，由社会营利性组织供给，从而将政府所应承担的公共服务成本转嫁给农民工，其结果是农民工在城市生产和生活的成本大增。国家层面的对农民工歧视性制度的存在，使得农民工应该享受到的待遇被忽视，降低了以农民工为劳动力投入要素的企业和其他社会组织的成本，虽然提高了出口企业的国际市场竞争力，促进了经济的增长，但其结果是农民工作为一个社会群体的整体收入不合理，抑制了其消费。

受国家层面的户籍与政府所提供的公共服务挂钩制度的影响，户籍在一定程度上成为社会中的一种稀缺性资源而被地方政府加以利用。为发展地方经济，使本地成为要素开放市场环境条件下吸引各类经济资源的"洼地"，地方政府将户籍作为一种资源，通过放松户籍管制，降低入户门槛作为一种等价物和馈赠物品，与购房、投资、子女入学等经济活动与社会生活打包，与拥有经济资源和优质的人力资源的户籍外的人口进行交换，表面上看这是对既有的不合理的户籍制度的改革，而实则暗含着地方政府的经济增长利益，是一种选择性制度安排。在这种选择性制度安排下，只有少量的、具有一定的经济资源和一定经营才能的农民工才会实现市民化。以既有的户籍制度为背景，由国家和政府主导下城镇化在资源有限的环境条件下，可以使中国的城镇化在速度上保持一定的优势，但以经济增长为第一要务的城镇化却偏离了城镇化的真正目标，农民工市民化所必需的经济资源、社会资源和政治资源都难以得到有效保证。近年来随着城市规模的扩大和人口的增加，城市土地供给能力明显不足、公共服务供给的规模效应递减，直接导致住房、公共服务和资源性商品的价格不断上涨，农民工市民化的私人成本越来越高，农民工市民化的道路越来越艰难。从制度层面解除制约农民工市民化的不利影响因素，已经成为新的时代背景下中国城镇化建设的重要任务。

3.3.4 经济新常态与农民工市民化难题

经济新常态是经济高速增长一段时期后的必然结果。如果将农民工市民化这一经济社会问题纳入经济新常态的时代背景去思考，那么我们会发现经济新常态将增加农民工市民化的门槛，从而给农民工市民化带去诸多的不确定性影响。按照人们对经济新常态的认识，首先，经济新常态意味着经济增长速度由高速转向中低速度，经济增速的放缓势必会反过来对投资、消费和出口产生不同程度的影响，这种影响将具体体现在产业结构上，经济新常态对产业结构的转型升级提出了新要求。理论上产业结构的调整势必会对就业产生结构性的冲击，造成结构性失业。如果说在城市的二、三产业实现就业是农民工市民化的前提条件，那么城市二、三产业部门的结构性调整势必会对农民工的就业产生影响。虽然这种冲击和影响在个体层面因农民工群体内部的分化而存在程度上的差异，但从整体上看却是不利的，使得一些在低端产业就业的农民工因为产业的转型升级而失去就业机会，从而被无情地抛到失业的队伍中，从而失去稳定的经济收入。没有稳定的经济收入，何谈市民化？其次，经济新常态意味着经济结构的不断优化升级。经济结构的不断优化升级不仅表现为一、二、三产业在整个经济总量中的比重变化，而且也意味着其内部要素结构的变化，要素结构的变化的总体趋势是技术的高端化。虽然技术的高端化有着机器、设备等物资载体，但其最为核心的关键要素是技术的进步，而推动技术进步的是人才的力量。从农民工这一群体自身的文化水平、知识结构、技术技能等方面去看，经济结构的优化升级所带来的直接结果是不利的，经济结构的优化升级所带来的社会福利难以惠及农民工群体，这种影响既可能体现在就业机会的减少上，也可能体现在相对收入的减少上，虽然在个体层面和区域层面上存在着差异，但在整体层面上却是相同的。再次，经济新常态意味着经济增长的动力源发生了变化，由原有的要素驱动和投资驱动转向创新驱动。从农民工就业集中在建筑、服务等劳动密集型行业看，创新驱动意味着基建项目的减少，势必会影响到建筑行业的投资规模，行业规模的萎缩必会产生结构性失业，这对农民工群体的冲击在所难免。综上所述，经济新常态的本质特征决定了增长速度、增长路径和增长动力的转变，三者都将对农民工的城市就业产生不利影响，从而在一定程度上制约农民工顺利市民化的进程。

3.4 本章小结

如果以国家积极鼓励农民工市民化为基本国策，那么以大量农民工在城市就业为基本现实，农民工的完全市民化的结果必然是常住人口的城镇化水平和户籍人口的城镇化水平是一致的。然而，在我国许多大中城市，常住人口的城镇化水平与户籍人口的城镇化水平却存在着巨大的"缺口"。大量的农民工难以市民化严重地影响到我国经济社会的发展质量和现代化强国的建设。无论是过去、现在和将来，从国家制度供给和具体执行等多个层面，降低农民工市民化的门槛，为农民工顺利市民化创造有利条件，都将是我国的重要议题。如果将农民工市民化这一现实问题纳入经济新常态和新型城镇化双重背景之下去探析其作用机理，那么就必须认识清楚经济新常态和新型城镇化的本质特征，必须认识清楚农民工市民化的公共属性。本章以此为基本命题，首先，重点对城镇化与新型城镇化的发展演变，新型城镇化与新型工业化、农业现代化、城市建设发展以及新型城镇化的推进方式进行了比较研究；其次，围绕经济新常态的基本含义、经济新常态下的社会特征变化规律、动力源泉和配套政策进行了分析；再次，立足于经济社会发展的需要，从公共属性角度对农民工市民化的公共属性、内在条件和现实难题进行了分析，从而形成了一个整体性认识农民工市民化环境特征和本质属性的一个基本分析框架。

第4章 农民工市民化：群体特征与利益主体

农民工群体特征是农民工作为一个整体性概念而表现出的共性特征，对其研究认识是农民工市民化研究的基础。总体来看，我国农民工总量、外出农民工和本地农民工均呈先增后减趋势，农民工规模在缩小，本地化就业成为主要选择。农民工作为一个群体的存在，其群体特征可以从多个方面呈现。为更好地呈现近年来我国农民工的群体特征，我们着重从受教育程度、内部差异、就业空间选择，以及消费和居住情况等几个方面刻画农民工群体特征。农民工市民化具有外部性，这必然会因外部性而形成一个利益相关者系统，农民工市民化涉及哪些利益相关者，这些利益相关者在整个农民工市民化进程中扮演什么角色都值得系统研究。如果说农民工市民化涉及政府、企业、企业员工、社会化公共服务机构等利益相关者，那么其角色、功能认识则是其行为认识分析的基础。为此，本章在对农民工群体特征进行分析认识的基础上，从关系视角构建起利益主体与农民工市民化的整体分析框架，重点对利益相关者类型、属性和属性维度进行了研究，旨在为主体行为分析奠定基础。

4.1 农民工群体特征演化趋势的整体认识

4.1.1 农民工规模变化趋势认识

自2008年起，农民工总量增速明显回升，并高于外出农民工总量增速，本地农民工是我国新阶段农民工总量持续增长的主要来源（如表4-1、图4-1所示）。本章数据除注明外，均根据历年《全国农民工监测调查报告》数据整理。

表 4-1 2008—2018 年农民工数量及构成变化情况

年份	全国农民工 总量（万人）	增减（万人）	增速（%）	外出农民工 总量（万人）	增减（万人）	增速（%）	本地农民工 总量（万人）	增减（万人）	增速（%）
2008	22542			14041			8501		
2009	22978	+436	1.91	14533	+492	3.50	8445	-56	-0.71
2010	24223	+1245	5.40	15335	+802	5.50	8888	+443	5.21
2011	25278	+1055	4.40	15863	+528	3.42	9415	+527	5.93
2012	26261	+983	3.92	16336	+473	3.01	9925	+510	5.40
2013	26894	+633	2.43	16610	+274	1.72	10284	+359	3.62
2014	27395	+501	1.94	16821	+211	1.31	10574	+290	2.81
2015	27747	+352	1.32	16884	+63	0.41	10863	+289	2.74
2016	28171	+424	1.51	16934	+50	0.34	11237	+374	3.43
2017	28652	+481	1.70	17185	+251	1.55	11467	+230	2.02
2018	28836	+184	0.61	17266	+81	0.54	11570	+103	0.91

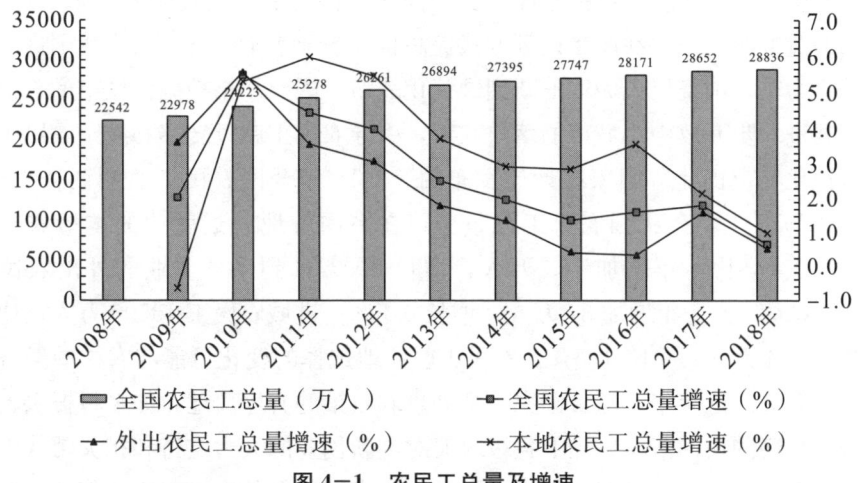

图 4-1 农民工总量及增速

在改革开放初期，我国工业化进程的快速推进极大地刺激了以制造业与服务业为主的非农部门产业的劳动力需求，且城乡资源要素收益差距日趋增大，促使我国农村大量剩余劳动力不断向城市转移。2008 年金融危机后，为更好地顺应中国城市经济的发展，满足工业发展对劳动力的需求，国家先后出台了《中华人民共和国就业促进法》（2008 年）、《关于批转促进就业规划（2011—

2015年)的通知》(2010年)等多项政策法规，着力加强我国劳动力市场的规范化建设，从就业服务、技能培训、公共权益、子女教育等各方面不断完善农民工社会保障制度和就业环境，确保了城乡劳动力的平等就业（白永秀等，2019）。受2008年金融危机的持续影响，我国大量劳动密集型企业由东部、东北地区逐渐向中西部地区转移，扩大了我国劳动力转移范围，进一步推进农村剩余劳动力进城务工和异地转移，为我国经济发展带来巨大的人口红利（陈咏媛，2019）。这一时期，我国农民工异地转移就业态势明显，农民工总量持续性快速增长。

  粗放型经济增长方式引发的环境污染、资源高消耗、通货膨胀等问题，严重制约了我国经济的可持续发展。转变经济发展方式以应对粗放型经济增长方式所带来的不利影响，成为新时期国家经济工作的重点，为此国家提出了以供给侧结构性改革为主线，以自主创新为主要动力，加快投资驱动型增长模式向消费驱动型增长模型转变，推动我国经济发展质量变革和产业结构优化升级的经济发展新举措。随着我国经济发展方式的转变，老一代农民工自身教育水平和技能水平难以有效满足新时期产业发展需要，且城市生活成本不断上涨，促使大量老一代农民工返乡生活，逐渐淡出了人们的视野；而新生代农民工普遍文化程度较高，对新事物接收能力强，面对经济发展方式转变而带来的冲击，他们通过继续学习、在职培训等方式提高自身职业水平，日趋成为我国进城务工的主力军。围绕以人为本的新型城镇化战略，国家严格控制大城市的人口规模，并进一步开放中小城市的落户政策，引导农民工就近转移和鼓励农民工就近城镇化与市民化。国家统计局发布的《2018年全国农民工监测调查报告》显示，2018年，在我国农民工总量中，在乡内就地就近就业的本地农民工11570万人，比上年增加103万人，增长0.9%；到乡外就业的外出农民工17266万人，比上年增加81万人，增长0.5%；进城农民工13506万人，比上年减少204万人，下降1.5%。农民工就业地选择的变化可能与农村的经济社会发展有关。近年来，随着国家一系列惠农政策的有序落地，如乡村振兴、精准扶贫战略的贯彻落实，加上各级政府对创新创业的大力支持和相关帮扶工作的持续发力，一大批具有丰富社会资源、技术和资金的农民工返乡创业（曹宗平，2019）。这一时期，受经济水平、政策法规、就业形势等因素影响，我国农民工从异地转移向就近转移的演变态势日趋明显，农民工总量持续增加，但增速明显回落。

4.1.2 农民工群体特征演化趋势分析

1. 农民工受教育程度明显提高

虽然我国初中及以下学历水平的农民工仍是农民工群体的主要构成部分，但整体上我国农民工教育水平呈现出不断上升的良好态势，即初中及以下学历水平的农民工占比逐年降低，而高中、大专及以上学历水平的农民工占比逐年增长（如图4-2所示）。农民工受教育程度的明显提高与我国九年义务教育的普及有关；农民工受教育程度的明显提高显著地增加了我国人力资本质量，促进我国劳动力从数量优势向质量优势转变。新型城镇化背景下，农民工教育水平提升是我国社会经济转型、产业结构升级的需要，也是农民工个人追求幸福生活的必然选择（徐璐，2017）。我国经济发展方式转变势必会对劳动力市场提出新要求。长期以来，以低技术含量、低附加值和低生产成本为主要特征的劳动密集型企业为寻求自身生存发展空间，必然需要内部的产业转型和技术革新，促使其内部劳动力需求由廉价劳动力逐渐转变为高素质人才。而这种劳动力需求变化较大地冲击了长期处于低人力资本状态中的农民工群体，促使其就业陷入高压力、低稳定的困境中。为此，应面向农民工群体开展有针对性的学历教育和职业培训，构建农民工教育服务多元合作供给体系，提高农民工群体教育水平和技能水平，充分激发起农民工劳动潜能，从而有助于我国产业结构的升级调整和农民工市民化有效进行（卢海洋等，2018）。农民工必须通过学历继续教育、再教育、在职培训等方式不断提高职业技能与综合素质水平，以期更好地适应劳动市场需求变化（刘占彦，2016）。

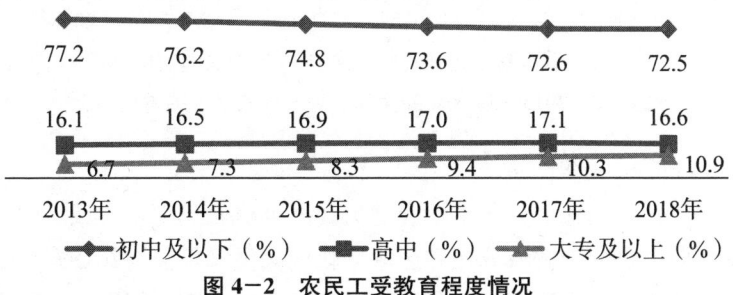

图4-2 农民工受教育程度情况

2. 农民工内部分化明显

农民工内部分化是我国社会经济结构不断变化下各种力量共同作用的结

果。农民工群体按年龄可分为新生代农民工和老一代农民工[①]。由图4-3可知，我国老一代农民工占比呈下降趋势，而新生代农民工占比呈上升趋势。且自2017年起，我国新生代农民工占比均高于老一代农民工，且二者占比差距逐渐扩大，新生代农民工日趋成为我国农民工群体的主体。一方面，在新型城镇化背景下，产业结构转换促使我国劳动力市场对人力资本提出了更高的要求，农民工因受教育水平、技能水平、工作经验、就业领域等方面的不同而有着不同的收入水平、工作经验和能力结构，极大地促进了我国农民工内部分化（张永丽等，2016）。另一方面，老一代农民工与新生代农民工的成长环境存在着巨大差异，导致其在价值观念、个体特征、流动动机、择业行为、消费方式等多方面的明显不同。也就是说，老一代农民工受年龄、技能水平、受教育水平、收入水平等因素的影响，相较于城市高成本低幸福度的生活，其更倾向于选择具有较好社会保障和较高归属感的回乡务农或者就近务工；而新生代农民工则更愿意进城务工，尤其是向经济发展水平高、基础设施完善、社会福利好、就业机会多的发达城市转移，以寻求自身更好的发展机遇和追求现代化生活。同时，随着年龄的增长，老一代农民工难以长期且持续性地在外务工，也势必会在一定程度上降低我国老一代农民工在农民工群体的主体地位和影响力，进而相对地提高新生代农民工的社会地位与影响力。

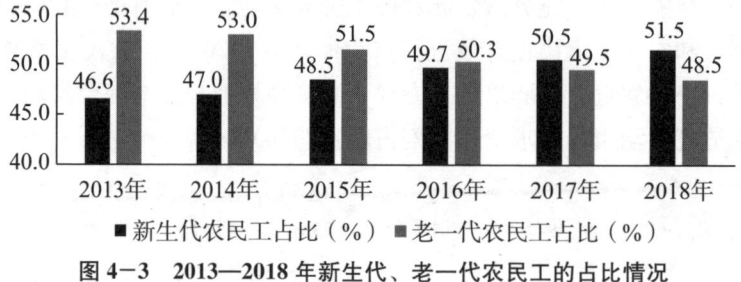

图4-3 2013—2018年新生代、老一代农民工的占比情况

3. 流出地选择特征分析

我国农民工流动地域分化主要表现为我国外出农民工在省域之间和区域之间的流动，即主要分为省域分化和区域分化两大类（鲁强，2019）。

在省域分化中，主要表现为我国农民工在全国省市之间以及省市内部间的流动。从农民工流动人数来看，我国农民工跨省流动人数整体上呈上升趋势，截至2018年农民工跨省流动人数达到7594万人，相对2008年增长321万人，

[①] 本书中新生代农民工指1980年及以后出生的农民工，老一代农民工指1980年以前出生的农民工。

但十年间农民工跨省流动数据除个别年份外，整体呈现出先增后减的趋势。而我国农民工省内流动人数则逐年稳定上升，截至2018年农民工省内流动人数达到9672万人，相对2008年增长2904万人。随着我国经济社会的发展和产业结构调整优化，我国大量劳动密集型企业开始不断从东部、东北地区向中西部地区转移以寻求生存与发展机遇，产业的转移必然会带来农民工的流动空间变化，农民工跨省流动人数不断增加，但这一阶段内我国经济发展缓慢、就业形势严峻也在一定程度上促使我国农民工在短时间内大规模回流，省内流动人数激增（张世勇等，2019）。在我国经济转型背景下，产业发展动力逐渐由传统的劳动力及资源驱动向科技创新驱动转变，这对我国农民工人力资本提出了更高要求，进而客观影响了我国农民工流动转移的空间指向性和地域集中性。也就是说，在区域经济发展不平衡的状况下，高技能高学历的农民工更倾向于向发达地区转移，而低技能低学历的农民工则倾向于向发展地区转移，以寻求更好的就业和自身利益最大化。农民工流动决策在一定程度上取决于农民工自身及其家庭生命周期，即结婚生子、抚育子女、赡养父母等一系列社会生活事件的逐一发生，农民工就近务工、定居生活的倾向将会在周期中日趋增强，加之受社会认同感、福利保障、公共服务、子女教育等多种因素的综合作用，部分农民工会更倾向于逆城市化的返乡回流，致使我国农民工省内流动人数持续性增长（张世勇，2011，2014）。

如图4-4所示，从农民工流动占比来看，我国农民工跨省流动占比呈下降趋势，而农民工省内流动占比则呈上升趋势，且两者占比变化幅度均逐年减小。值得注意的是，2010年我国农民工跨省流动人数7714万人（流动占比50.3%），而省内流动人数7621万人（流动占比49.7%），即二者近似相等。对其可能的解释是：2010年1月31日国务院出台《关于加大统筹城乡发展力度进一步夯实农业农村发展基础的若干意见》，明确要求采取有针对性的措施以促进我国农民工转移人口在城镇的有效落户并享有同等权益。随后，全国各地政府纷纷出台一系列农民工专门类和综合类的政策，从农民工城市落户、住房、医疗、养老、文化、教育等多方面出发，以有效保障农民工在城务工时公共服务待遇的平等享有，从而吸引大批外出农民工逆向流动、返乡务工，以寻求自身福利最大化。然而，我国地区间经济发展不平衡必然会导致社会资源分配不均衡的问题，这就促使以新生代农民工为主体的农民工群体不断向社会财富集中地区流动与转移，以寻求更多的个体发展机遇，达到自身利益最大化（张利，2018）。

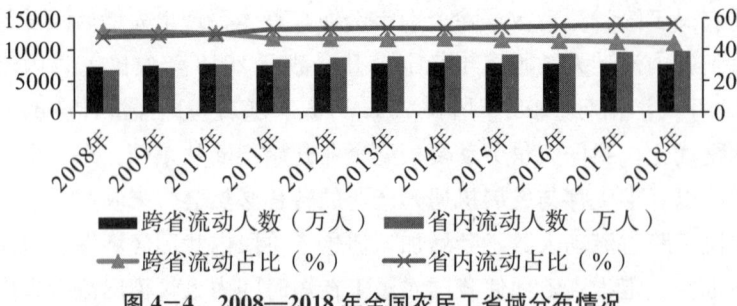

图 4-4 2008—2018 年全国农民工省域分布情况

农民工就业地点选择的另一典型特征是农民工在东北、东部、中部和西部四大区域之间的流动。从时间跨度来看，2016—2018 年，四大地区外出农民工人数均呈上升趋势，但人数增长幅度却相对较小。随着我国产业结构的优化调整和经济发展方式的快速转型，人力资本市场对劳动力素质与技能的要求日益提高，农民工就业形势严峻，加之其在东部、中部、西部和东北地区的月收入逐步趋近（如图 4-5 所示）、净收入减少、生活成本提高等，以素质技能中低水平为主体的农民工更倾向于区内流动，而非跨区流动（林拓等，2016）。同时，精准扶贫、乡村振兴等一系列战略措施的实施与推进，吸引了一大批有技术、有资源的农民工返乡创业，刺激了乡村经济发展，增加了就业机会，降低了农民工外出务工的意愿程度，致使我国四大地区外出农民工人数增长缓慢。如表 4-2 所示，从地区分布来看，我国外出农民工主要分布在我国中部地区和西部地区，且中西部地区农民工在数量上显著高于东部及东北地区。同时，结合省域分化来看，我国外出农民工的区域分布状况促使我国中西部地区成为农民工跨省流动的主要流出地区，而东部及东北地区则成为农民工省内流动的主要流入地区。随着我国东部、东北地区加工贸易向中西部地区的梯度转移以及中部崛起、西部大开发战略的实施与推进，中西部地区公共基础建设、城市化水平、经济发展水平等有了明显改善，就业机会日益增加，能够更好地吸纳农民工。而个体发展机遇与地区经济发展水平具有直接关系，即高素质、高技能型农民工由于具有更高的不确定性风险的承受能力和竞争力，而更倾向于向发展机遇较多的中西部地区流动与转移。

第4章 农民工市民化：群体特征与利益主体

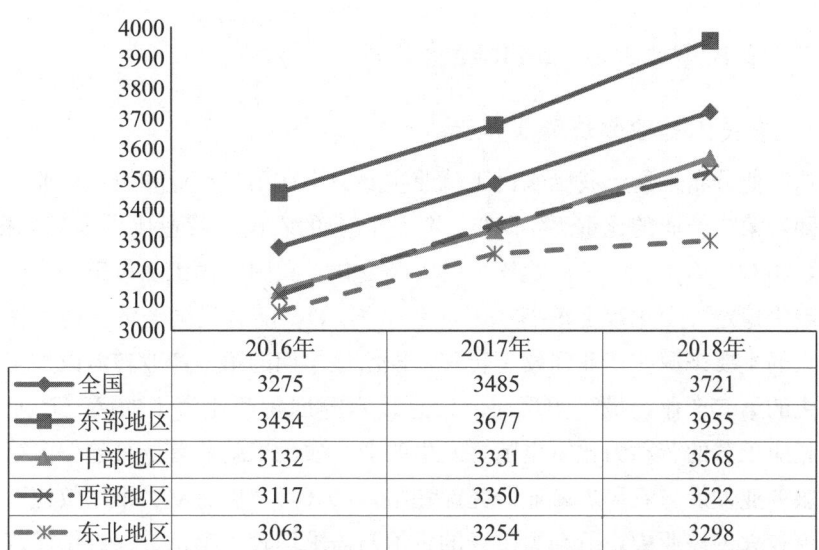

图4-5 2016—2018年外出农民工在不同地区务工的月收入水平变化（元）

表4-2 2016—2018年全国农民工地域分布情况

年份	地域分布	外出农民工人数（万人）			外出农民工比例（%）		
		总量	跨省流动	省内流动	总量	跨省流动	省内流动
2016年	东部地区	4691	837	3854	100.0	17.8	82.2
	中部地区	6290	3897	2393	100.0	62.0	38.0
	西部地区	5350	2794	2556	100.0	52.2	47.8
	东北地区	603	138	465	100.0	22.9	77.1
	合计	16934	7666	9268	100.0	45.3	54.7
2017年	东部地区	4714	826	3888	100.0	17.5	82.5
	中部地区	6392	3918	2474	100.0	61.3	38.7
	西部地区	5470	2787	2683	100.0	51.0	49.0
	东北地区	609	144	465	100.0	23.6	76.4
	合计	17185	7675	9510	100.0	44.7	55.3
2018年	东部地区	4718	812	3906	100.0	17.2	82.8
	中部地区	6418	3889	2529	100.0	60.6	39.4
	西部地区	5502	2727	2775	100.0	49.6	50.4
	东北地区	628	166	462	100.0	26.4	73.6
	合计	17266	7594	9672	100.0	44.0	56.0

4.1.3 农民工就业状况演化趋势分析

1. 农民工就业领域分布情况

从产业分布来看，我国农民工就业主要集中在第二产业和第三产业，且近年来随着第二产业的比重逐年降低，第三产业的农民工就业比重则显著提高。其中，相对于第二、第三产业比重的大幅变化，我国农民工从事第一产业的比重却趋于稳定，变化幅度较小（如表4-3所示）。随着我国经济快速发展，国民收入的主要来源在产业间发生转移，即由最早期的第一产业转向以加工制造业为主的第二产业，最终实现向以信息技术等创新产业为主的第三产业的转移，相应承载的劳动力比重也随之发生改变，农民工就业首选日趋偏向第三产业（服务业发展与农民工就业研究课题组，2016）。"后劳动力市场效应"表明在规模较大的产业中，劳动力市场的供给与需求均较为丰富，促进供需双方进一步高效率匹配（胡斌宏等，2019）。也就是说，由于我国早期第二产业的项目规模较大、资本存量较多、对劳动力素质要求不高且用工需求较大，所以第二产业成为该时期农民工外出务工的首要选择。近年来，随着世界经济的发展和东南亚国家的快速崛起，我国第二产业原有的成本优势正在逐渐消失，降低成本、转型升级已成为发达地区制造业的主流选择。在这一趋势下，以资本替代劳动已成为制造业的普遍行为，其典型做法是"机器换人"。受此影响，一些原在第二产业就业的农民工失去了就业机会纷纷转向城市的第三产业，从事服务，职业转换更为频繁和不稳定（张学英，2018）。

表4-3 2012—2018年农民工从事产业分布情况（%）

年份	2012年	2013年	2014年	2015年	2016年	2017年	2018年
第一产业	0.4	0.6	0.5	0.4	0.4	0.5	0.4
第二产业	57.1	56.8	56.6	55.1	52.9	51.5	49.1
第三产业	42.5	42.6	42.9	44.5	46.7	48.0	50.5

从行业分布来看，我国农民工就业主要集中在制造业、建筑业、批发零售业、居住服务业以及其他服务业等行业，其总体变化不大。近年来，制造业、建筑业的农民工就业比重逐年降低，而批发零售业、住宿餐饮业、服务业等行业的就业比重则显著提高（如图4-6所示）。其可能的解释是，一方面，农民工就业行业的选择与农民工自身素质有关。农民工受教育程度和非农职业技能水平决定了其自身的议价能力和可替代性强度，是影响农民工就业行为选择的

主要因素。《2018年全国农民工监测调查报告》显示，我国农民工群体处于低人力资本状态，即低技能型农民工（初中及以下学历）占我国农民工总量的72.5%，是农民工的主要构成部分。在以合同契约关系为主体的农民工劳动力市场中，由于农民工群体所具有的技能水平低、议价能力低、可替代性强等特征，企业雇佣与解雇农民工的用工成本、农民工离职成本以及农民工流动成本均较低，劳动报酬等权益由外部供需关系决定，进而导致我国农民工就业具有较高的不稳定性和流动性，从而在就业选择过程中更倾向于技能要求低且进出壁垒少的行业（安凡所，2019）。另一方面，与整个国家产业结构调整有关。制造业、建筑业、批发零售业以及服务业的用工需求高、入行门槛低、进出壁垒少等特点，极大地吸引了以低技能型农民工为主体的农民工群体入行就业。即使在"机器换人"的热潮下，由于低技能型农民工难以更新技能类别和提高技能水平，其在就业选择过程中依旧会倾向于选择规模较大、资本存量较多的制造业与建筑业。与此同时，由于服务产品所具有的不可储存性与不可转移性的特性，住宿、餐饮、家政等传统生活型服务行业仅要求从业人员提供良好产品与服务，而对劳动力的素质、技能要求不高，加之快递、外卖等新兴服务业的出现和快速发展，服务业对劳动力的需求更是只增不减，从而吸引了一大批农民工入行就业。

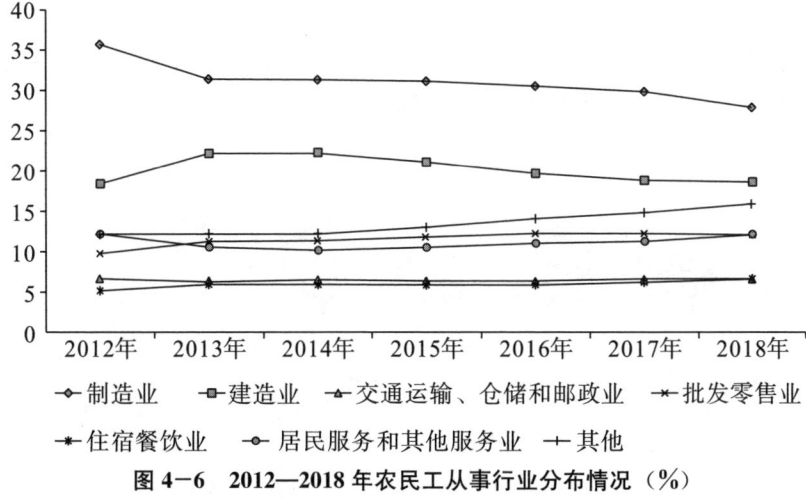

图4-6 2012—2018年农民工从事行业分布情况（%）

2. 农民工月均收入状况

近年来，全国农民工月均收入、外出农民工月均收入、本地农民工月均收入都呈上升趋势。以2014年为基准，全国农民工月均收入增速和外出农民工月均收入增速均呈先减后增趋势，本地农民工月均收入增速呈先增后减趋势，但整体上三者增速呈下降趋势,尤其是 2018 年本地农民工月均收入增速显著低于 2015 年增速(如图 4-7 所示)。从影响农民工收入的关键因素看,农民工收入主要受人力资本和社会资本的影响。一方面,产业结构转换引发了劳动力市场需求的转变。在低人力资本状态下,农民工难以持续性地获得高收入、高福利的就业机会,进而促使其主动或被动地进行人力资本投资,以改善自身人力资本状态。教育是改善人力资本状态的根本手段(陆建珍等,2017)。依赖于多方面多渠道的技能培训与进修学习,农民工收入水平会随其自身教育水平和技能水平的提高而显著提升(程名望等,2019)。然而,随着农民工教育水平、技能水平的不断提高,传统培训内容与方式难以更好地提升农民工人力资本增量,降低了人力资本投资回报率,进而影响农民工收入水平的快速增长(石智雷等,2018)。另一方面,在农民工就业选择过程中,以社会网络为主的社会资本作为一种非正式制度,能够有效缓解就业歧视和强化就业信息传递(李宝值等,2017)。农民工依靠自有的社会网络关系来获取不同性质的资源,包括信息和人情,而关系资源的不同收入效应决定了农民工就业类型的选择及其收入水平的高低(卓玛草等,2016)。也就是说,农民工自有的社会网络关系通常能够起到有效地节省求职成本、降低风险、配给工作的作用,即通过影响农民工就业类型的选择间接影响其收入水平(章元等,2009)。农民工的社会资本会随其工作状态发生改变,即农民工在工作过程中会不断积累或更新其自有的社会网络关系,增强其社会资本的异质性,从而形成农民工自身特有的社会资本,以带来其收入水平的显著提高(叶静怡等,2010)。

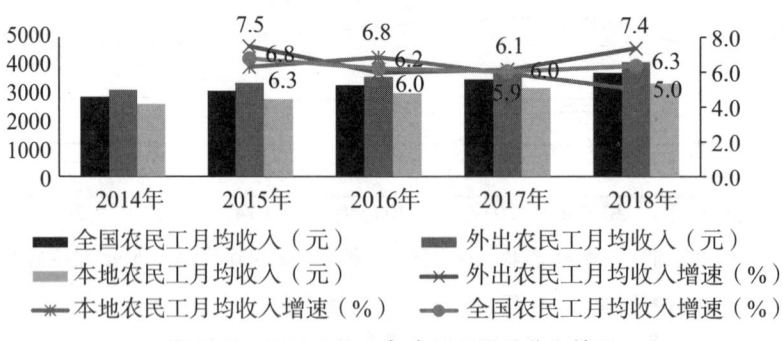

图 4-7 2014—2018 年农民工月均收入情况

从地区角度来看,近十年来,东部地区、中部地区、西部地区的农民工月均收入均呈现出稳定的上升趋势。近年来我国农民工月均收入地区间差异性日趋明显,即以全国农民工月均收入为基准,东部地区农民工月均收入及其增速均显著高于中部、西部地区,而中部、西部地区之间农民工月均收入及其增速间的差异性较小，甚至部分年份趋于相等（如图4-8所示）。自2008年金融危机爆发以来，东部地区依赖地理位置、优惠政策、人才资源、科技创新等优势加快地区工业化发展和经济转型，实现经济快速增长；而中部、西部地区则在西部大开发、中部崛起等强有力战略政策的支持下，充分利用"成本洼地"优势和抓住产业梯度转移机遇，极大地提升了经济发展水平（刘刚等，2012）。然而，相对于中部、西部地区，我国东部地区经济发展水平高且发展速度快，且部分地区逐步进入后工业化时代，地区人均生产总值已达到中等发达国家水平，远超中部、西部地区的人均生产总值。也就是说，我国东部、中部、西部地区间经济发展水平存在显著的空间差异。而生产决定分配，经济效益的地区差异势必会体现在收入分配结果的地区差异，即我国农民工月均收入的地区差异性主要源于东部、中部、西部三大地区在经济发展水平及其发展速度上的差异，经济发展水平越高、发展速度越快的地区，其农民工月均收入也就越高（周明海等，2017）。

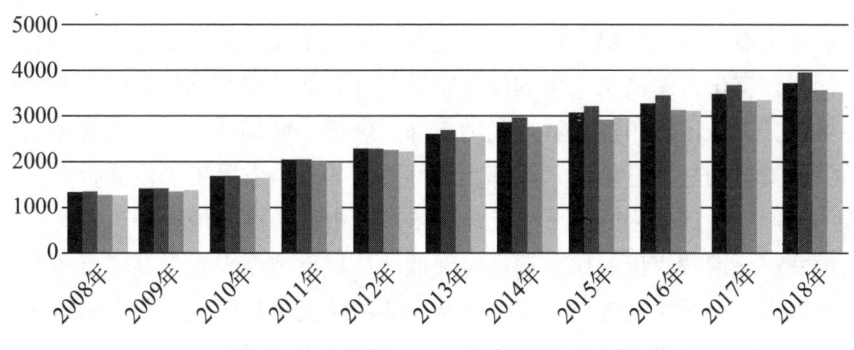

图4-8 2008—2018年农民工月均收入地区分布情况（元）

从行业角度来看，2013—2018年我国农民工在不同行业领域中务工所得的月均收入水平呈逐渐上升的趋势，其中农民工在交通运输、仓储和邮政业以及建筑业的月均收入较高，而住宿、餐饮业、居民服务、修理和其他服务业的月均收入却相对较低。相对于2013年而言，2018年农民工月均最高与最低收入水平的行业差额仅增长361元，即总体上农民工行业间月均收入水平差距较小（如图4-9所示）。其可能的原因是我国农民工大多就业在技术含量低、劳动强度大、工作环境差的次级劳动力市场中，所从事的工作更侧重于简单性的体力劳动，工作的复杂程度相差不大，故而福利待遇和收入水平也就差距不大（夏华等，2017）。

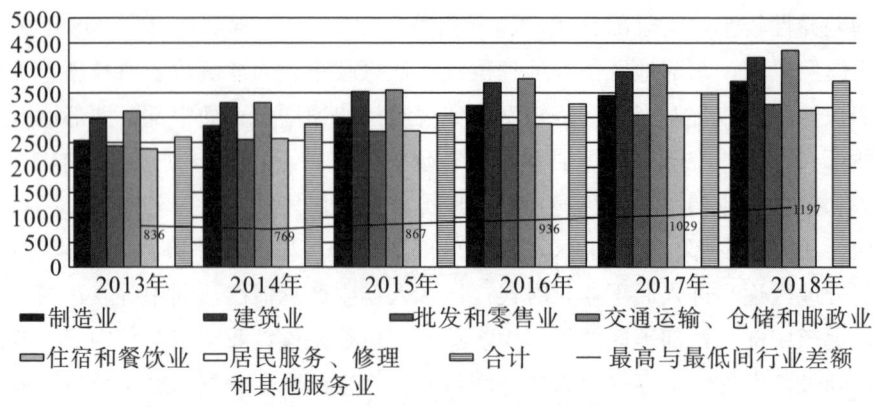

图 4-9 2013—2018 年农民工月均收入行业分布情况（元）

4.1.4 农民工消费和居住状况演化趋势分析

1. 外出农民工消费情况

总体来看，我国外出农民工月均生活消费支出和居住消费支出均呈上升趋势，而居住支出占总消费支出的比重则呈下降趋势，但其仍是农民工消费支出的主体部分。从地区角度来看，我国东部、中部、西部地区的外出农民工月均生活消费支出均呈上升趋势；东部、西部地区的外出农民工居住消费支出上升趋势明显，而中部地区则呈下降趋势；东部、中部、西部地区外出农民工居住支出消费占总消费支出的比重却逐年降低。从城市类型来看，直辖市和省会城市、地级市、小城镇的外出农民工月均生活消费支出和居住消费支出整体上呈上升趋势，而除地级市的居住支出占总消费支出的比重保持不变外，直辖市、省会城市和小城镇的居住支出占比均呈下降趋势，但下降幅度较小（如表 4-4、表 4-5 所示）。

表 4-4 2013—2015 年外出农民工在不同地区务工月均生活消费和居住支出

	生活消费支出（元/人）			其中：居住支出（元/人）			居住支出占比（%）		
	2013 年	2014 年	2015 年	2013 年	2014 年	2015 年	2013 年	2014 年	2015 年
合计	892	944	1012	453	445	475	50.7	47.1	46.9
东部地区	902	954	1028	454	447	480	50.3	46.8	46.7
中部地区	811	861	911	441	414	425	54.3	48.0	46.7
西部地区	909	957	1025	443	449	469	48.7	46.9	46.8

注：2008—2012 年、2016—2018 年我国农民工不同地区的消费和居住支出的数据缺失。

表 4—5 2014—2015 年外出农民工在不同类型城市务工月均生活消费和居住支出

	生活消费支出（元/人）		其中：居住支出（元/人）		居住支出占比（%）	
	2014 年	2015 年	2014 年	2015 年	2014 年	2015 年
合计	944	1012	445	475	47.1	46.9
直辖市和省会城市	1020	1106	489	528	47.9	47.8
地级市	968	1043	420	452	43.4	43.4
小城镇	853	892	430	444	50.4	49.8

注：2008—2013 年、2016—2018 年我国农民工不同类型城市的消费和居住支出的数据缺失。

经济新常态背景下，面对国内产能过剩、投资效益降低、经济增长结构不平衡以及国际经济形势不稳定等问题，扩大内需已成为适应我国经济新常态的必然选择，而庞大规模的农民工群体所蕴藏的消费潜力促使其成为我国扩大内需的重要挖掘对象，加之随着消费社会的到来，我国农民工正逐渐从生产主体向消费主体转变（文乐等，2019；李瑞琴等，2019；周贤润，2018）。一方面，在以人为本的城镇化背景下，政府通过放宽落户条件、完善社会保障制度体系、加大基础公共设施建设等措施，努力实现社会资源与公共服务的均等化分配，以促进我国农民工有序市民化，从而有效地刺激农民工的消费动机和极大地释放农民工的消费潜力，带动地区经济良好增长。这是因为随着农民工城市身份认同度的不断提高，农民工的城市归属感日益增加，其在城市的消费意愿也就越高。另一方面，随着全社会生活水平的日益提高，我国农民工的价值观念、生活方式以及消费模式也在不断变化，即由传统的"外出赚钱、回家生活"向现代化的"体验生活、追求梦想"转变。也就是说，我国农民工的消费结构不再是单一的生存型消费，而是包含享受型、发展型消费的多元化消费结构，即农民工愿意将一部分收入花费在提高生活质量、增添娱乐活动等方面，这也就解释了我国农民工居住支出占比为何呈现出下降趋势（王艳等，2018）。农民工消费方式的选择是其年龄、家庭经济状况、月收入水平等多种因素共同作用下的结果。一般来说，农民工年龄小，其在消费上更加超前，不同于老一代农民工"崇尚节俭、追求实用"的谨慎消费态度，新生代农民工更愿意也更敢于在教育文化娱乐等方面消费，相应的消费种类越多，消费支出也就越高。同样地，农民工的家庭经济状况越好、月收入水平越高，其主观消费意愿和消费支出也就越高；而家庭经济状况较差的农民工由于承担较大的家庭负担，其个人收入不仅需要维持个人生活,还要兼顾家庭开销,因而即使其月收入水平较高,主观消费意愿也更薄弱,消费选择也更为谨慎(刘仪凤等,2019)。此外,农民工月收入的不稳定性同样是影响农民工消费的重要因素,而农民工月收入的不稳定性主要源于其工作的不稳定性。在劳动力市场上,受制度因素、人力资本、社会资本等多种因素的影响,我国农民工就业具有较高的流动性和短期性,即当前农民工多以短期劳动合同作为主要的劳动契约方式,难以实现长期性的稳定就业和城市定居生活。自然地,由于工作和月收入的不稳定性,农民工通常认为自己只是工作在城市的临时成员,留城意愿偏低,因而其只愿意消费全部收入的较少部分,且一般支出侧重于食品和房租等基本消费,而不是资产专用性高、便携性低、价格昂贵的非基本消费。

2. 进城农民工居住情况

农民工在城市中的居住状况可以充分体现农民工的基本生活特征和城市融入程度。我国进城农民工居住方式主要分为购买住房、租房居住、单位或雇主提供住宿三大类型。总体来看,近年来我国进城农民工以购买住房方式解决住宿问题的比重逐年增加,其中商品房是进城农民工购房的首要选择,相应的比重也呈上升趋势;而租房居住、单位或雇主提供住宿的比重则逐年减少(如图4-10所示)。

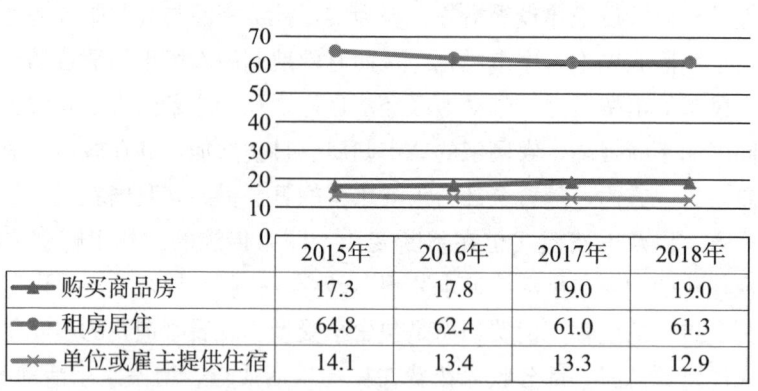

图4-10 2015—2018年进城农民工的居住方式情况(%)

农民工的居住选择是其就业状况、流动类型和思想观念三大因素共同作用的结果,主要受其主观支付意愿和客观支付能力两大方面影响(周加欢等,2017)。一方面,在"以人为本"的新型城镇化背景下,放宽落户政策、完善社会保障体系、均等化公共服务等一系列政策措施的落地实施,极大地增强了以新生代农民工为主的农民工的落户意愿或留城意愿,而农民工落户意愿或留城意愿强度决定了其对未来住房的需求（杜巍等，2019）。一般来说，农民工落户意愿越强，农民工就业流动性就会降低，城市定居意愿就会增强，相应的购房居住意愿也就越强。另一方面，农民工就业状况决定了其收入水平以及收入的稳定性，而农民工收入状况决定了其客观支付能力，进而极大地影响农民工的住房消费支付意愿和居住方式的选择（娄文龙，2016）。随着农民工收入水平的日益提高，农民工客观支付能力逐渐增强，其居住方式选择更具有主动性和多样性，即客观支付能力越强，农民工越能在购房、合租、整租、职工宿舍、工棚住房等住房供给类型中选择其最满意或最优的居住方式。近年来我国农民工家庭迁移化特征日益显现，逐渐增强了农民工的居住长期化特征，加之合租居住、职工宿舍、单位或雇主提供住宿等形式难以有效满足其居住要求，农民工对成套住房的需求日益提升，即以整个家庭市民化的农民工更倾向于购房或整租房屋（李英东，2016）。

4.2 农民工市民化进程中的利益相关者分析

"利益相关者"一词最早出现在企业管理领域。1984年，弗里曼（Freeman）在《战略管理：利益相关者管理的分析方法》一书中首次提出了利益相关者管理理论，后被广泛应用于社会公共治理领域。弗里曼（1984）认为利益相关者是能够影响组织目标实现过程与结果的团体或个人，或者在组织目标实现过程中受到影响的团体或个人。从该定义可知，利益相关者至少有三个方面的内涵：一是利益相关者的存在必须围绕某一具体经济实践活动，将利益相关者排除在某一具体经济实践活动而谈利益相关者没有意义，也就是说利益相关者内生于具体的经济实践活动；二是利益相关者与组织目标的实现相互影响，即组织目标的实现会影响利益相关者行为，利益相关者行为也会影响组织目标的实现；三是利益相关者可以是具体的某一个人，也可以是具有相同利益属性的群体或者集体。

虽然弗里曼对利益相关者的理解是基于企业管理视角的，但同样可以用于社会公共管理领域。借鉴弗里曼对利益相关者的定义，可将农民工市民化进程中利益相关者界定为，能够影响农民工市民化目标实现的团体和个人，或者在农民工市民化进程中受到影响的团体或个人。农民工市民化进程中的利益相关者内涵也可以从三个方面进行理解：一是农民工市民化进程中利益相关者必须围绕农民工市民化进程中这一具体经济社会实践活动或者这一公共政策目标进行分析。二是在促进农民工市民化进程中，农民工市民化可能会对政府、企业、城市居民等利益相关者造成正面或负面影响，同时，政府、企业、城市居民等利益相关者的行为变化又会对农民工市民化的进程产生影响。三是在农民工市民化进程中，利益主体具有层级性，宏观层面上的利益主体是具有某些相同属性的群体，如追求整体社会利益的政府、追求经济利益的企业；微观层面的利益主体就是某些具体的个体，如城市居民等。

4.2.1 中央政府与农民工市民化

国家政策是影响农民工市民化的制度性要素，直接关系到其市民化环境和市民化成本。在农民工市民化过程中，中央政府是最为重要的利益相关者，在农民工市民化进程中充当着多种角色。从农民工市民化进程来看，中央政府事前主要为农民工市民化政策的决策者、供给者，事中主要为农民工市民化工作的组织者、领导者和过程监督者，事后主要为农民工市民化效果的评价者和政策修正者。农民工市民化能否顺利推进决定于中央政府的公共政策决策、供给、执行和实施结果评价。农民工市民化的外部性决定了中央政府干预的合法性。纵观中国农民工市民化的发展历程，其具有十分明显的阶段性特征。基于不同阶段国家不同的发展战略目标，中央政府以国家战略目标为导向，进行一系列旨在提高农民工市民化政策效率的组织、协调、沟通及控制等管理工作，通过规制设计、政策制定、资源分配、措施选择或流程规范等方式方法，有效推进农民工市民化。因在农民工市民化进程中，流入地和流出地之间的利益目标存在差异，往往会导致地方政府选择性执行行为的产生，这就需要中央政府对地方政府行为进行有效监督，以保证农民工市民化相关公共政策有效执行。为此，中央政府通过建立监督、问责机制来履行其监督职能。效果评价是公共政策的重要组成部分，是检验和改进公共政策有效性不可或缺的环节，中央政府需要建立一套包括评价主体、评价对象、评价标准、评价方法、评价内容的评价体系，从多个环节、多个维度、多个方面对农民工市民化政策的执行效果进行科学评价，找出相关公共政策执行过程中存在的问题，为进一步优化相关公共政策提供决策依据。

4.2.2 地方政府与农民工市民化

地方政府是国家行政体系的重要组成部分，是中央政府相关公共政策的具体执行者。农民工市民化公共政策的贯彻落实会改变各级政府机构责任、权力和利益格局。受区域经济发展水平不平衡和分权财政制度的影响，横向层面上各级地方政府的财政能力、行政权力与统筹协调能力均存在差异，其在农民工市民化进程中表现出来的相关公共政策的执行能力也有所不同。地方政府这只"有形之手"在农民工市民化进程中也扮演着多种角色。从农民工市民化进程看，地方政府事前主要为农民工市民化的政策制定者，事中主要为相应政策执行者，事后主要为农民工市民化效果的被考核者。

4.2.3 企业、企业职工与农民工市民化

在农民工市民化进程中，企业扮演着重要的角色。它们是农民工市民化的直接利益相关者，为农民工提供就业，事关农民工的收入，直接关系到农民工市民化能力。通常意义上，企业是"理性的经济人"，其决策行为均以利益最大化为准则。企业在农民工市民化进程中扮演着多种角色，对农民工市民化进程和效果都有直接而深刻的影响。从农民工市民化角度看，企业不仅为农民工提供就业机会，为农民工提供职业技能培训，促进农民工人力资本的增加，增强其劳动价值，而且也为农民工提供相应的社会保障，增加其社会福利。

事实上，农民工一旦进入企业，就应该是企业职工，然而现实中，受多种劳动用工体制的影响，在一个企业之中往往存在正式员工与非正式员工的区别。农民工往往是通过非正式劳动力市场实现的就业，这在客观上就会在一个企业内部形成农民工市民化的另一类利益相关者，即企业职工。一般意义上，企业职工也是"理性经济人"，以自身利益最大化为目标。企业职工在农民工市民化进程中扮演着合作者、竞争者的角色，对农民工市民化的进程和效果都有一定的影响。

4.2.4 社会化公共服务机构与农民工市民化

农民工市民化离不开社会化公共服务机构所提供的公共服务。社会化公共服务机构的服务内容与服务对象既受制于国家相应的社会保障政策，也受制于地方政府的公共行政理念和相应财政支付能力。显然，在农民工市民化进程中，社会化公共服务将对农民工市民化的私人成本产生直接影响。如果一个城市能够无差别地为农民工提供与城市居民相同的公共服务，如义务教育、医疗，将会在一定程度上减轻农民工市民化的经济负担，从而增强其市民化意愿。相反，如果社会化公共服务机构不能将农民工纳入其公共服务体系内，势必会将农民工排斥在社会化公共服务体系外，农民工市民化的私人成本将会显著增加，从而影响到农民工的市民化决策，影响到其市民化。更进一步，在财政支出一定的情况下，一定区域范围内的社会公共服务机构的服务能力也是一定的，当农民工进入公共服务体系后，势必会因为服务人数的增加而影响到社

区范围内城市居民的福利，从而使城市居民成为农民工市民化的利益相关者。

4.3 农民工市民化进程中利益相关者类型划分

4.3.1 农民工市民化利益相关者分类依据

关于利益相关者的分类，不同学者提出了不同的分类标准，如 Charkham 的公共性分类法、Wheeler 的重要性分类法、Mitchell 的三属性分类法。美国学者 Mitchell 从合法性、影响性、紧迫性三个属性维度对利益相关者进行了分类，并运用椭圆代表利益相关者的三个属性维度，构建了一个利益相关者分类框架，如图 4-11 所示。

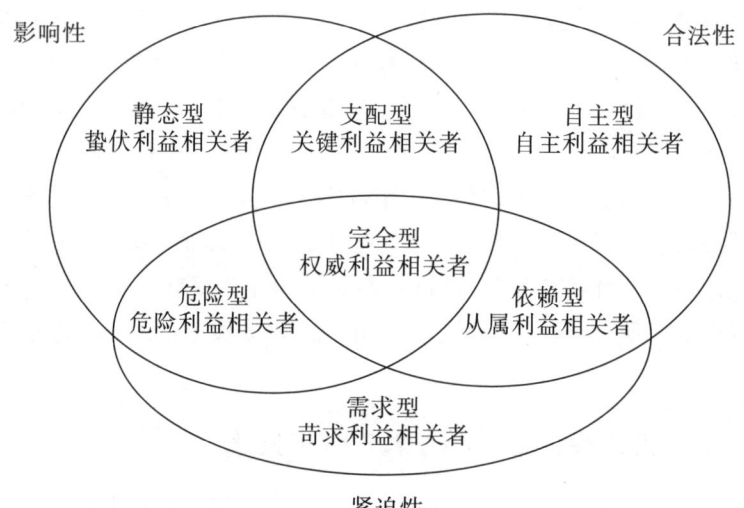

图 4-11 Mitchell 的利益相关者属性分类框架图

Mitchell 的分类法充分体现了利益相关者的分类标准、分类方法和分类数量，具有较强的应用价值，目前被广泛运用于环境污染治理、农业保险发展、企业并购等领域内的利益相关者分类。图 4-11 中，三个椭圆表示合法性、影响性、紧迫性三个维度。合法性是指某一群体是否被赋予有法律上、道义上或者特定的对于一个主体或事件利益的索取权。影响性是指某一群体是否拥有影响一个主体或事件决策的地位、能力和相应的手段。紧迫性是指某一群体的要求能否立即引起一个主体或事件管理层的关注。权威利益相关者同时满足合法性、影响性、紧迫性三项属性特征，对组织发展、政策制定和目标达成发挥主导作用。关键利益相关者、从属利益相关者和危险利益相关者同时满足合法性、影响性、紧迫性任意两项属性特征，对组织发展、政策制定和目标实现有较大的影响。蛰伏利益相关者、苛求利益相关者和自由利益相关者满足合法性、影响性、紧迫性任意一项属性特征，对组织发展、政策制定和目标达成有一定影响。实际中，这一划分并不具有明确边界，利益相关者的类型会随着环境和事物的变化而变化，具有动态性特征。

4.3.2 农民工市民化利益相关者属性分析

参考 Mitchell 对利益相关者的分类方法，本研究从合法性、影响性、紧迫性三个维度对农民工市民化进程中的利益相关者属性进行分析，如表 4-6 所示。在农民工市民化进程中，合法性是指某利益相关者是否被赋予特定的在法律上、道德上对于农民工市民化的政治权力、经济权力和社会权力等。影响性是指某利益相关者是否具有影响农民工市民化效率的地位、能力和手段。紧迫性是指利益相关者是否对农民工市民化具有敏感性并立即做出积极响应。

表 4-6　农民工市民化进程中的利益相关者分类及属性维度

利益相关者类型		利益相关者的三个属性维度		
三维属性利益相关者	中央政府	合法性强	影响性强	紧迫性强
二维属性利益相关者	地方政府	合法性强	影响性强	紧迫性弱
	企业与职工	合法性强	影响性强	紧迫性弱
	社会化公共服务	合法性强	影响性强	紧迫性弱
单维属性利益相关者	企业	合法性强	影响性弱	紧迫性弱
	企业工会	合法性强	影响性弱	紧迫性弱
	新闻媒体	合法性强	影响性弱	紧迫性弱
	制裁部门	合法性强	影响性弱	紧迫性弱
	社会公众	合法性强	影响性弱	紧迫性弱

（1）中央政府。中央政府具有合法性强、影响性强和紧迫性强的属性特征。农民工市民化的正外部性和负外部性决定了中央政府在农民工市民化中的合法性。中央政府拥有雄厚的财政资源、行政资源和法律资源，具有很强的资源汲取能力、社会整合能力和政策执行能力，在农民工市民化进程中通过行政手段、法律措施和产业政策影响其他利益相关者的决策，而且中央政府的策略强度、策略类型也直接影响其他利益相关者的行为。

（2）地方政府。地方政府具有合法性强、影响性强和紧迫性弱的属性特征。地方政府是中央政府农民工市民化相关公共政策的执行者,这是地方政府在农民工市民化进程中具有合法性的基础;地方政府拥有一定的财政资源、行政资源和法律资源,具有较强的资源汲取能力、社会整合能力和政策执行能力,不仅直接影响到中央政府农民工市民化政策的执行情况,还会影响其他利益相关者的决策。因农民工市民化将增加地方政府的财政支出,而农民工市民化带给地方政府的利益却相对有限,因此,地方政府在农民工市民化进程中就会不积极,缺少相应的紧迫性。

(3) 企业和企业职工。企业具有合法性强、影响性强和紧迫性弱的属性特征。在农民工市民化进程中,企业将为农民工提供就业机会,但其作为生产经营主体,具有生产经营的自主权利和合法性权力,在对政府政策的行为感知、响应反馈等方面均具有合法的主体地位,其行为对农民工市民化具有显著影响;在市场经济条件下,虽然农民工市民化将有利于企业的发展,但基于企业利益最大化,企业不会主动去承担农民工市民化的成本,而仅愿意分享农民工市民化带来的直接收益。考虑到农民工市民化带给企业的收益的高度不确定性,企业往往会在农民工市民化进程中表现出紧迫性弱的特征。如果农民工市民化将会对企业职工形成竞争,那么在农民工市民化进程中,企业职工与农民工市民化之间就存在利益关系,对其行为进行分析则有着必要性。总体上,企业员工具有合法性强、影响性强和紧迫性弱的属性特征。企业职工作为"有限理性经济人",在农民工市民化进程中保障自身的权益具有合法性,为保证自己就业机会、保障自己收入不受市场竞争的影响,他们往往会对农民工市民化采取不合作行为,从而对农民工市民化产生直接或间接影响,在紧迫性方面可能较弱。

4.3.3 农民工市民化利益相关者图谱构建

根据表4-6,将农民工市民化进程中不同利益相关者属性维度用三维坐标系来表示,如图4-12所示,该图更为直观地表达了不同利益相关者的属性维度。图中,X坐标表示影响性,Y坐标表示合法性,Z坐标表示紧迫性,围成的锥体体积大小表示了利益相关者的地位重要性。在图4-12中,锥体$OABC$为三维属性维度利益相关者,锥体$OABD$为二维属性维度利益相关者,锥体$OAED$为单维属性维度利益相关者。根据锥体的性质可知,锥体$OABC$的体积>锥体$OABD$的体积>锥体$OAED$的体积,即三维利益属性相关者的重要性高于二维利益属性相关者,二维利益属性相关者的重要性高于单维利益属性相关者。

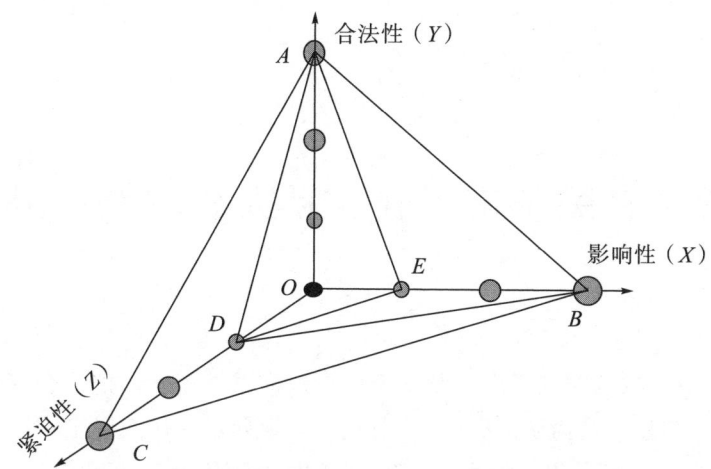

图 4-12　农民工市民化进程中的利益相关者属性维度

农民工市民化是一个动态过程，在不同的阶段，利益相关者的地位或重要性可能会相互转化，如中央政府将农民工市民化完全作为一项政治任务委托给地方政府时，中央政府对地方政府农民工市民化绩效的严格考核将增强地方政府紧迫性，地方政府与中央政府就具有同样的属性特征，地方政府则可能由二维属性利益相关者转变为三维属性利益相关者。同样，在农民工市民化进程中，企业不按照国家相关政策规定，忽视农民工合法权益，必将引起企业外部的利益相关者的不满，从而其影响性、紧迫性均会发生变化，二维属性就会转化为三维属性。相反地，三维属性也可能转化为二维属性甚至单维属性。

4.4　本章小结

农民工市民化具有典型的外部性，不仅涵盖个体层面生产要素的配置、生产方式和生活方式的变化，也涵盖国家层面生产关系的重构，涉及众多利益相关者。系统分析农民工市民化进程中的农民工群体特征，准确识别出农民工市民化进程中的利益相关者有利于加快其市民化进程，从而有效推进以人为本的新型城镇化建设，形成新的发展格局。本章在对农民工群体特征进行整体性描述和解释的基础上，基于弗里曼对利益相关者的定义，去识别农民工市民化进程中的利益相关者，并分析这些利益相关者在农民工市民化进程中的功能和地位，从合法性、影响性、紧迫性三个属性维度对利益相关者进行了分类，运用立体图形刻画了利益相关者的属性维度，并构建出农民工市民化进程中利益相关者图谱，分析其利益类型的特征，为农民工市民化主体行为研究奠定了基础。

第5章 农民工市民化：私人成本与公共成本[①]

"十二五"规划明确提出，要积极稳妥地推进城镇化，把符合落户条件的农业转移人口逐步转为城镇居民。"十三五"规划对加快农民工市民化提出了具体要求，进一步强化了地方政府在推动农业转移人口市民化的主体责任。"十四五"规划明确指出，将推进以人为核心的新型城镇化，通过深化户籍制度改革，完善财政转移支付和城镇新增建设用地规模与农业转移人口市民化挂钩政策，强化基本公共服务保障等举措来加快农业转移人口市民化。在既有的财税和城乡二元体制下，农民工能否顺利市民化不仅决定于农民工的意愿，而且也决定于体制、机制改革和创新，决定于围绕农民工市民化而形成的利益相关者的行动策略。如果从经济理性角度去审视这些行动者的行动策略选择，那么我们就必须回答清楚这些利益相关者在农民工市民化中所应承担的成本构成和大小问题，涉及农民工市民化成本界定与测算等。

农民工市民化成本测算是农民工市民化问题研究的关键，是农民工市民化问题认识的基础，直接影响到国家和地方政府的公共政策供给和行动策略选择。建立在科学测算基础上的成本测算结果不仅有利于人们从整体上了解和把握农民工市民化的基本现实，而且也有利于相关体制和机制改革创新。为此，我们在前述理论分析和经验探讨的基础上，构建起农民工市民化成本测算的实证分析框架，确立测算模型并对测算方案进行若干设定，最终基于我国典型区域的现实情况对相关地区的农民工市民化成本进行测算分析。

---

① 本章有关农民工市民化的成本构成及成本测算源于本课题组成员陈怡男公开发表论文《农民工市民化成本测算研究——以四川省为例》，《西南石油大学学报（社会科学版）》，2018年第4期，第36~42页。

5.1 农民工市民化的成本测算

5.1.1 农民工市民化成本类型的比较分析

立足于经济新常态和新型城镇化，农民工市民化具有巨大的公共利益，将有利于我国劳动力要素结构的优化，有利于农业现代化，有利于促进内需。但任何事物都具有两面性，同样地，农民工市民化也会产生相应的成本，对农民工市民化的成本研究将进一步厘清社会各界对农民工市民化复杂性的认识，从而形成正确的心理预期。国内广大学者基于不同的研究目的，对农民工市民化的成本进行多维度的系统研究，得到了不同的成本测算结果（表5-1）。现有的研究虽然在成本测算重点和构成内容上的表述有所差异，但总的来说可以分为三类方案。一是以张国胜、张继良和马洪福以及李俭国和张鹏等为代表的社会成本测算方案，这类方案立足于社会成本，重点关注个人生存与发展成本和公共成本，其测算框架和成本构成在表述上也大致相同。二是以冯俏彬、谢建社、张华初、葛乃旭和符宁等为代表的公共成本测算方案，这类方案仅侧重公共服务支出内容对农民工市民化成本进行了测算。三是杜海峰、顾东东和姚明明等以分担主体视角进行成本测算框架和构成操作的方案，这类方案将农民工市民化成本区分为个人、企业和公共成本三类并进行相应指标设计和测算。此外，还有少数其他测算方案，如孙正林和佐赫从最大成本和最小成本分类测算，认为农民工市民化的最小成本就是保障农民工市民化的基本公共服务成本，而最大成本则包括社会保障成本、城市生活成本、住房成本和基础设施建设成本。

表5-1 农民工市民化成本测算方案比较

学者	测算框架	成本构成	测算层次
张国胜 （2008）	社会成本	私人生活成本、智力成本、社会保障成本、安居成本、公共发展成本	个体
魏澄荣、 陈宇 （2013）	综合成本	社会保障成本、教育培训成本、安居成本、私人增加的生活成本、城市基础设施增加成本	个体
冯俏彬 （2014）	公共成本 （财政支出）	随迁子女教育支出、社会保障支出、保障性住房支出、就业服务支出（上述支出主体仅涉及政府而不包含企业和个人）	总体

续表

学者	测算框架	成本构成	测算层次
丁萌萌、徐滇（2014）	公共服务成本	随迁子女教育成本、合作医疗保障成本、基本养老保险成本、其他社会保障成本、城市管理成本、保障性住房成本	个体、总体
谢建社、张华（2015）	公共服务成本	义务教育成本、就业扶持成本、社会保障成本、公共卫生成本、住房保障成本	个体、总体
杜海峰、顾东东、杜巍（2015）	公共成本 企业成本 私人成本	基础设施建设成本、公共管理成本、教育成本、住房保障成本、社会保障和促进就业成本、企业承担的社会保障成本、技能培训成本、工资歧视成本、生活成本、智力成本、个人承担的社会保障成本、住房成本、放弃土地机会成本、社会交往成本、子女教育成本、失业风险成本	个体
单菁菁（2015）	公共成本 个人成本	城镇建设维护成本、公共服务管理成本、社会保障成本、随迁子女义务教育成本、保障性住房成本、生活成本、住房成本、自我保障成本	个体
张继良、马洪福（2015）	社会成本	社会保障成本、生活成本、子女义务教育成本、住房成本	个体、总体
李长生、李学坤、戴波（2015）	私人成本 公共成本	城市生活成本、城市住房成本、机会成本、城市基础设施成本、社会保障成本	个体
李俭国、张鹏（2015）	社会成本	城市生活成本、教育成本、城市居住成本、社会保障成本、城市基础设施成本	个体
姚明明（2015）	私人发展成本 社会发展成本（公共服务成本、企业成本）	生活成本、住房成本、社会保障成本、子女教育成本、土地机会成本、城市管理成本、基础设施建设成本、教育成本、住房保障成本、社会保障与就业成本、就业培训成本、企业承担的社会保障成本	个体、总体
葛乃旭、符宁（2017）	公共服务成本	随迁子女教育成本、基本社会保障成本、其他社会保障成本、公共卫生成本、住房保障成本、城市管理成本	个体、总体

资料来源：根据表格中学者的研究成果整理而得。

更进一步，我们会发现不同学者不同测算方案背后存在着测算思路、模型构建和指标选取方面的差异。首先，具体测算思路上的差异。大部分研究者采用分类加总测算的思路，而杜海峰和顾东东等（2015）则综合分类加总和"平行结转分布法"，构建了分类账户后进行测算。其次，测算模型构建上的差异。大部分研究者在其方案的假设条件中不涉及时间跨度，而张继良和马洪福（2015）则对农民工年龄条件进行了时间假设，但此类假设是否适用于农民工市民化并没有得到进一步验证。杜海峰和顾东东（2015）更进一步在模型中就直接设定了时间跨度变量，但其测算结果也仅是针对一个单一的时间点的成本，而非全部成本。再次，测算指标上的差异。即使是针对同一个测算指标，不同方案下的具体测算方法也不尽相同，如在对城镇基础设施建设费用的测算中，有的研究者以建设总费用直接除以城镇人口数而得到人均成本，而有些研究者则考虑到城镇基础设施建设人均费用的边际成本递减因素进行测算。

基于农民工市民化的正负外部性、农民工市民化自身的利益复杂性和利益相关性，农民工市民化的成本测算必须兼顾个人、企业和政府三者的成本，由此，我们可以把农民工市民化的成本细分为个体层面的私人成本、企业成本和政府承担的公共成本。显然，私人成本更多地立足于农民工个体；企业成本则意味着企业或用工单位接纳农民工就业，为农民工提供相应的社会保障而产生的用工工资和福利成本；公共成本是由政府按照公共服务均等化原则，为农民工均等化提供公共服务的成本。

5.1.2 农民工市民化成本指标体系选取

为更清晰地认识农民工市民化成本，我们必须明确其基本原则，构建起科学而全面的测算指标，确立科学可行的测算方法。

1. 基本原则

一是指标的可测度性原则。选取的指标必须具备可测度性，对于一些难以量化的成本我们采取了替代的方法，使其转化为具有可观测性、可量化的指标，如农民工市民化的个人隐性成本，由于无法精确估计，我们便选择了因市民化而放弃的最大收益作为其替代性变量。

二是综合性原则。在可测性基础上尽最大可能去发展和操作出应有的测算构成指标，而不应忽略本可以量化的指标构成内容，如对公共成本的测算，应尽可能地考虑到公共财政支出应包含的内容，并在其基础上发展操作相应的测算指标。

三是独立性原则。指标选取必须实现指标的独立性，换句话说就是消除指标的重叠性。如社会保障成本的测算指标，实际包含了政府承担的公共成本部分,也包含了农民工个体承担的私人成本部分,同时也涉及企业承担的相应社会保障成本,如果在这一方面不进行分类操作,则必然会造成重复计算的错误,从而严重影响测算结果。

2. 测算指标体系构成

私人成本、企业成本和公共成本从整体上构成了农民工市民化的总成本,基于可测度性、综合性和独立性原则,我们可以将其细化为农民工市民化的成本测算各项指标,形成农民工市民化成本测算指标体系,各项成本均为年人均成本,如表5-2所示。

表5-2 农民工市民化的成本测算指标体系

维度	构成指标	指标说明
私人成本（Cp）	生活成本（Cp1）	个人需支付的生活消费支出差额
	住房成本（Cp2）	个人需支付的住房支出差额
	社会保障成本（Cp3）	个人需支付的城镇与农村社会保障费用差额
	智力成本（Cp4）	个人所需支付的教育费用差额
企业成本（Ce）	就业培训成本（Ce1）	企业需支付的员工培训费用
	社会保障成本（Ce2）	企业需支付的员工社会保障费用
公共成本（Cg）	基础设施建设成本（Cg1）	政府需支付的每增加一名城镇居民所增加的基础设施建设费用
	随迁子女教育成本（Cg2）	政府需支付的每增加一名城镇居民所需的其平均抚养子女数的城镇义务教育增加费用
	社会保障与就业成本（Cg3）	政府需支付的每增加一名城镇居民所需的增加的社会保障与就业费用
	住房保障成本（Cg4）	政府需支付的每增加一名城镇居民所需的保障住房建设增加费用
	管理成本（Cg5）	政府需支付的每增加一名城镇居民所需的一般公共服务等增加费用

注：此处指标说明仅为简要说明,具体说明可详见测算部分的指标计算方案。

企业成本和公共成本为边际成本,即保障每一名农民工完成市民化所需增加的费用,也可视为每增加一名城镇居民（对企业而言是每增加一名城镇居民身份的员工）所需政府和企业应增加分担的费用。

最终,按照农民工市民化的成本测算指标体系构成内容建立了成本测算模型：

农民工市民化人均成本 C＝Cp＋Ce＋Cg＝(Cp1＋Cp2＋ Cp3＋Cp4)＋(Ce1＋Ce2)＋(Cg1＋Cg2＋Cg3＋Cg4＋Cg5)

从农民工市民化的人均成本可知，在农民工市民化总成本一定的情况下，如果企业和政府承担的成本增加，则个人成本会减少；如果个人承担的成本增加，则政府和企业承担的成本则会相应减少。这一农民工市民化成本公式可反映农民工市民化进程中主体之间的利益非一致性，能够很好地解释农民工市民化进程中政府、企业的行为，也能帮助理解农民工群体内部的市民化行为决策的差异性。

5.1.3 农民工市民化的成本分类测算方法

1. 农民工市民化的成本分类测算方法体系

一是样本选取的多样性。基于样本典型性、丰富性和可测得性的综合权衡，本次测算主要选择北京、上海和广州三个一线特大城市，广东、江苏和浙江三个东部发达省份，河南、湖北、安徽和江西四个中部省份，陕西、四川、重庆、广西和贵州五个西部省（区、市）。其中三个东部省份均为农民工流入大省，九个中西部省（区、市）均为农民工流出大省。

二是数据来源的官方性。测算从个体层面进行，即测算新增一名农民工转化为市民情况下的当期费用成本，具体指标数据来源于相关省市统计局公布的2017年统计年鉴（2016年数据）和相关省（区、市）2016年国民经济和社会发展统计公报，对于某些不可收集到数据的指标，采用最近年份公布的指标数据。同时所有数据均采用当年货币价格保持不变。

三是成本的显性。测算的成本是显性成本，即可以直接用货币价格去衡量的那些支出费用，因此，所有涉及的机会成本，即使可以通过某种途径量化，也并不包含在此次成本测算内容中。

四是农民工的流动性。对北京、上海两市的农民工成本测算，均假定为农民工跨省（区、市）流动；其他省（区、市）的农民工成本测算假定为农民工省内流动和跨省流动两种方案，两种方案中涉及的指标数据差异在后续单项指标测算时做具体说明。

五是成本测算方法。本次测算侧重的是新增费用，如果不区分尚需支付的成本和已经发生的成本，无疑会人为地扩大农民工市民化的成本。

六是本次测算的成本是当期成本，即在测算上是静态的。这意味着只有当期成本才是在既定价格因素影响下的农民工市民化的真实成本。而动态的增量成本则要考虑与时间密切相关的价格因素，容易造成测算的不确定性。考虑到农民工市民化的时间性,我们将农民工市民化的成本测算重点集中于新增一名农民工转换为市民的边际成本,而非后续针对已经转变为市民的农民工进行持续动态投入。

2. 农民工市民化成本分类测算标准的确立

(1) 私人成本(C_p)。

生活成本(C_{p1}):生活成本是农民工向市民转变过程中自身必须承担的用于生活方面的消费支出。目前,国内诸多测算方案在具体测算中均是以城镇居民生活消费支出与农村居民生活消费支出计算差额测得生活成本。而本研究认为,农民工实际上已经生活在城镇或大部分时间在城镇务工就业,因此其生活消费支出不能按照农村居民标准,在具体测算中,首先假设农民工当前生活消费支出为城镇低收入户居民人均生活消费支出,然后计算扣除住房支出和教育支出①后各地城镇居民人均生活消费支出与各地城镇低收入户居民扣除住房支出和教育支出后的人均生活消费支出的差额。具体测算结果见表5-3。

表5-3 农民工市民化生活成本测算(元)

地区	城镇居民人均消费支出	城镇居民人均住房支出	城镇居民人均教育支出	城镇低收入户人均消费支出	城镇低收入户人均住房支出	城镇低收入户人均教育支出	生活成本(C_{p1})
北京	38256	12128	4055	20476	5548	2378	9523
上海	39857	13216	4534	17071	4171	1123	10330
广州	38398	8535	5044	23835	5133	2901	9018
广东	28613	6410	3103	14942	3225	1616	8999
江苏	26433	6141	3164	14428	3258	1352	7310
浙江	30068	7385	3452	17359	3882	1611	7365
河南	18088	3753	2079	8587	1768	949	6386
湖北	20040	4177	2228	10938	2408	1157	6262
安徽	19606	3931	2233	10287	2248	949	6352
江西	17696	3916	1964	9128	2320	922	5930
陕西	19369	3682	2474	8568	2027	1103	7775
四川	20660	3757	2008	11478	2328	1006	6751

---

① 住房支出纳入住房成本测算,教育支出纳入智力成本测算。

续表

地区	城镇居民人均消费支出	城镇居民人均住房支出	城镇居民人均教育支出	城镇低收入户人均消费支出	城镇低收入户人均住房支出	城镇低收入户人均教育支出	生活成本（Cp1）
重庆	21031	3801	2232	9954	1660	1073	7777
广西	17269	3784	2003	8351	1904	1001	6036
贵州	19202	3793	2494	7533	1747	1063	8192

数据来源：2017年中国统计年鉴、北京等15个省（区、市）2017年统计年鉴。

住房成本（Cp2）：考虑到农民工当前在城镇发生的住房费用较少，因此可以假定其为0，而大部分农民工转变为市民后短时期内支付较多住房支出的能力不足，因此，假定其转变为市民后人均住房消费支出等同于城镇家庭低收入户人均住房消费支出费用，农民工市民化的住房成本等同于当前各地城镇居民低收入户住房消费支出（表5-4）。

表5-4 农民工市民化住房成本测算（元）

地区	城镇低收入户人均住房支出	住房成本（Cp2）	地区	城镇低收入户人均住房支出	住房成本（Cp2）
北京	5548	5548	安徽	2248	2248
上海	4171	4171	江西	2320	2320
广州	5133	5133	陕西	2027	2027
广东	3225	3225	四川	2328	2328
江苏	3258	3258	重庆	1660	1660
浙江	3882	3882	广西	1904	1904
河南	1768	1768	贵州	1747	1747
湖北	2408	2408			

数据来源：2017年中国统计年鉴、北京等15个省（区、市）2017年统计年鉴。

社会保障成本（Cp3）：农民工虽然生活在城镇，但并未完全享受到城镇居民社会保障。如果转化为市民则会享受到与城镇居民相同的社会保障，然而其前提是个人必须按期缴纳其自身应该承担的成本，因此农民工转化为市民必须由个人承担各类城镇社会保障支出费用与其在农村缴纳的社会保障费用的差额。由于各项社会保障缴费基数存在差异，本研究统一以2016年各地城镇职工医疗保险缴费基数为标准，以各地个人缴纳比例测算农民工需缴纳的在城市所需的各类社会保障费用,再扣除农民工新农合缴费(统一为 120 元/年),测算得出各地农民工社会保障成本(表 5-5)。

表 5-5 农民工市民化社会保障成本

地区	缴费基数/月(元)	个人缴费比例	个人缴纳费用/月(元)	新农合缴纳费用/年(元)	社会保障成本(Cp3)(元)
北京	4252	0.102	434	120	5084
上海	3563	0.105	374	120	4369
广州	3712	0.105	390	120	4557
广东	2408	0.105	253	120	2914
江苏	2550	0.105	268	120	3093
浙江	2586	0.105	272	120	3138
河南	2448	0.105	257	120	2964
湖北	2415	0.105	254	120	2923
安徽	2626	0.105	276	120	3189
江西	2546	0.105	267	120	3088
陕西	2845	0.105	299	120	3465
四川	2017	0.105	212	120	2421
重庆	2843	0.110	313	120	3633
广西	1833	0.105	192	120	2190
贵州	1822	0.102	186	120	2110

注:缴费基数和个人缴费比例数据来源于社保网(http://shebao.southmoney.com)的各地 2016 年城镇职工社保缴费基数。

智力成本(Cp4):智力成本指农民工用于提升自己或家人(如随迁子女)的文化水平和就业技能而投入的费用,属于人力资本的再生产投资,将农民工已发生在城镇的智力成本视为城镇低收入户人均教育支出,然后计算各地 2016 年城镇居民人均教育支出与城镇低收入户人均教育支出的差额(表 5-6)。

表 5－6 农民工市民化智力成本（元）

地区	城镇居民人均教育支出	城镇低收入户人均教育支出	智力成本（Cp4）	地区	城镇居民人均教育支出	城镇低收入户人均教育支出	智力成本（Cp4）
北京	4055	2378	1677	安徽	2233	949	1284
上海	4534	1123	3411	江西	1964	922	1042
广州	5044	2901	2143	陕西	2474	1103	1371
广东	3103	1616	1487	四川	2008	1006	1002
江苏	3164	1352	1812	重庆	2232	1073	1159
浙江	3452	1611	1841	广西	2003	1001	1002
河南	2079	949	1130	贵州	2494	1063	1431
湖北	2228	1157	1071				

数据来源：2017 年中国统计年鉴、北京等 15 个省（区、市）2017 年统计年鉴。

农民工市民化智力成本见图 5－1。

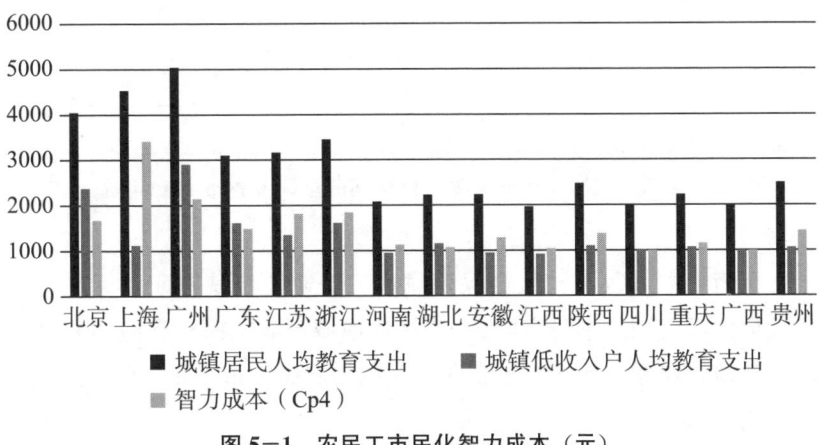

图 5－1 农民工市民化智力成本（元）

数据来源：2017 年中国统计年鉴、北京等 15 个省（区、市）2017 年统计年鉴。

（2）企业成本（Ce）。

就业培训成本（Ce1）：此处的就业培训成本是指企业承担的在农民工转变为市民过程中用于农民工雇员的培训费用，或者说是按城镇职工标准对员工进行培训的人均成本。国家《企业职工培训规定》要求企业需要对职工进行涉及思想政治、职业道德和职业技能的各项培训；《企业所得税法实施条例》相应规定企业用于员工培训的经费支出不超过员工工资 2.5% 的部分，准予扣除。按上述规定，本研究测算设定企业承担的就业培训人均成本为北京、上海、广州三市2016年城镇职工最低工资标准和其他地区2016年城镇职工最低工资标准中档值的2.5%比例。又考虑到技能培训在超出临界点前会有规模效应，其边际成本也会出现递减，因此设定静态阈值为0.75。最终按照就业培训成本（Ce1）=月最低工资×12×0.025×0.75实际测算出各地区企业人均就业培训成本，如表5－7所示。

表5－7 农民工市民化就业培训成本（元）

地区	2016年城镇职工最低工资标准/月	就业培训成本（Ce1）	地区	2016年城镇职工最低工资标准/月	就业培训成本（Ce1）
北京	1720	387	安徽	1350	304
上海	2020	455	江西	1430	322
广州	1895	426	陕西	1370	308
广东	1510	340	四川	1380	311
江苏	1600	360	重庆	1500	338
浙江	1660	374	广西	1400	315
河南	1450	326	贵州	1600	360
湖北	1320	297			

注：城镇职工最低工资标准数据来源于社保网的全国各省市2016年最低工资标准一览表。

社会保障成本（Ce2）：社会保障成本是企业按照城镇职工标准为农民工缴纳的社会保障费用。本研究以2016年各地城镇职工医疗保险缴费基数为标准，结合各地企业缴纳比例测算企业需缴纳的农民工市民化社会保障成本，测算结果见表5－8。

表5－8 农民工市民化社会保障成本（元）

地区	缴费基数/月（元）	企业缴费比例	企业缴纳费用/月（元）	社会保障成本（Ce2）（元）
北京	4252	0.326	1386	16634
上海	3563	0.366	1304	15649
广州	3712	0.246	913	10958
广东	2408	0.246	592	7108

续表

地区	缴费基数/月（元）	企业缴费比例	企业缴纳费用/月（元）	社会保障成本（Ce2）（元）
江苏	2550	0.323	824	9884
浙江	2586	0.284	734	8813
河南	2448	0.246	602	7226
湖北	2415	0.286	691	8288
安徽	2626	0.267	701	8414
江西	2546	0.272	693	8310
陕西	2845	0.285	811	9730
四川	2017	0.297	599	7189
重庆	2843	0.315	896	10747
广西	1833	0.319	585	7017
贵州	1822	0.289	527	6319

注：缴费基数和个人缴费比例数据来源于社保网的各地2016年城镇职工社保缴费基数。

农民工市民化社会保障成本见图5-2。

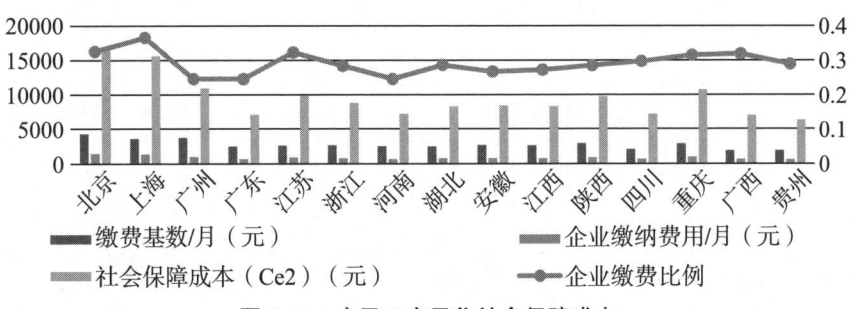

图5-2 农民工市民化社会保障成本

(3) 公共成本（Cg）。

基础设施建设成本（Cg1）：基础设施建设成本指政府公共财政对每增加一名城镇居民（农民工转化为市民）所需支出的城镇基础公共设施建设费用。从一定意义上讲，基础设施建设成本属于人口城镇化成本范畴，即新增一名城镇常住人口所增加的边际基础设施建设成本，或者说，该成本自农民工进城之初甚至是进城前就已经产生，并不会因农民工转化为市民而发生变动。因此本研究认为，农民工市民化的基础设施建设成本Cg1=0。

随迁子女教育成本（Cg2）：随迁子女教育成本指新增一名农民工转化的市民所需新增政府公共财政投入对其子女实施义务教育的费用。首先，2017年中国教育经费统计年鉴数据显示，2016年各地城镇与农村义务教育生均支出额见表5-9。假定按照2010年第六次人口普查的总生育率1.18为标准，即可认为每增加一个农民工家庭落户城镇需要城镇财政对其支出1.18个孩子的义务教育费用差额。同时，由于我国资源分配的条块分割特征和财政转移支付的区域限定，因此在假设农民工是本省流动和省外流动的情况下，假设省内流动农民工随迁子女在农村的义务教育财政支出预算可以通过省级政府统筹协调，故随迁子女教育成本（Cg2）可以由各地城镇义务教育生均支出额和农村义务教育公共财政预算支出额差额测算得出；对于省外流动的农民工，研究假定政府投入的其子女在农村的义务教育预算支出属于沉没成本，故随迁子女教育成本（Cg2）直接等同于各地城镇义务教育生均支出经费。

表5-9 农民工市民化随迁子女教育成本（元）

地区	小学义务教育生均支出 农村	小学义务教育生均支出 城镇	初中义务教育生均支出 农村	初中义务教育生均支出 城镇	随迁子女教育成本（Cg2）（省内流动）	随迁子女教育成本（Cg2）（跨省流动）
北京	31324	38120	60077	67770	—	124950
上海	20773	31756	28155	44418	—	89885
广州	9276	12365	12079	16835	9257	34456
广东	9276	12365	12079	16835	9257	34456
江苏	11774	14330	20549	24705	7920	46061
浙江	13286	15585	18871	22814	7366	45311
河南	5047	6492	7684	10472	4995	20018
湖北	9938	10630	16961	18252	2340	34081
安徽	8856	10445	13132	15200	4315	30261
江西	8261	8793	10625	11689	1883	24169
陕西	12357	12125	14799	15406	443	32487
四川	9387	10711	12339	14497	4109	29745
重庆	9460	13457	12386	17096	10274	36053

续表

地区	小学义务教育生均支出 农村	小学义务教育生均支出 城镇	初中义务教育生均支出 农村	初中义务教育生均支出 城镇	随迁子女教育成本（Cg2）（省内流动）	随迁子女教育成本（Cg2）（跨省流动）
广西	7815	8796	9177	10946	3245	23296
贵州	9858	10557	10064	11348	2340	25848

数据来源：2017年中国教育经费统计年鉴。广州市数据缺失，用广东省省级数据替代。

社会保障与就业成本（Cg3）：社会保障与就业成本是政府财政对新增一名农民工转变为市民的社会保障与就业所需支出的城乡费用差额。表5-10显示各地2016年城乡社会保障和就业财政总支出额，相应扣除各地农村最低生活保障支出资金和新农合支出资金（由于农村其他社会保障与就业财政支出费用相对较少，故此处设定农村社会保障与就业财政支出仅包含农村最低生活保障和新农合费用，其他农村社会保障费用忽略不计）后测算得出各地2016年城镇社会保障就业财政支出费用，结合当期各地城镇户籍人口总数测算得出各地农民工市民化人均社会保障与就业成本（Cg3）。

表5-10 农民工市民化社会保障与就业成本

地区	城乡社会保障与就业财政支出（亿元）	农村最低生活保障财政支出（亿元）	新农合费用财政支出（亿元）	城镇最低生活保障财政支出（亿元）	社会保障与就业成本（Cg3）（元）
北京	716.20	5.10	8.86	8.78	6126
上海	988.81	2.40	15.34	6.27	7508
广州	206.45	2.72	2.22	6.69	2807
广东	1146.31	152.30	27.60	154.91	1595
江苏	897.93	65.30	—	110.36	1483
浙江	631.19	56.20	8.50	121.95	2612
河南	1067.40	57.46	28.38	304.42	2439
湖北	978.82	53.60	38.50	147.21	3239
安徽	761.59	46.20	29.10	198.85	2717
江西	582.23	40.10	33.60	114.12	3236

续表

地区	城乡社会保障与就业财政支出（亿元）	农村最低生活保障财政支出（亿元）	新农合费用财政支出（亿元）	城镇最低生活保障财政支出（亿元）	社会保障与就业成本（Cg3）（元）
陕西	655.48	39.30	29.80	88.26	3044
四川	1320.17	70.60	48.50	234.99	3271
重庆	640.55	21.20	19.20	72.63	3563
广西	538.95	48.80	8.10	152.18	2095
贵州	367.23	96.50	21.50	114.04	931

数据来源：2017年中国统计年鉴、北京等15个省（区、市）2017年统计年鉴、北京等15个省（区、市）2016年国民经济和社会发展统计公报。

住房保障成本（Cg4）：住房保障成本指政府为了满足新增一名农民工转变为市民后其住房需求的财政支出费用。由于我国目前住房保障尚未涵盖农村居民，因此这一成本可以视为城镇居民人均住房保障的财政支出。由于各地住房保障对象[①]占城镇居民比例在5%~15%之间，且大量省市具体住房保障人数数据无法收集，因此研究假设以收入五等分划分，假定各地城镇20%低收入户居民享受住房保障，因此各地住房保障人均公共成本可以通过住房保障财政支出和户籍人口规模测算得出（如表5-11）。

表5-11 农民工市民化住房保障成本

地区	住房保障财政支出（亿元）	住房保障成本（Cg4）（元）	地区	住房保障财政支出（亿元）	住房保障成本（Cg4）（元）
北京	322.09	14227	河南	268.58	4836
上海	230.67	8976	湖北	240.64	5270
广州	93.80	6758	安徽	229.29	6390
广东	662.85	6513	江西	171.65	7041
江苏	269.43	2765	陕西	215.98	6600
浙江	160.86	4727			

数据来源：2017年中国统计年鉴、北京等15个省（区、市）2017年统计年鉴。

---

① 购买经济适用房，租住廉租房、公租房城镇居民。

管理成本（Cg5）：管理成本是新增一名农民工转化为市民所需的城镇新增社会服务和管理费用，由于城乡间的管理成本差距仅体现在一般公共服务层面，因此，本次测算并不包含国防支出、公共安全支出等，同时为避免重复计算也相应剔除教育支出、社会保障支出和卫生医疗支出项目。参考李平等（2016）的研究，本次测算采用城乡公共服务财政预算支出的比例（1.8∶1）计算得到各地一般公共服务预算支出。考虑到前期农村管理成本也属于沉没成本，不会因农民工转化为市民而减少，因此最终根据当年城镇一般公共服务财政预算支出和城镇户籍人口规模测算得出各地人均管理成本，如表5－12所示。

表5－12 农民工市民化管理成本

地区	城镇一般公共服务财政预算支出（亿元）	管理成本（Cg4）（元）	地区	城镇一般公共服务财政预算支出（亿元）	管理成本（Cg4）（元）
北京	235.96	2084	安徽	259.66	1447
上海	194.12	1511	江西	267.70	2196
广州	112.50	1621	陕西	234.45	1433
广东	737.27	1449	四川	438.75	1486
江苏	591.78	1215	重庆	183.48	1239
浙江	424.27	2493	广西	289.67	1840
河南	482.54	1738	贵州	286.66	1974
湖北	411.00	1800			

数据来源：2017年中国统计年鉴、北京等15个省（区、市）2017年统计年鉴。

农民工市民化管理成本见图5－3。

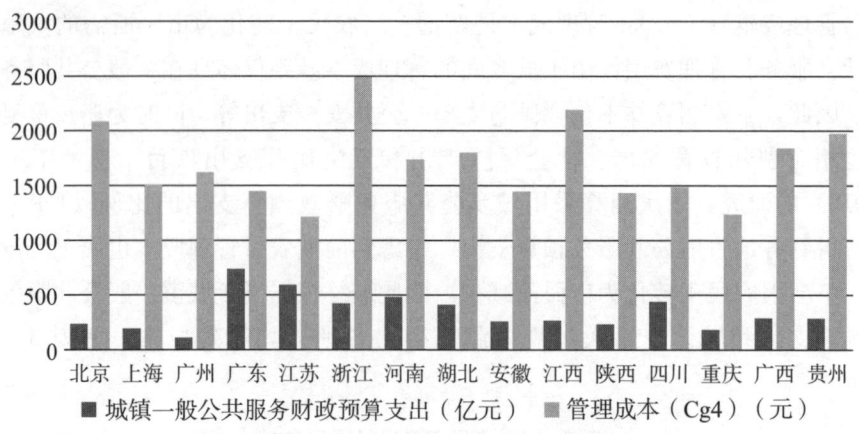

图 5-3 农民工市民化管理成本

数据来源：2017 年中国统计年鉴、北京等 15 个省（区、市）2017 年统计年鉴。

5.2 农民工市民化的成本测算结果分析

5.2.1 农民工市民化成本的区域性差异特征分析

从表 5-13 测算结果可知，不同省市间、不同区域范围内和不同假设方案下，各地的农民工市民化的成本呈现出显著差异。

表 5-13 各地区农民工市民化人均成本测算结果（单位：万元）

地区	私人成本 (Cp)	企业成本 (Ce)	公共成本 (Cg) 省内流动	公共成本 (Cg) 跨省流动	总成本 (C) 省内流动	总成本 (C) 跨省流动
北京	2.18	1.70	—	14.74	—	18.62
上海	2.23	1.61	—	10.79	—	14.63
广州	2.09	1.14	2.04	4.56	5.27	7.79
广东	1.66	0.74	1.88	4.40	4.29	6.81
江苏	1.55	1.02	1.34	5.15	3.91	7.72
浙江	1.62	0.92	1.72	5.51	4.26	8.06
河南	1.22	0.76	1.40	2.90	3.38	4.88
湖北	1.27	0.86	1.26	4.44	3.39	6.56
安徽	1.31	0.87	1.49	4.08	3.67	6.26

续表

地区	私人成本（Cp）	企业成本（Ce）	公共成本（Cg）		总成本（C）	
			省内流动	跨省流动	省内流动	跨省流动
江西	1.24	0.86	1.44	3.66	3.54	5.77
陕西	1.46	1.00	1.15	4.36	3.62	6.82
四川	1.25	0.75	1.42	3.98	3.42	5.98
重庆	1.42	1.11	1.87	4.45	4.40	6.98
广西	1.11	0.73	1.31	3.31	3.15	5.16
贵州	1.35	0.67	1.53	3.88	3.55	5.90

从总体情况看，国内一线城市的农民工市民化成本远高于其他区域省市，东部地区农民工市民化成本高于中西部地区。在假设农民工全部为跨省流动的情况下，北京的农民工市民化人均成本最高，约为18.62万元；其次是上海，约为14.63万元；河南省的农民工市民化人均总成本在此次测算的15个（区、市）中最低，不足人均5万元。广州及广东、江苏和浙江四个东部省市区域的农民工市民化人均成本均在6.8万～8.0万元间；中西部省市中，重庆的农民工市民化人均总成本最高，约为6.98万元，接近东部相关省份水平；其他省份除河南之外，农民工市民化人均总成本均在5万～7万元间。从图5-4可知，北京、上海和广州三个一线城市农民工市民化人均总成本平均约13.68万元，远高于东中西部其他省市；以广东、江苏和浙江为代表的东部省份的农民工市民化人均总成本平均约7.53万元；而中西部地区省份则相对较低，西部五个省（区、市）平均为6.17万元；中部四省均值则相对最低，不足人均5.9万元。

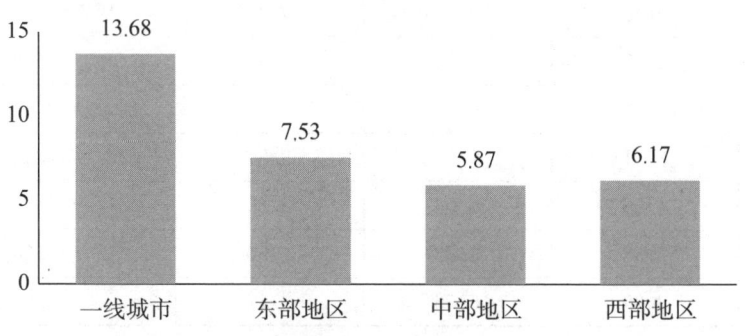

图5-4 不同地区农民工市民化成本（万元）

5.2.2 农民工跨省市民化与就地市民化成本差异分析

从图 5-5 可知，在农民省内流动和跨省流动的两种假设方案下，广州等 13 省（区、市）的农民工市民化人均成本差异显著[①]；进一步结合表 5-14 分析，江苏、浙江、湖北和陕西四省在两种方案下的差值均超过 3 万元，其省外流动假设方案较省内流动假设方案的成本增幅分别约为 97.44%、89.20%、93.51% 和 88.40%；河南则差值最小，约为 1.5 万元，但跨省流动对比省内流动成本的增幅也超过 44%；其他省（区、市）的农民工市民化人均成本在跨省流动假设方案下均高出省内流动假设方案 2 万元以上，增幅在 47%～75%。可见，相较于农民工省内流动，农民工跨省流动的市民化成本相对更高。

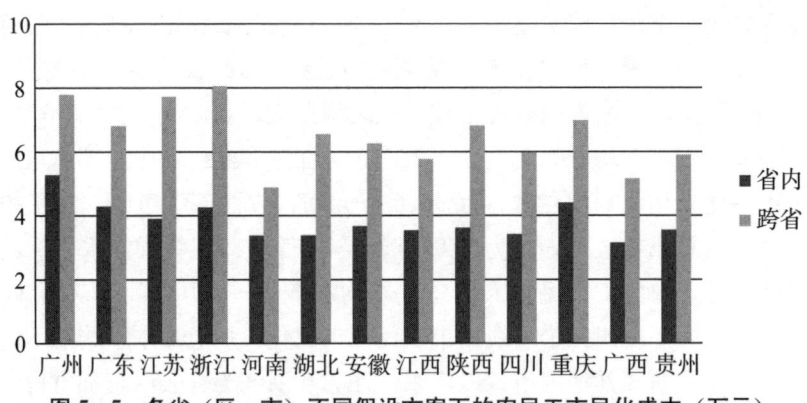

图 5-5 各省（区、市）不同假设方案下的农民工市民化成本（万元）

表 5-14 不同假设方案下的各省（区、市）农民工市民化人均成本及其差异

地区	省内流动（万元）	跨省流动（万元）	差值（万元）	省外较省内流动成本增幅（%）
广州	5.27	7.79	2.52	47.82
广东	4.29	6.81	2.52	58.74
江苏	3.91	7.72	3.81	97.44
浙江	4.26	8.06	3.80	89.20
河南	3.38	4.88	1.50	44.38
湖北	3.39	6.56	3.17	93.51

---

① 北京和上海默认假设农民工为跨省（区、市）流动。

续表

地区	省内流动（万元）	跨省流动（万元）	差值（万元）	省外较省内流动成本增幅（%）
安徽	3.67	6.26	2.59	70.57
江西	3.54	5.77	2.23	62.99
陕西	3.62	6.82	3.2	88.40
四川	3.42	5.98	2.56	74.85
重庆	4.40	6.98	2.58	58.64
广西	3.15	5.16	2.01	63.81
贵州	3.55	5.90	2.35	66.20

公共成本是跨省流动下的农民工市民化主要成本。省内流动方案下的私人成本占总成本比例较高，但跨省流动方案下的公共成本则是农民工市民化成本的主要构成，这一结果与中国农民工市民化成本的客观现实高度一致。

从表5-15和图5-6可知，在省内流动假设方案下，各地农民工市民化成本主要占比是公共成本和私人成本，其中江苏、湖北和陕西三省以及广州市的农民工市民化成本中，私人成本占比最高，其中陕西省的私人成本占比超过40%，高出公共成本所占比例约8.5个百分点［图5-7（a）］。其他省（区、市）的农民工市民化成本构成中，私人成本占比虽不及公共成本，但总体已经非常接近，其中浙江的私人成本占总成本比例［图5-7（b）］仅比公共成本占比低2.5个百分点。

表5-15 省内流动假设方案下的各省（区、市）农民工市民化各类成本比例（%）

地区	私人成本	企业成本	公共成本
广州	39.66	21.63	38.71
广东	38.69	17.25	43.82
江苏	39.64	26.09	34.27
浙江	38.03	21.60	40.37
河南	36.09	22.49	41.42
湖北	37.46	25.37	37.17
安徽	35.69	23.71	40.60
江西	35.03	24.29	40.68

续表

地区	私人成本	企业成本	公共成本
陕西	40.44	27.70	31.86
四川	36.55	21.93	41.52
重庆	32.27	25.23	42.50
广西	35.24	23.17	41.59
贵州	38.03	18.87	43.10

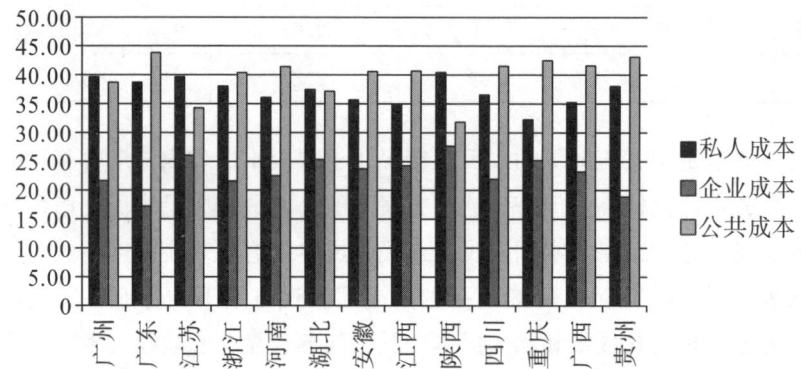

图 5-6 省内流动假设方案下各省（区、市）农民工市民化各类成本比例（%）

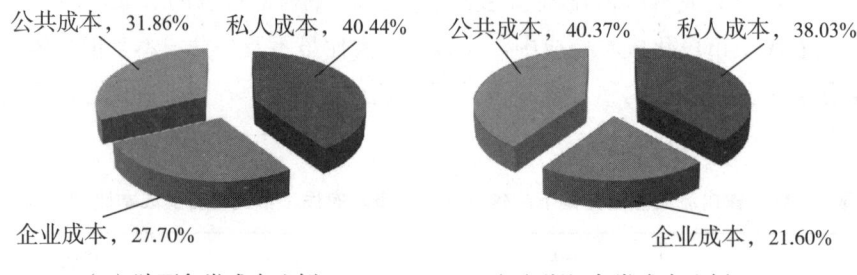

（a）陕西各类成本比例　　（b）浙江各类成本比例

图 5-7 陕西、浙江各类成本比例

在跨省流动假设方案下，公共成本所占比例则相对大幅上升，成为各地农民工市民化成本的最主要构成（图 5-8）。其中，北京和上海两地的农民工市民化公共成本占比显著超过 70%，其他各地的农民工市民化公共成本所占总成本比重也大部分超过六成，占比相对最低的广州和河南两地的公共成本所占总成本比重也接近 60%。

图5-8 跨省流动假设方案下各省（区、市）农民工市民化公共成本占比（%）

从成本测算的结果来看，此次测得的四川农民工市民化人均成本在量上与一些研究对中等城市农民工市民化成本的测算结果相当，显著低于国内发达城市和东部地区省份的成本测算结果；但从成本比例的分析结果看，基本与国内其他测算研究结果是一致的，即公共成本占农民工市民化成本比重最大。

5.3 本章小结

本章将农民工市民化视为一项系统性工程，农民工能否顺利市民化取决于成本和收益，相对于农民工市民化的利益的模糊性而言，主体所承担的市民化成本更为具体，对主体行动策略的影响更为明显。更进一步，在农民工市民化成本承担主体中，不同主体所承担的成本具有不同的内涵，因此，我们可以根据不同成本的内涵，从主体角度将农民工市民化的成本区分为私人成本、企业成本和公共成本。考虑到农民工市民化的静态性与动态性，我们选择了静态测算方法，对不同区域的农民工市民化的成本以及跨省市民化和就地市民化的成本进行了测算。从测算的结果看，农民工市民化的成本具有以下三个典型的特征：一是不同区域的农民工市民化的私人成本、企业成本和公共成本存在着空间差异，二是公共成本在农民工市民化的总成本的占比普遍较高，三是跨省市民化的成本高于就地市民化。如果说公共成本主要是流入地地方政府所承担的成本，那么从以上研究结果可知，流入地地方政府是否愿意承担农民工市民化的成本，是否有能力承担农民工市民化的成本便成为农民工市民化必须回答清楚的问题，也就是说地方政府行为选择将直接影响到农民工市民化的进程。

第6章 农民工市民化：政府行为与实证检验

农民工市民化具有公共属性和公共利益，仅依靠市场会存在"失灵"，这既是政府参与农民工市民化的合法性基础，也是农民工市民化研究必须引入政府行为的客观现实基础。政府参与农民工市民化的主要方式是通过出台相关的政策文本和制度安排，为农民工市民化创造便利条件，形成社会氛围，提供均等化的公共服务，旨在降低农民工市民化的私人成本，促进农民工有序市民化。如果以农民工顺利市民化为判断政府行为合法性和正当性的基本依据，那么有关政府行为的研究就应该始于农民工市民化的社会保障制度，并将政府行为纳入一个竞争格局下去进行探讨。在现有的财税体制下，政府对农民工市民化的行为态度的最好体现就是其政策文本，因此，在理论分析基础上，可以用政府出台的政策文本去验证政府行为，具有一定的合理性和可操作性。

6.1 农民工市民化进程中的政府制度供给

6.1.1 农民工市民化的相关制度分析

新型城镇化强调进城人口的权益保护和人的城镇化，使进城务工农民实现从农民到市民的真正转变，真正实现"人"的城镇化（罗红，2015）。从理论角度分析，新型城镇化是以"人的城镇化"替代"物的城镇化"的一种新模式，是城镇人口发展与城镇建设相协调的一种新发展模式。在新型城镇化背景下，农民工选择是否市民化时主要关注三个要素：一是如何突破"显性户籍墙"之外的"隐性户籍墙"，即获取附着在城镇户籍之上的就业、住房、教育、医疗、社保等综合福利，以便尽可能降低未来城镇工作生活的不确定性；二是如何继续持有农村社区的"三权"①，从而最大化地维系自己的经济收益和保持进退自如的安全性；三是如何消除农民工的"农村退出""城市进入"和"城市融合"三个环节的梗阻，从而尽可能减少市民化的多重阻力。

农民工市民化是新型城镇化的核心，农民工能否顺利市民化取决于政府的制度供给（陈怡男等，2013）。我国的户籍制度对农民工市民化的阻碍作用可以形象地描述为"显性户籍墙"和"隐性户籍墙"，双重户籍墙增大了农民工市民化的成本，弱化了市民化预期，阻碍了市民化进程（刘传江等，2009）。"显性屏障"是农民工市民化进程中第一道阻隔墙，城乡二元户籍制度是农民工市民化的最主要障碍（蔡昉，2007）。"隐性阻隔"是由"显性之墙"而生出来的障碍，在社会认可度、认识偏差性、行为一致性、社会保障等多重压力下，农民工市民化进程中会产生诸多问题，严重影响农民工市民化转换效率（李芙蓉等，2013）。从农村制度安排看，现行的农村土地制度也是阻碍农民工市民化进程的一大因素。研究者普遍认为农村土地承担了抵御城镇失业以及其他不确定性风险的功能，这在一定程度上成为农民工最后的保障，但是土地保障也限制了农村劳动力的充分转移，大量转移到城镇就业并从非农部门获得主要收入的农民工仍然不愿轻易放弃土地而转变为城市居民（李杰等，2013）。更进一步，在国家和地方政府大力推进的农地流转中，农民或农民家庭能够从土地要素中获得的收入并不能如人们预期那样显著增加，也就是说农民要依靠土地经营收入的增加来完成其市民化需要的"原始积累"存在现实困难（刘鸿渊等，2018）。从以上分析可知，阻碍农民工市民化的政策因素多而复杂，但从类型上进行梳理，我们发现与农民工市民化相关的制度主要包括户籍制度、劳动力市场制度、土地制度、社会保障制度、职业技术教育制度和农民工随迁子女教育制度。

1. 户籍制度

首先，户籍制度使绝大多数农民工及其随迁家属的城市化预期只能是暂时性的，难以得到城镇永久居住的法律认可，使得他们不能把城镇当成自己的家园而成为城市的"边缘人"。其次，现有的就业政策、社会保障制度和公共服务供给都优先考虑具有城镇户口的人员。

2. 劳动力市场制度

就业对农民工经济生活来源和在城市实现再生产有着重要影响。中国劳动

---

① "三权"主要是指农村集体土地承包而来的"承包权""经营权"和"所有权"，目前，随着农村土地流转，又增加了土地"流转权"。

力就业市场制度具有严重的城乡分割特征,其结果是农民工面临难以正规就业、同工难以同酬、工资拖欠、劳动合同签订率低、劳动权益难以有效保障等困境,降低了农民工外出就业的经济收入和权益保障水平,阻碍了农民工市民化的进程。

3. 土地制度

土地制度安排本质上是一种社会关系,其直接结果是人和土地之间的关系。事实上,多数农民工在现实和心理上对土地有着较强的依赖,视其为生活的最后保障。家庭联产承包责任制解决了农民土地使用权问题,但在土地产权、土地流转及土地资本化等方面的问题却没有得到有效解决,土地难以真正成为促进农民工市民化的有利要素,使农民工无法彻底脱离农村土地而融入城市[①]。

4. 社会保障制度

社会保障制度的完善有利于增强农民工市民化的意愿。城镇社会保障体系较为完善、保障水平相对较高,而现行农村社会保障项目少、保障水平及统筹标准较低,而且还因各地经济发展水平不同而存在区域性差异,城乡社会保障的"碎片化"以及农民工社会保障制度的不完善,增大了农民工市民化后的社会风险,影响其市民化意愿。

5. 职业技术教育制度

职业技术教育作为人力资本投资的重要途径,承载着新常态下延续"人口质量红利"的功能。产业结构调整的加快、现代产业体系不断建立健全、新型城镇化的快速推进等对农民工人力资本投资提出了新的技能要求。而现行"重应试、轻技能"的农村教育模式以及不完善的农村职业教育制度使农村劳动力整体素质较低,就业技能普遍缺乏,农村人力资本存量较少的现实制约着农民工就业能力提升和职业选择,就业的非正规化、收入的不稳定化在一定程度上弱化了农民工市民化的能力。

6. 农民工随迁子女教育制度

随着农民工流动规模增加和流动范围的扩大,农民工随迁子女的教育问题逐渐成为他们在务工地稳定就业、生活必须面对的现实性、紧迫性问题。长期

---

① 关于农村集体土地制度与农民工市民化或者说与农民工转化为市民之间的关系认识是不同的,有人主张将农民承包的农村土地通过地票的形式实现资本化,并通过上市交易为农民进城融资;也有人持反对意见,认为农村集体土地具有很强的社会保障功能,能够为进城失败的农民提供安全保障。

以来，"按户口就近入学""以地方为主"的教育管理体制在制度上排除了流动儿童平等接受义务教育的可能，造成相当一部分的流动儿童在城市"无学上"或者"上不起学"，难以享受到与户籍儿童相等的义务教育，而且学籍制度不衔接又造成了流动儿童升学难的问题（蔡泽昊等，2014）。

6.1.2 农民工市民化的相关制度改革与创新

为消除农民工市民化的制度性障碍，有效有序地推进农民工市民化，彻底改变以物为主的城镇化，近年来，中央政府和地方政府不断地改革和创新，对与农民工市民化相关的制度进行了一系列的改革和创新，促进了农民工市民化工作的顺利开展。

1. 户籍制度改革与创新

中央政府出台的具有一定里程碑意义的户籍制度改革文件主要有四项：一是 2001 年《国务院关于推进小城镇户籍管理制度改革的意见》，提出在小城镇地区，凡拥有合法固定住所、稳定的职业或生活来源的人员均可申请在居住地落户。二是 2011 年《国务院关于积极稳妥推进户籍管理制度改革的通知》，对户籍制度改革要求按照城市性质进行分类改革，提出在县级市市区和建制镇，具有合法稳定职业和合法稳定住所的人员，可在当地申请登记常住户口；对设区的市有合法稳定职业满一定年限并有合法稳定住所同时按照国家规定参加社会保险达到一定年限的人员，可以在当地申请登记常住户口。三是 2014 年《国务院关于进一步推进户籍制度改革的意见》，全面实施居住证制度，逐渐实现居住证持有人与当地户籍人口享有同等保障权利，农村转移人口落户不得与"三权"问题挂钩。四是 2017 年《国务院人口规划（2016—2030 年）》，进一步拓宽农民工城市落户通道，除极少数超大城市外，全面放宽农业转移人口落户条件。

目前，广东、重庆、成都、浙江、安徽等省市按照国务院有关户籍制度改革方案，并结合自身实际进行了户籍制度改革试点，如广东的农民工积分制度落户、上海的落户配额管理、重庆的福利权益置换给予落户，以及其他一些地方建立居住证制度等。总体上，从与农民工市民化相关的户籍制度改革与创新看，其主导思路是用农村土地换取城市户籍和福利，或借助公共服务均等化，消除户籍人口与非户籍人口之间的不平等待遇，还原户籍的人口登记功能，其总体趋势是多数城市户籍已基本向农民工放开。

2. 住房制度改革与创新

住房涉及农民工市民化的个人成本，属于安居部分，与乐业同等重要。农民工城市居住条件差，安全隐患突出的问题引起了党和国家的重视。2006年《国务院关于解决农民工问题的若干意见》首次提出多渠道改善农民工居住条件。2007年《关于改善农民工居住条件的指导意见》提出将用人单位作为解决农民工城市住房问题的责任主体。2010年《关于加快发展公共租赁住房的指导意见》将农民工纳入了公共租赁住房的保障范围。2013年《住房城乡建设部关于做好2013年城镇保障性安居工程工作的通知》将农民工住房问题纳入对地方政府的考核指标中。2014年《国家新型城镇化规划（2014—2020年）》明确规定将廉租房和住房补贴作为未落户农民工住房保障方式。2014年《城镇住房保障条例（征求意见稿）》明确满足一定条件的农民工可以购买保障性住房。2016年《国务院办公厅关于印发推动1亿非户籍人口在城市落户方案的通知》提出加快完善城镇住房保障体系、确保落户农民与当地城镇居民同等享有基本住房权利保障。

按照中央有关农民工住房保障的相关规定，各地地方政府出台了一些具体的政策措施，对有效解决农民工住房问题进行了大胆的探索和实践。典型做法有长沙的城乡接合部修建农民工公寓模式、重庆的公共住房租赁模式、上海的工业园区建造集体宿舍模式、湖州的农民公积金制度模式、淮安的共有产权住房模式。这些模式各有其不同的问题解决思路，对改善农民工城市居住环境有着很大的帮助。

3. 教育制度改革与创新

进入21世纪，农民工外出模式发生了变化，由原来的个体成员外出转变为整个家庭进入城市，随迁子女在城市接受义务教育成为农民工市民化进程中必须思考的问题。总体上，受义务教育投入以流入地为主的制度安排的影响，随迁农民工子女上学难问题较为普遍（刘鸿渊，2010）。为解决这一问题，2001年《国务院关于基础教育改革与发展的决定》强调"要重视解决流动儿童、少年接受义务教育的问题"，并在此基础上确定了关于流动儿童入学的"两为主"，即"以流入地政府为主"和"以公办学校为主"政策。2003年《国务院办公厅关于转发进一步做好进城务工就业农民子女义务教育工作的意见》首次将"流动儿童"作为政策对象，要求"接收"流动儿童在流入地接受义务教育，并对收费进行了统一标准的规定。2006年《国务院关于解决农民工问题的若干意见》明确指出保障农民工子女平等地接受义务教育，打破了原有的"按户口就近入学"的原则。2008年《国务院关于做好免除城市义务教育阶段学生学杂费工作的通知》要求切实解决好进城务工人员随迁子女的就学问题，再次强调进城务工人员的随迁子女以流入地为主、以公办学校为主接受义务教育。

4. 就业市场制度改革与创新

2003年《国务院办公厅关于做好农民工进城务工就业管理和服务工作的通知》（国办发〔2003〕1号）和《国务院办公厅转发农业部等部门2003—2010年全国农民工培训规划的通知》（国办发〔2003〕79号）对农民工工资、职业技能培训、工作环境和跟踪服务等方面做出专门规定。劳动和社会保障部、建设部、水利部、交通部等部门连年发布通知，开展专项检查，加强解决农民工欠薪问题。最高法也连续颁布了清理和加强涉及农民工工资的通知。2004年原劳动和社会保障部、建设部联合发布《建设领域农民工工资支付暂行办法》。2010年颁布的《国务院办公厅关于切实解决企业拖欠农民工工资问题的紧急通知》（国办发明电〔2010〕4号）把切实解决企业拖欠农民工工资问题从维护社会稳定的高度定性为一项重要而紧迫的任务。2011年通过的《中华人民共和国刑法修正案（八）》将恶意欠薪上升为具有社会危害性的犯罪行为。2008年、2010年和2012年，人社部连续发文，开展农民工签订劳动合同的"春暖行动"。2009年人社部联合财政部共同发布《关于进一步规范农村劳动者转移就业技能培训工作的通知》，明确提出了强化培训针对性、整合优质培训资源、规范资金使用管理、确保培训质量等目标。

5. 社保制度改革与创新

社保制度的建立和健全将有利于农民工市民化，并与农民工的切身利益密切相关。《国务院关于解决农民工问题的若干意见》（国发〔2006〕5号）对包括社会保障在内的农民工权益问题做出了整体规划，其中第六条"积极妥善地解决农民工社会保障问题"，对农民工工伤、医疗和养老三大险种做出了规定，鼓励各地根据自身条件将农民工纳入社会保险体系中。目前，我国不同地区的农民工社保制度主要有四种模式：一是如云南、山西等地的单一纳入农保模式。二是广东、郑州等地的综合纳入完全城保模式，将农民工纳入城镇职工社会养老保险体系，执行完全统一或缴费比例等同的政策。三是北京、浙江、深圳、厦门等地的单一加另设双低模式，将农民工纳入城镇职工养老、医疗等保险制度中，但与城镇职工社会保险又有差别，实现低门槛准入和低标准享受的办法。四是上海、成都、大连、天津等地的综合加另设综合险模式，在城镇职工基本社会保险制度之外设立综合保险制度，对无固定雇主的灵活农民工，将养老、医疗、工伤甚至失业等险种合并，统一缴费。

我国城镇户籍逐步放开，降低了农民工市民化的门槛，但就保障政策而言，如重庆的"土地换社保"和广东的"积分入户"做法都没有有效地激发农民工转化热情，仅从制度供给角度去解释是不够的，仅此一点就足以说明农民工市民化的复杂性和主体性。一方面，这不仅涉及政策和制度的供给，而且还涉及政策的执行。另一方面，就农民工个体而言，在面对城乡有别的社会福利时，他们有强烈的市民化意愿，但真正面对市民化时，他们却是犹豫不决的，对市民化个体成本与收益的权衡往往影响其市民化决策。在城镇房价高、就业竞争激烈、工作不稳定、待遇不高、社会保障不健全的条件下，绝大多数农民工更倾向于维持现状，即在城镇就业生活，同时保留农村户籍，形成了有利于自己选择的策略空间。

由此可见，要提高城镇化质量，实现以进城人口权益为重点的新型城镇化战略，必须健全农民工市民化的实现机制，但这离不开政府行为选择，因此，将政府行为纳入农民工市民化过程中进行分析，研究行为主体人与相对人之间的博弈行为，探讨农民工向市民转化过程中的政府策略选择和激励性制度安排，将有利于破解市民化进程中的制度性障碍，有效提高农民工市民化效率。

6.1.3 农民工市民化的顶层政策设计与创新

从以上与农民工市民化相关的制度看，这些制度安排多少都对农民工市民化有着不同程度的影响，因此，应从制度供给层面对现有的制度进行改革与创新，以消除农民工市民化的制度障碍。在农民工市民化制度保障问题上，关键是通过制度创新对农民工市民化提供引导和支持（杨云善，2012）。中央政府和地方政府作为不同的利益主体，在市民化的制度创新过程中必然有不同的利益诉求和行为逻辑，不同的选择又势必对市民化的制度创新和进程产生不一样的结果。

从农民工市民化的政府层面看，农民工市民化关涉到中央政府和地方政府。而且要对政府行为进行分析，就必须认识清楚政府行为的关系结构以及形塑关系结构的体制问题。虽然中央政府与地方政府之间具有一致性利益，但在市场经济条件下，受既有的财政体制的影响，中央政府和地方政府有着相异的目标函数，这具体表现在经济性分权和地方干部的政绩和晋升等多个方面。目标函数的差异决定了纵向层面的中央政府与地方政府之间除了服从关系之外的利益竞争关系的存在。如果上述服从与竞争关系存在于中央政府与地方政府之间，那么两者之间就必然会产生利益博弈。更进一步将中央政府与地方政府之间的这一关系纳入农民工市民化这一"事件"中去分析。在经济新常态和新型城镇化的双重背景下，农民工市民化将有利于优化要素结构，促进国内消费等公共利益，但农民工市民化却需要一定的成本付出，如增加公共服务等，为此，中央政府与地方政府之间将围绕着成本和收益的权衡而展开博弈，其策略行动主要体现在制度选择和执行方向、力度上（杨云善，2013）。

在国家治理体系中，中央政府处于整个政府架构的顶层，具有绝对权威。具体到农民工市民化，中央政府应是农民工市民化相关政策和制度供给的规划者和总体设计者。立足于国家总体发展阶段特征，农民工市民化的现实意义和长远价值十分明显，对整个国家的经济可持续发展具有重要的意义，可以有效地促进消费、劳动投资（王琛，2014）。基于农民工市民化的国家价值，中央政府对农民工市民化的态度十分明确，即不断完善和优化与农民工市民化相关的制度和政策，努力为农民工市民化创造良好的政策环境。然而，中央政府层面的制度和政策能否落到实处、真正见到实效却依赖于地方政府，也就是说地方政府行为选择和策略空间是决定中央政府制度和政策效果的关键性因素，必须高度重视。地方政府行为选择受以下因素影响：首先，既有的财税制度对地方政府行为的影响。作为理性的地方政府，在既有的财税制度安排下，最大化其"税源"，增加其税收是其必然选择。相对于大的投资项目，农民工市民化对其"税源"培育、税收增加的效果是有限的，也就是说农民工市民化很难进入地方行政决策的重要事项中而引起重视。其次，既有的官员晋升考核制度对地方政府行为的影响。一些地方政府对企业用工中的违法违规行为采取了默认态度，农民工权益难以在既有的法律法规中得到有效保护，与中央政府的要求存在显著的差异。再次，事权与财权的不对等。农民工市民化的收益并不仅限于流入地，也包括国家利益和个人利益，然而农民工市民化的成本却要流入地地方政府承担，在没有相应补偿机制的情况下，地方政府事权与财权的不对等，将会弱化流入地地方政府的积极性。

从政府层面看，农民工市民化不仅涉及纵向层面的中央政府与地方政府，而且涉及横向层面的流入地和流出地之间的政府，也就是说流入地与流出地地方政府的行为选择也会影响到农民工市民化的进程。总体上，受区域经济发展不平衡不充分的作用和影响，农民工流入地的经济发展水平较高，其经济发展对农民工有着巨大的需求且财政状况较好，因此，对农民工市民化的态度也更为积极。典型的是长三角的上海与珠三角的广州都率先推出积分落户的户籍制度改革创新策略。而相对于流出地而言，其经济发展水平相对较低，也意识到了农民工大量流出对当地经济社会发展的不利影响，近年来，也出台了一些改革措施如鼓励农民工返乡创业等。但从政策体系看，尚未有一地就农民工市民化出台过体系化的政策文件，政策多为响应性的、应景式的，这种现象与横向层面的地方政府竞争行为有关。在既有的中国行政体制中，中央政府与地方政府对农民工市民化已基本形成共识，基于本课题研究的主题我们将中央政府与地方政府整合在一个框架内，以地方政府为典型代表去研究其行为策略。

6.2 农民工市民化进程中的政府行为研究

6.2.1 政府行为博弈的建模依据

总体上，农民工市民化决定于农民工自身的意愿和能力，决定于地方政府的制度安排，决定于用工企业的积极配合并承担其应该承担的责任和义务。从农民工方面考虑，农民工市民化的选择主要出于对预期收入高低的比较，以及对预期生活水平高低的比较。一方面，农民工在市民化过程中需要支付个体成本，包括生活成本、教育成本、保障成本、住房成本和放弃农村土地相关权益的机会成本等；另一方面，农民工市民化将获得一定的比较收益，包括更多的薪资收入和发展机会、更高的公共服务和社会保障水平等。收益与成本的差额决定了农民工市民化的意愿，能否享有与城市人口均等化的公共服务是农民工最终是否选择市民化的关键。而农民工市民化能否实现更大的净收益，能否享有均等化的公共服务，取决于农民工市民化的能力，受制于城市地方政府的市民化制度创新。农民工实现市民化的转变是作为一个"理性人"在市场机制和各种制度约束下进行"成本—收益"比较分析的基础上做出最优选择的过程。因此，在一定制度环境下，农民工转化为市民的基础是农民转化为市民的比较净收益超过作为农民拥有的土地相关权益的机会成本；在土地相关权益可得到充分保障或得到补偿的条件下，农民的决策将主要依赖于自身资源禀赋和对风险的权衡。

对地方政府[①]而言，是否具有创新农民工市民化制度的动机，源于农民工市民化可否实现城市收益的增加。农民工市民化可以满足当地对于各类人力资源的需求，为当地提供更为丰富的廉价劳动力，以及有一定知识和技术能力的高素质人才，促进产业发展；可以为城市扩张提供大量人口，为城市第三产业发展提供消费基础，促进产业集聚，这必然会带来城市财政收入的增加和GDP的增长。当中央政府对地方政府官员的考核主要以地区GDP为标准时，

---

① 此处的地方政府更多的是一般意义上的行为主体，涵盖了中央政府和地方政府，显然，这与现实中的行为体制有所差异，但就农民工市民化而言，这种差异的存在并不影响我们分析问题的结果。

则地方政府将有动力去促进农民工市民化。然而当城市资源有限时，地方政府是否愿意为农民工市民化承担相应的责任和义务、分担成本则决定于对农民工市民化所要承担的社会成本的比较。农民工市民化将对城市交通、城市基础设施、社会公共环境提出更多要求，必然会增加地方政府对一个地区的教育文化、医疗卫生、社会保障水平的公共成本支出和财政补贴支出。在带来总体收益一定的情况下，则部分既有利益获得者将会受到一定影响，引发部分群体的不满。因此，平衡改革成本、补偿受损群体是关键，地方政府需要在制度创新的同时对受损的群体进行补偿。

农民工群体是市民化的对象，地方政府是市民化的政策制定者，农民工市民化制度关乎双方的利益关系，涉及客观的利益博弈。农民工市民化是经济新常态和新型城镇化的必然要求，政府必须充分地保护农民工权益，尊重农民工意愿，营造好的制度、环境氛围；而农民工则是在市场机制的作用下，通过"成本-收益"的比较作出自主选择，两者之间存在着一定的关联性。

6.2.2 农民工市民化进程中的政府行为博弈的基本假设

1. 参与主体假设

在一个经济体内包含有农民工和地方政府两类群体，均为理性经济人。

2. 参与主体的策略假设

事实上，在现有的户籍、就业等一系列与农民工市民化相关的制度下，农民工进入城市具有十分灵活的选择，为更好地分析农民工市民化进程中的主体行为，我们将农民工市民化进程中的策略选择进行了简化。农民工有两种策略可选择：可以选择市民化，通过转户成为市民；也可以选择非市民化，不转户，保留农民身份。也就是说，农民工的策略空间为（市民化，非市民化），农民工选择何种行动取决于其效用函数的大小。政府也有两种策略可选择：可以选择扶持，为农民工市民化提供优惠政策、便利条件；也可以选择不扶持，不主动出台优惠政策。也就是说，政府的策略空间为（扶持，不扶持），政府采取何种战略，主要取决于政府的效益、成本和财政支付能力，是多情景因素共同作用的结果。

3. 政府的效用函数界定

农民工市民化将为地方政府带来更多经济与政治方面的收益，当地方政府采取不扶持策略时将不需要支付额外成本。当地方政府采取扶持策略时，将增加提供政策优惠和福利补贴的支出成本，主要包括城镇建设维护、公共服务管理、社会保障、随迁子女教育、保障性住房等方面的成本支出。地方政府采取扶持策略支付的成本包括固定成本和变动成本两个部分，固定成本主要是针对有意愿市民化的农民工规模新投资道路、医院、学校、公园等基础设施支出，变动成本则是农民工市民化后新聘医生、教师和新增社会保险等支出。如果农民工不选择转化为市民，则地方政府不需要支付变动成本。当政府采取扶持策略时，地方政府将给予农民工是否放弃土地权益的主动权，如果选择放弃土地权益，城市地方政府将提供土地退出补偿，同时获得相应土地使用权带来的收益。

由此可见，地方政府采取扶持策略且农民工转化为市民时地方政府的支付函数为：

$$R_1 + \gamma n - c_g - c_b$$

式中，R_1 为农民市民化带给城市地方政府的收益，主要包括农民工市民化带来的城市 GDP 和财政收入、城市综合竞争力以及城市管理者职位晋升等。γn 为政府补偿农民工退出土地置换的土地使用权收益。c_g、c_b 分别为政府扶持市民化及维护城市可持续发展为单位农民工所平均支付的固定成本和变动成本。

地方政府采取扶持策略而农民工不转化为市民时地方政府的支付函数为：

$$R_2 - c_g$$

式中，R_2 为农民工带给城市地方政府的收益。农民工市民化能增加内需、拉动消费，满足城市人力资源需求，维持社会稳定，促进土地流转，以及带来一定的政治收益，因此，给定 $R_1 > R_2$，这也正是政府扶持农民工市民化的动力所在。

4. 农民工的效用函数界定

农民工选择不转化、仍保留农民身份时，其收益和成本不会改变，仍将获得务工收入、农地收入、农业补贴及作为农民的社会保障等收入，将支付在城市的日常生活成本、住房成本和子女受教育成本等。农民工选择转化为市民，将获得就业环境的改善、工资水平的提高和社会保障的增加等，但将支付更高的生活、子女教育、住房等方面的成本。这一系列收益和成本与政府政策变化直接相关。当政府采取扶持策略时，农民工市民化获得的社会保障和福利补贴更多，承担的成本更少，效用相对就大。政府为农民工市民化在城镇建设维护、公共服务管理、社会保障、随迁子女教育、保障性住房等方面的成本支出则为农民工的成本补贴。农民工具有是否退出土地的自主选择权，可选保留土地相关权益，若选择放弃土地相关权益将获得一定的土地退让补偿。

由此，地方政府采取扶持策略时农民工市民化的支付函数为：
$$\pi_1 + B + D - c_{11} - (1-\lambda)c_{12} - n - \alpha k$$

式中，π_1 为农民工市民化后的工资性直接收入以及作为市民的基本福利保障。B 为政府扶持政策下农民工市民化获得的额外社会保障和福利补贴等优惠。D 为土地权益出让补偿金。c_{11} 为农民工市民化后的日常生活成本，c_{12} 为农民工市民化后的住房成本、子女受教育成本等，这部分成本将获得比例性的补贴。λ 为政府对市民化农民工住房成本、子女受教育成本等的补贴比例。n 为放弃土地相关权益的沉没成本，或称退出土地相关权益的机会成本，αk 为风险竞争成本，k 为对未来风险的预估，α 为风险系数。当 $N=D=0$ 时，表示保留土地权益。

地方政府采取不扶持策略时农民工市民化的支付函数为：
$$\pi_1 - c_{11} - c_{12} - n - \alpha k$$

农民工不转化为市民的支付函数为：
$$\pi_2 - c_{21} - c_{22}$$

式中，π_2 为农民工不转化的工资性直接收入以及农业补贴、农地流转收入、作为农民的社会保障等，c_{21} 为农民工的日常生活成本，c_{22} 为农民工的住房成本、子女受教育成本等。不转化的农民工无法享受平等就业及作为市民的基本社会保障等福利收入，因此，设定 $\pi_2 < \pi_1$。

6.2.3 博弈模型建立

假设农民工采取转化策略的概率为 x，则采取不转化策略的概率为 $1-x$；地方政府采取扶持策略的概率为 y，则采取不扶持策略的概率为 $1-y$。由此可得如表 6-1 所示的支付矩阵。

表 6-1 市民化进程中农民工与政府博弈的支付矩阵

农民工	政府	
	扶持（y）	不扶持（$1-y$）
转化（x）	$\pi_1 + B + D - c_{11} - (1-\lambda)c_{12} - n - \alpha k$, $R_1 + \gamma n - c_g - c_b$	$\pi_1 - c_{11} - c_{12} - n - \alpha k$, R_1
不转化（$1-x$）	$\pi_2 - c_{21} - c_{22}$, $R_2 - c_g$	$\pi_2 - c_{21} - c_{22}$, R_2

6.3 农民工市民化进程中的主体行为演化分析

6.3.1 主体行为博弈模型求解

根据表 6-1 所示的支付矩阵，农民工采取转化策略的期望收益为：

$$U_1 = y[\pi_1 + B + D - c_{11} - (1-\lambda)c_{12} - n - \alpha k]$$
$$+ (1-y)(\pi_1 - c_{11} - c_{12} - n - \alpha k)$$
$$= \pi_1 - c_{11} - n - \alpha k + y(B+D) - (1-\lambda y)c_{12}$$

农民工采取不转化策略的期望收益为：

$$U_2 = y(\pi_2 - c_{21} - c_{22}) + (1-y)(\pi_2 - c_{21} - c_{22})$$
$$= \pi_2 - c_{21} - c_{22}$$

农民工的平均期望收益为：

$$\overline{U} = xU_1 + (1-x)U_2$$

农民工采取转化策略的复制动态方程为：

$$F(x) = \frac{dx}{dt} = x(U_1 - \overline{U}) = x(1-x)(U_1 - U_2)$$
$$= x(1-x)[\pi_1 - c_{11} - n - \alpha k + y(B+D) - (1-\lambda y)c_{12} - \pi_2 + c_{21} + c_{22}]$$
$$= x(1-x)[(B + D + \lambda c_{12})y + (\pi_1 - c_{11} - c_{12} - n - \alpha k) - (\pi_2 - c_{21} - c_{22})]$$
$$= x(1-x)(A_1 y + A_2 - A_3) \quad (6-1)$$

其中，$A_1 = B + D + \lambda c_{12}$，表示政府采取扶持策略时农民工市民化将获得的福利补贴；$A_2 = \pi_1 - c_{11} - c_{12} - n - \alpha k$，表示在没有政府扶持的情况下农民工市民化的预期效用；$A_3 = \pi_2 - c_{21} - c_{22}$，表示农民工不转化，仍保留农民身份的预期效用。

同理，地方政府采取扶持策略的期望收益为：

$$V_1 = x(R_1 + \gamma n - c_g - c_b) + (1-x)(R_2 - c_g)$$
$$= x(R_1 + \gamma n - c_b) + (1-x)R_2 - c_g$$

地方政府采取不扶持策略的期望收益为：

$$V_2 = xR_1 + (1-x)R_2$$

地方政府的平均期望收益为：

$$\overline{V} = yV_1 + (1-y)V_2$$

地方政府采取扶持策略的复制动态方程为：

$$F(y) = \frac{dy}{dt} = y(V_1 - \overline{V}) = y(1-y)(V_1 - V_2)$$
$$= y(1-y)[x(R_1 + \gamma n - c_b) + (1-x)R_2 - c_g - xR_1 - (1-x)R_2]$$
$$= y(1-y)[x(\gamma n - c_b) - c_g] \tag{6-2}$$

针对农民工，令 $F(x) = \dfrac{dx}{dt} = 0$，根据式（6-1）可得其复制动态稳定状态为：

$$x_1^* = 0, \ x_2^* = 1,$$
$$y^* = \frac{(\pi_2 - c_{21} - c_{22}) - (\pi_1 - c_{11} - c_{12} - n - \alpha k)}{B + D + \lambda c_{12}} = \frac{A_3 - A_2}{A_1}$$

针对地方政府，令 $F(y) = \dfrac{dy}{dt} = 0$，根据式（6-2）可得其复制动态稳定状态为：

$$y_1^* = 0, \ y_2^* = 1, \ x^* = \frac{c_g}{\gamma n - c_b}$$

6.3.2 演化稳定性及影响因素分析

式（6-1）和式（6-2）描述的演化系统的演化稳定策略（ESS）可由系统雅可比矩阵的局部稳定性来判断，若局部均衡点对应矩阵的行列式（Det）大于0，且迹（Tra）小于0，则为 ESS；若迹等于0，则为鞍点。判定局部均衡点稳定性的系数矩阵为：

$$\boldsymbol{J} = \begin{bmatrix} \dfrac{\partial F(x)}{\partial x} & \dfrac{\partial F(x)}{\partial y} \\ \dfrac{\partial F(y)}{\partial x} & \dfrac{\partial F(y)}{\partial y} \end{bmatrix}$$
$$= \begin{bmatrix} (1-2x)(A_1 y + A_2 - A_3) & x(1-x)A_1 \\ y(1-y)(\gamma n - c_b) & (1-2y)[(\gamma n - c_b)x - c_g] \end{bmatrix}$$

（1）当 $y^* < 0$，$x^* < 0$，即 $A_3 - A_2 < 0$，$\gamma n - c_b < 0$ 时，该演化系统有 $O(0,0)$、$A(1,0)$、$B(0,1)$、$C(1,1)$ 4个局部均衡点，通过计算得到各局部均衡点对应的行列式、迹的值及稳定性，如表6-2所示。只有点（1,0）是演化稳定的，即该系统的演化稳定策略为（转化，不扶持）。其现实含义为：在没有地方政府扶持政策的情况下，农民工转化为市民将获得更多预期效用时，农民工的行为将演化为选择转化为市民；当地方政府为农民工市民化土地退出提供补偿置换的土地权益不足以弥补其扶持农民工市民化支付的变动成本时，地方政府将选择不扶持行为。

表 6-2　第一种情况各局部均衡点的稳定性分析

	(0, 0)	(0, 1)	(1, 0)	(1, 1)
行列式	−	+	+	−
迹	?	+	−	?
稳定性	不稳定点	不稳定点	ESS	不稳定点

在整个博弈模型中，农民工是关键行为主体，选择何种行动决定着新型城镇化能否得以顺利实施。农民工选择何种行动取决于其效用函数的大小，要使农民工市民化，必须使其效用函数大于不转化的效用函数。由于农民工与城市居民同住一座城市中但却享受不到与城市居民的同等待遇，为寻求心理的平衡与满足，只要预期的效用足够大，即使在补偿有限的情况下，农民工也可能愿意转化为市民。但如果预期效用太小，农民工的利益得不到有效保障，他们就会固守自己的既得利益，选择不转化。

何种情况下政府采取何种战略，主要取决于政府的效益和政府财政支付能力。当地方政府为农民工市民化提供的补偿支付不能得到有效弥补时，政府希望达到的结果是（转化，不扶持），在采取不扶持策略时，城镇化仍能有效推进，那么政府就能获得最大收益。这仅是一种理想状态，实际上由于在新型城镇化建设中，许多问题涉及人口户籍、土地权属等政策制度的矛盾，在没有地方政府优惠政策扶持的情况下，农民工一方面难以获得与原城市居民对等的权益，来自直接性工资和基本社会福利等方面收益的增幅不大；另一方面除生活、住房、教育等方面成本的增加外，来自失去土地权益的机会成本和未来生活不确定的风险成本很高，受这些条件的约束，农民工市民化难以获得高于不转化的预期效用。因此，如果政府不提供优惠政策措施，农民工可能会受体制、机制等外部因素影响而难以真正融入城市当中，从而难以真正有效地促进新型城镇化建设。从实践角度出发，以上前提假设条件过于理想化，与现实情况的契合度较低，在长期博弈中，政府不能希冀以不作为的做法吸引足够多的农民工转化为市民，而应该采取主动扶持策略，给予农民工更多政策和经济支持，牺牲当期的一部分利益，才能可持续地实现农民工市民化的目标。

(2) 当 $0 \leqslant y^* \leqslant 1$，$0 \leqslant x^* \leqslant 1$，即 $0 \leqslant A_3 - A_2 \leqslant A_1$，$c_g + c_b \leqslant \gamma n$ 时，该演化系统有 $O(0, 0)$、$A(1, 0)$、$B(0, 1)$、$C(1, 1)$、(x^*, y^*) 5 个局部均衡点，通过计算得到各局部均衡点对应的行列式、迹的值及稳定性，如表 6-3 所示，点 (0, 0) 和 (1, 1) 是演化稳定的。其现实含义为：当农民工转化为市民获得的预期效用比不转化时少，而在地方政府扶持的情况下获

得的额外福利补贴足以弥补差额时,以及当地方政府补偿农民工土地退出获得的土地权益收益不足以弥补其扶持农民工市民化支付的固定成本和变动成本之和时,农民工和地方政府的行为可能演化为(不转化,不扶持),也可能演化为(转化,扶持)。其演化路径如图6—1所示。这和现实情况基本吻合,即当农民工市民化时,地方政府的收益相对固定,政府扶持行为的选择决定于成本承担情况、成本可弥补的情况以及政府的财政支付能力。政府扶持时,农民工转化行为的选择决定于转化时效用大于不转化时效用,政府的扶持优惠形成了农民工市民化的一定约束条件。

表6—3 第二种情况各局部均衡点的稳定性分析

	(0, 0)	(0, 1)	(1, 0)	(1, 1)	(x^*, y^*)
行列式	+	+	+	+	
迹	−	+	+	−	0
稳定性	ESS	不稳定点	不稳定点	ESS	鞍点

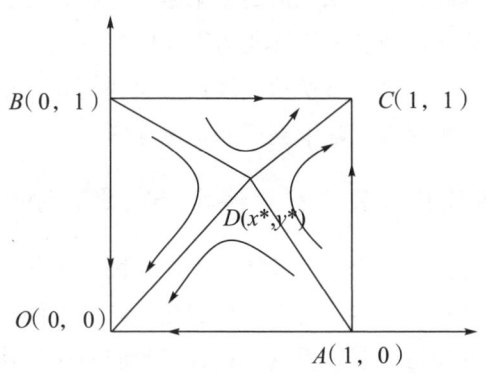

图6—1 系统演化相位图

该博弈系统向哪个方向演化取决于初始状态的落点,折线 BDA 是临界线,如果初始状态落在 ADBC 区域中,系统将逐渐演化到点(1,1),反之则演化到点(0,0)。系统演化到不同结果的概率取决于合作区域 ADBC 面积的大小,鞍点 D(x^*, y^*)的位置是关键,如果 D 点向左下移动,合作区域将增大,系统演化到点(1,1)的概率将增大,反之演化到点(0,0)的概率将增大。因此,识别影响农民工和政府行为演化的因素,可转化为分析影响 x^*、y^* 大小的因素。

在影响 x^*、y^* 大小的因素中,$\dfrac{\partial y^*}{\partial (\pi_1 - \pi_2)} < 0$,$\dfrac{\partial y^*}{\partial B} < 0$,$\dfrac{\partial y^*}{\partial D} < 0$,$\dfrac{\partial y^*}{\partial \lambda} < 0$,

$\dfrac{\partial y^*}{\partial[(c_{11}+c_{12})-(c_{21}+c_{22})]} > 0$、$\dfrac{\partial y^*}{\partial n} > 0$、$\dfrac{\partial y^*}{\partial \alpha k} > 0$；$\dfrac{\partial x^*}{\partial \gamma n} = -\dfrac{c_g}{(\gamma n - c_b)^2} < 0$，$\dfrac{\partial x^*}{\partial c_g} = \dfrac{1}{\gamma n - c_b} > 0$，$\dfrac{\partial x^*}{\partial c_b} = \dfrac{c_g}{(\gamma n - c_b)^2} > 0$。由此可见，$y^*$ 与 $\pi_1 - \pi_2$、B、D、λ 成反比，x^* 与 γn 成反比，当这些参数越大时，y^*、x^* 越小，鞍点 D 将向左下移动，合作区域 $ADBC$ 面积就会越大，系统向（1，1）演化的概率越大；y^* 与 $(c_{11}+c_{12})-(c_{21}+c_{22})$、$n$、$\alpha k$ 成正比，x^* 与 c_g、c_b 成正比，当这些参数越大时，y^*、x^* 越大，鞍点 D 将向右上移动，合作区域 $ADBC$ 面积就会越小，系统向（1，1）演化的概率越小。

从其演化过程可知，农民工转化后的工资性收益和作为市民的基本福利保障越大，超出不转化时工资性收益和作为农民的农业补贴和保障越多，政府扶持农民工市民化给予的额外福利补贴和土地退让补偿越大，承担的成本比例越高，越可能增强农民工市民化的动机，促使更多的农民工选择转化行为。农民工转化后的各方面成本越大，超出不转化时各方面成本的差距越大，失去土地相关权益的沉没成本越大，未来生活的竞争越激烈、风险水平越高，越可能削弱农民工市民化的意愿，使农民工转化为市民的概率减小。政府为农民工提供优惠政策所支付的成本越小，置换的土地权益获利越大，则越愿意选择扶持行为，积极为农民工市民化提供政策支持和优惠保障。

6.3.3 农民工市民化进程中行为博弈研究结果讨论

在没有地方政府扶持政策的最坏情况下，农民工转化为市民能获得比不转化更多的预期收益是农民工转化行为选择的充分条件。而当农民工转化为市民将获得相对不转化更少的预期效用时，只有当政府的扶持补贴足以弥补上述差额，农民工才会产生转化为市民的意愿，但此时农民工可能选择转化，也可能选择不转化；当地方政府补偿农民工土地退出获得的土地权益收益不足以弥补其扶持农民工市民化支付的总成本时，地方政府可能选择不扶持，也可能选择扶持，选择不同行为的概率受其他因素的影响。

地方政府与农民工是新型城镇化进程中利益博弈的局中人，因各自作为理性经济人都试图追求自身利益的最大化，在与现实情况较为契合的博弈模型中，博弈结果出现了两极化，（不转化、不扶持）将严重阻滞新型城镇化的顺利推进，因此，需要有效的制度供给与创新来鼓励和引导农民工市民化。通过上面影响因素的分析可知，户籍制度改革、土地权益保障、社会福利补贴、成本分担、未来风险控制等方面的制度创新是关键。

1. 工资性收入与基本社会保障对农民工市民化行为选择的影响

货币工资收益是农民工所能获得的最直接、最现实收益。福利收益则是作为农民和市民获得的各种社会保障和其他转移支付，也是农民工可以获得的非常重要的收益。受户籍制度等与农民工市民化相关制度的综合影响，城市人口相对农村人口在就业环境和社会福利方面存在较大的差异，工资收入及社会福利的变动对于农民工市民化的选择有着非常重要的影响。

2. 市民化成本对农民工行为选择的影响

农民工市民化后在城市生活，生活空间的变化将会导致其衣、食、行等方面的基本生活成本和教育、医疗成本结构变化，且多为货币性的直接支出变化，这部分成本的增加对于农民工市民化行为选择具有影响作用。

3. 土地沉没成本对农民工市民化行为选择的影响

土地沉没成本是由于城市化而放弃了农村集体土地承包权以及由此而产生的土地流转收益权、转让权等，事实上为一种机会成本。在面对市民化决策时，部分农民工可能出于对土地的留恋和失地后生存问题的考虑而拒绝市民化，因此，就农民工个体而言，在是否市民化的决策过程中，土地沉没成本对其最终决策结果的影响较大。

4. 市民化后的竞争与风险对农民工市民化行为选择的影响

农民工市民化后可能面临的竞争和风险、风险可能发生的概率及自身应对竞争和规避风险的能力，均会对农民工市民化的当期决策产生影响。未来风险与农民工自身资源禀赋息息相关，人力资本包括农民工自身的体质、智力以及后天积累的知识、技能、经验等汇聚而成的本领和条件，人力资本通过心理活动机制对农民工就业及市民化行为选择产生影响。农民工凭借农民身份及其他资本而获得资源资本是农民工市民化行为选择的一个重要影响变量。

5. 固定成本和变动成本对政府扶持行为选择作用巨大

农民工市民化带给地方政府的收益是相对固定的，因此，政府行为选择决定于成本分担，变动成本是在农民工转化为市民成为既定事实后才会发生的，固定成本的作用和影响更大。当政府向农民工土地相关权益退出提供一定财政补贴时，能置换相应的用地权益获得财政性收入，这将在一定程度上弥补政府承担的农民工市民化成本，从而对政府的行为选择具有重要激励作用。

更进一步，如果我们将农民工市民化成本收益分析结果在更广范围内用于对影响成本收益的关键因素进行讨论，那么在将影响农民工市民化成本收益的影响因素分为个人因素、市场因素和政策因素的基础上且撇开个人因素、市场因素，政策因素就决定了农民工市民化的成本，在收益一定的情况下，政策因素就成了影响和制约农民工市民化的关键。如果政策是影响成本的关键，那么农民工市民化就需要政府的政策支持。政府对农民工市民化的态度和行为选择的最好体现就是其相关的政策文本，也就是说政府政策文本就成了验证政府对农民工市民化行为选择的可替代变量。

6.4 农民工市民化进程中的政府行为验证

农民工市民化是推进新型城镇化建设、践行"以人为本"的必由之路。农民工有其固定的社会存在方式，人口基数大，生活水平较低，城市融入程度低。根据人力资源和社会保障部公报，2017年全国农民工总量28652万人，比2016年增长481万人，其中外出农民工1718万人，占总数的60%。在新型城镇化下，大量的农民工涌入城市，一方面，在建筑行业、基建行业、服务行业等为城市建设和发展贡献自己的劳动；另一方面，地方政府从自身利益角度出发，寻求各种方式刺激经济，以土地征用与开发推动城镇化激发地方经济增长，也让地方政府获得了巨大的土地财政收入。然而建立在政府强制性措施基础上的城镇化在促进城市发展的同时，也留下了如土地补偿不足等社会矛盾。何艳玲（2013）把这种发展与冲突并存的现象解释为"强制性城市化"所带来的双重结果。"强制性城市化"是指将城市化过程理解为一系列制度变迁的过程，比如户籍制度、土地制度的变更（周飞舟，2007）。以农民工市民化主要发展方向的城镇化建设是中央政府、地方政府、农民工自身三者合力所要解决的共同问题。唐丽萍（2010）认为中国地方政府的行为目标是复杂的，其职能不仅仅定位在供给地方性公共物品上，而在促进本地经济增长、减少失业、保持社会稳定上似乎有更大的责任和压力。地方政府是政策执行的关键主体，"属地管理"和"行政发包"是政府体系的典型特征，意味着中央政府并不直接干预地方层面的职能履行，而是采用委托－代理的方式，授权地方政府履行相关的政府职能（郁建兴，2012）。地方政府在区域经济社会发展竞争中具有主导性作用，中国目前在经济、社会、政治方面的发展是发源于各省而不是中央，经济发展的动力已经从中央转换到省，不管是沿海还是内地，各省竞争愈演愈烈。不仅在资源、政策方面当地政府进行博弈，政绩、制度方面更是大胆创新、激烈角逐。随着城镇化改革的逐渐深入，农民工市民化进程中出现一系列问题，如城乡二元结构、半城市化现象等。由此可见，现有的农民工市民化是一条自上而下的政府主导式发展路径。

在各方力量相互作用、相互制约下，农民工市民化具有显著的外部性，其政策是研究这一外部性问题的最好途径，不同的政策实施效应在农民工市民化进程中对城市的影响效应多样化。这种外部性使得中央、地方政府的成本和收益呈现不一致性，在推动农民工市民化的同时也引发一定的社会问题。

6.4.1 农民工市民化的公共政策供给演变

公共政策是国家通过对资源的战略性运用，协调经济社会活动及相互关系的一系列政策的总称（潘泽泉，2013）。总体上，公共政策包括管理政策、分配政策、再分配政策、立法政策。公共政策是国家实现控制的政策策略和社会表达方式，旨在支持和加强社会秩序，以增加人们对秩序和安全的预期。改革开放40多年来，农民工这一特殊群体身份随着经济社会发展发生了一系列变化，从特定户籍制度下的社会制度身份（农民）、分工体系下的职业身份（非农从业者）到劳动关系下的经济身份（雇佣劳动者）。总体上，农民工这一群体经历了从被排斥拒绝，到被接纳承认，再到参与共享发展的过程。城市与农村是农民工长期漂浮的两个落脚点，不同历史时期，农村对于剩余劳动力的推力和城市吸引剩余劳动力的拉力表现不同，政府基于我国特定户籍制度的农民工政策，则在这种推力和拉力之间发挥着或堵或疏或拒或迎的调节阀的作用（诺斯，1994）。在中国，流动农民工在城市中的流动规模、生存状况的好坏、能否在城市中实现社会融合等都是内生于政府政策变量的，内生于国家、城市政府的人口社会政策控制，受制于城市政府制度性歧视和排斥的影响。我国政府农民工政策的演变发展，大体上可以分为五个阶段：①控制和闭锁阶段：空间社会隔离与无流动的封闭模式（1950—1977年）。②松绑阶段：市场缝隙和社会政策松动（1978—1985年）。③疏堵交替阶段：治理策略的转变与围堵策略的灵活运用（1986—2002年）。④调整阶段：问题源流与问题导向的社会政策框架（2003—2004年）。⑤科学规划阶段：科学规划与乡村统筹（2004年后）。结合农民工政策的演进，政府对农民工这一群体的认识和态度大致上经历了从"问题农民工"到"农民工问题"，再到"农民工终结"。"农民工终结"并不意味着对人口涌入城市失去调节和控制，而只意味着控制和调节的方式由依赖于"身份壁垒"转变为借助于"市场性门槛"（王小章等，2018）。为了发挥"市场性门槛"的正常作用，政府需要在提供基本社会保障、健全市场性秩序、均等城乡公共服务、土地制度改革等方面承担起责任。

农民工市民化是由政府主导的自上而下的发展过程，是各地方政府在中央的政策体系内，结合自身实际而采取适合于自身的发展模式，农民工具有流动性，其市民化带给不同的地区的成本和收益是不一致的，因此，各省（区、市）在对待农民工市民化的问题以及制定相应政策方面存在着不一致性，这种不一致性影响和制约着农民工市民化的顺利推进。我国各省（区、市）之间经济发展差异显著，东部沿海较内陆发展迅速且先进，制造业、建筑业、服务业发展是吸纳人口最多的行业，江苏、浙江、广东都是主要的劳务流入地；而内陆发展缓慢的人口大省如河南、四川、陕西则为劳务流出大省。本书以2004年以后中央以及流出地（河南、四川、陕西）、流入地（江苏、浙江、广东）两地地方政府出台的有关农民工的政策文件为研究对象，以内容分析法为工具，试图通过政府政策文件去解释农民工市民化进程中的政府策略性行为。

6.4.2 研究方法选择和基本分析过程

1. 研究方法选择

内容分析法最初仅是作为一种搜集资料的方法，主要通过研究、分析媒介信息和数据收集来验证科学假设。如今内容分析法已演变为通过对被研究文本中的关键特征识别分析，将"用语言表示而非数量表示的文献转换为用数量表示的资料"，并对分析结果采用统计数字描述，对文本内容进行"量"的分析，找出能反映文献内容的一定本质方面而又易于计数的特征，明晰其规律并进行检验和解释（施丽萍，2011）。本章研究的对象是政府行为，在现有的行政体制中，政府行为选择将体现在其政策文本之中，因此对农民工市民化的政策文本的内容进行分析将清晰地呈现政府行为。

2. 数据来源与基本分析框架

以2004年至2018年可查到的农民工政策为研究对象，本研究对国务院及相关部委，农民工流出地、农民工流入地两地地方政府及其人力资源和社会保障部相关部门等官方网站进行直接检索，通过回溯检索方式进行检索获取公开颁布的涉及农民工的政策文本。为确保代表文本的准确性，我们采用的基本筛选原则主要包括：①政策主体内容或部分内容直接与农民工密切相关；②政策性质须为属于法律范畴的立法性文件或除此以外的由党中央、国务院或地方政府等国家机关组织制定的具有约束力的意见、办法、通知等规范性文件。最终梳理出有效政策样本60份，其中国家层面出台的政策样本22份，地方层面出台的政策样本38份。

在政策收集统计的基础上，将60项政策每一份政策文件中有关农民工的相关条款作为分析单元,按照"年-号"进行编码,形成国家政策文件统计表,见表6-4。进而对每个部门出台的相关政策进行词频统计和社会网络分析,旨在研究分析农民工市民化政策在不同主体之间的外部性差异。

表6-4 国家政策文件统计表

编号	文件名称	年-号
国务院		
1	《国务院办公厅关于印发保障农民工工资支付工作考核办法的通知》	2017-96
2	《国务院办公厅关于全面治理拖欠农民工工资问题的意见》	2016-1
3	《国务院关于实施支持农业转移人口市民化若干财政政策的通知》	2016-44
4	《国务院关于深入推进新型城镇化建设的若干意见》	2016-8
5	《国务院办公厅关于印发推动1亿非户籍人口在城市落户方案的通知》	2016-72
6	《国务院办公厅关于支持农民工等人员返乡创业的意见》	2015-47
7	《国务院办公厅关于落实中共中央国务院关于全面深化农村改革加快推进农业现代化若干意见有关政策措施分工的通知》	2014-31
8	《国务院关于进一步做好为农民工服务工作的意见》	2014-40
9	《国务院办公厅关于积极稳妥推进户籍管理制度改革的通知》	2011-9
10	《国务院办公厅关于切实解决企业拖欠农民工工资问题的紧急通知》	2010-4
11	《国务院办公厅关于进一步做好农民工培训工作的指导意见》	2010-11
12	《国务院办公厅关于切实做好当前农民工工作的通知》	2008-130
13	《国务院关于解决农民工问题的若干意见》	2006-5
14	《国务院办公厅关于进一步做好改善农民进城就业环境工作的通知》	2004-92
15	《2003—2010年全国农民工培训规划》	2003-79
民政部		
16	《民政部关于促进农民工融入城市社区的意见》	2011-210
人力资源和社会保障部		
17	《解决企业工资拖欠问题部际联席会议关于开展保障农民工工资支付工作专项督查的通知》	2018(只有发布时间)
18	《人力资源社会保障部关于进一步做好春节前保障农民工工资支付工作的通知》	2018-1
19	《关于进一步完善工程建设领域农民工工资保证金制度的意见》	2018-1
20	《2017年度保障农民工工资支付工作考核方案》	2017-100

续表

编号	文件名称	年-号
21	《关于印发加强农民工尘肺病防治工作的意见的通知》	2016-2
22	《关于全国优秀农民工在就业地落户的通知》	2008-97

从 2004 年以来，国家出台的农民工市民化的政策宏观方面包括如何做好农民工服务工作以及解决农民工问题的若干意见，微观方面则集中在工资、户籍管理、就业培训以及社会融入方面，正是由于农民工市民化进程中出现了这些问题，国家在宏观调控上才给出了相应的意见和通知。国家出台的意见和通知引起了地方政府的高度重视，各地地方政府在结合自身实际的前提下制定出相应政策，表 6-5 和表 6-6 分别是农民工流出地和流入地的相应文件统计。

表 6-5　流出地政策文件统计表

编号	文件名称	年-号
	四川省	
23	《四川省政府办公厅关于印发四川省保障农民工工资支付工作考核办法的通知》	2018-19
24	《四川省政府办公厅关于开展拖欠农民工工资问题专项整治行动的通知》	2017-220
25	《四川省政府办公厅关于全面治理拖欠农民工工资问题的实施意见》	2016-63
26	《四川省政府办公厅关于支持农民工和农民企业家返乡创业的实施意见》	2015-73
27	《四川省政府关于进一步做好为农民工服务工作的实施意见》	2015-21
28	《四川省政府办公厅关于印发加强农民工住房保障工作指导意见的通知》	2015-3
29	《四川省政府关于进一步做好农民工工作的意见》	2014-36
30	《健全机制　强化监管　促进农民工工资支付保障工作常态化》	2012-16
31	《四川省政府办公厅关于进一步做好农民工培训工作的意见》	2010-72
	陕西省	
32	《陕西省政府办公厅关于印发保障农民工工资支付工作考核办法的通知》	2018-10
33	《陕西省政府办公厅关于全面治理拖欠农民工工资问题的实施意见》	2016-28
34	《关于加快新型职业农民培育工作的意见》	2013-1

续表

编号	文件名称	年一号
35	《陕西省政府办公厅转发省农业厅关于加快新型职业农民培育工作意见的通知》	2013－85
36	《陕西省政府办公厅关于开展全省农民工工资支付专项检查督查工作的通知》	2012－3
37	《国务院办公厅关于切实解决企业拖欠农民工工资问题的紧急通知》	2010－4
38	《陕西省政府办公厅转发国务院办公厅关于切实解决企业拖欠农民工工资问题的紧急通知》	2010－13
39	《陕西省政府关于进一步做好改善农民进城就业环境工作的通知》	2005－9
40	《陕西省政府办公厅关于彻底解决2003年及以前拖欠农民工工资问题的通知》	2004－126
河南省		
41	《河南省政府办公厅关于印发河南省保障农民工工资支付工作考核办法的通知》	2018－6
42	《河南省政府办公厅关于实施支持农业转移人口市民化若干财政政策的通知》	2017－40
43	《河南省政府办公厅关于全面治理拖欠农民工工资问题的实施意见》	2016－121
44	《河南省政府关于进一步做好为农民工服务工作的实施意见》	2015－50
45	《河南省政府办公厅关于印发2014年全省保障农民工工资支付工作方案的通知》	2014－105
46	《河南省政府办公厅关于全面加强拖欠农民工工资问题源头治理工作的通知》	2013－69
47	《河南省政府关于解决农民工问题的实施意见》	2006－23

表6-6 流入地政策文件统计表

编号	文件名称	年一号
江苏省		
48	《江苏省政府办公厅关于印发江苏省"十三五"人力资源和社会保障发展规划的通知》	2016－116
49	《关于江苏省2015年国民经济和社会发展计划执行情况与2016年国民经济和社会发展计划草案的报告》	
50	《省政府关于进一步加强为农民工服务工作的实施意见》	2015－75

续表

编号	文件名称	年一号
51	《省政府关于印发江苏省"十二五"人力资源和社会保障发展规划的通知》	2012—22
浙江省		
52	《浙江省政府办公厅转发省建设厅省人力社保厅关于进一步完善建筑业企业农民工工资支付保证金制度意见的通知》	2012—100
53	《浙江省政府办公厅关于切实做好当前农民工工作的实施意见》	2009—18
54	《浙江省政府关于解决农民工问题的实施意见》	2006—47
55	《浙江省劳动和社会保障厅转发劳动和社会保障部关于农民工参加工伤保险问题的通知》	2004—140
56	《关于农民工参加工伤保险有关问题的通知》	2004—18
广东省		
57	《广东省政府办公厅关于印发广东省保障农民工工资支付工作考核办法的通知》	2018—119
58	《广东省政府办公厅关于支持农业转移人口市民化若干财政政策的通知》	2017—734
59	《关于开展农民工积分制入户城镇工作的指导意见》	2010—32
60	《关于进一步加强农民工工作的意见》	2006—97

根据可以查到的有关农民工市民化的流出地的政策资料可知，农民工市民化的政策在劳务流出大省相对较多：四川省农民工政策主要集中于工资问题整治、住房保障、培训以及服务农民工工作；陕西省农民工政策多侧重于工资、职业培训、就业环境；河南省农民工政策多专注于工资、人口转移财政支持、如何服务农民工和农民工的若干问题处理，2013年，河南省就制定了农民工工资问题的源头治理政策。

江苏、浙江、广东不仅是经济发展强省，也是农民工流入大省。江苏省的"十二五"和"十三五"规划明确了农民工市民化的任务和规模；浙江省制定了农民工工资和工伤保险方面的政策；广东省在2010年就开始提出农民工积分入户城镇工作，是农民工市民化方面较早的实行者，积极地促进农民工市民化。

3. 词频统计

通过仔细研读国家政策文件，借助 Excel 词频分析工具，我们从每篇政策文件中提取与研究内容相关性强的词,对提取的关键词进行全面阅读,剔除与研究内容无效的关键词,像"问题""部门""情况"等。再从这些词中人工提取出与农民工市民化有关的政策关键词,每篇政策的关键词数在20~30个之间。逆向文本频率(IDF)是对一个词普遍重要性的度量,筛选所有政策文件全部关键词中逆向文本频率最高的26个关键词,将这26个高频关键词进行保存,作为进一步的研究对象。

用相同方法处理流入地、流出地政策文件,在所有政策文件的全部关键词中按照出现频率筛选出最高频的26个高频关键词作为研究对象。从国家政策文件和流入地、流出地政策文件中筛选出的关键词及出现频次如表6-7所示。

表6-7 农民工市民化政策关键词表

国家关键词					
IDF排名	词语	词频	IDF排名	词语	词频
1	农民工	982	14	住房	97
2	工资	263	15	单位	104
3	农村	249	16	资金	97
4	企业	212	17	社会	101
5	人口	157	18	劳动力	72
6	城市	149	19	城乡	75
7	农业	140	20	人员	86
8	机制	127	21	流入地	35
9	政府	135	22	户籍	57
10	农民	124	23	社区	99
11	政策	125	24	权益	77
12	公共服务	80	25	财政	76
13	城镇	93	26	依法	72
流出地关键词					
IDF排名	词语	词频	IDF排名	词语	词频
1	农民工	2137	14	机制	160
2	工资	775	15	劳动保障	112
3	企业	477	16	责任	149
4	住房	230	17	工程款	78

续表

\multicolumn{5}{	c	}{流出地关键词}
IDF 排名	词语	词频	IDF 排名	词语	词频
5	社会保障	194	18	条件	134
6	农村	239	19	政策	131
7	政府	250	20	资金	128
8	单位	223	21	职业	130
9	农民	195	22	公共服务	83
10	城乡	141	23	医疗保险	85
11	依法	170	24	权益	113
12	人力资源	169	25	社会	119
13	省政府	119	26	城镇	95

\multicolumn{5}{	c	}{流入地关键词}
IDF 排名	词语	词频	IDF 排名	词语	词频
1	农民工	1005	14	劳动保障	63
2	农村	283	15	公共服务	60
3	儿童	191	16	依法	85
4	工资	161	17	条件	84
5	企业	184	18	政策	80
6	单位	134	19	人口	75
7	机制	120	20	责任	78
8	社会保障	86	21	权益	71
9	城镇	88	22	人力资源	71
10	城乡	83	23	资金	70
11	社会	107	24	子女	62
12	工伤保险	60	25	能力	68
13	政府	100	26	劳动力	49

总体上看，中央政府、流入地和流出地地方政府的政策文件在制定时都以农民工为主，其中农民工工资问题是政府政策文件的重点。国家层面出台的政策涉及主体包括农民工、农村、企业、政府、单位、城镇、城乡，按照强度大小依次有工资、人口、公共服务、住房、资金、劳动力、户籍、社区、权益以

及财政问题。流出地政策文件主体按照强度大小依次有工资、住房、社会保障、劳动保障、职业、公共服务、医疗保险、权益。流入地政策涉及主体按照强度依次是儿童、机制、社会保障、工伤保险、劳动保障、公共服务、人口、权益、子女、能力、劳动力。

4. 社会网络分析

社会网络分析是在人类学、社会学、图论以及统计学基础上发展起来的一种量化的社会学分析方法。在国家和流出地、流入地政策范围内，本研究分别统计每两个高频关键词同时出现的次数，编制成共词矩阵。借助 ROSTCM 和 Netdraw 软件，分别得到国家、流出地和流入地农民工市民化政策基于共词矩阵的社会网络图（如图 6-2、图 6-3、图 6-4 所示）。

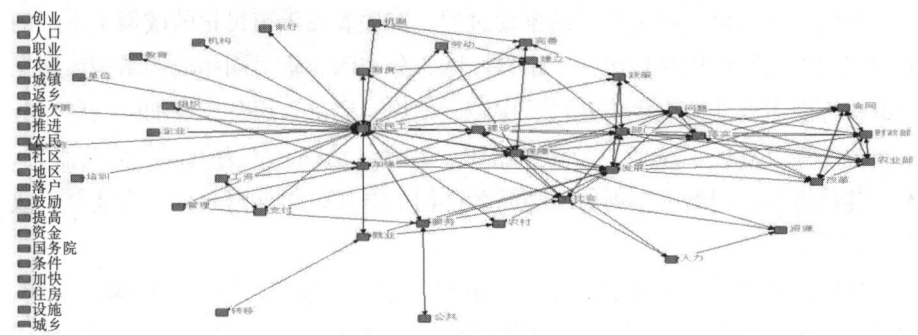

图 6-2 国家政策网络图

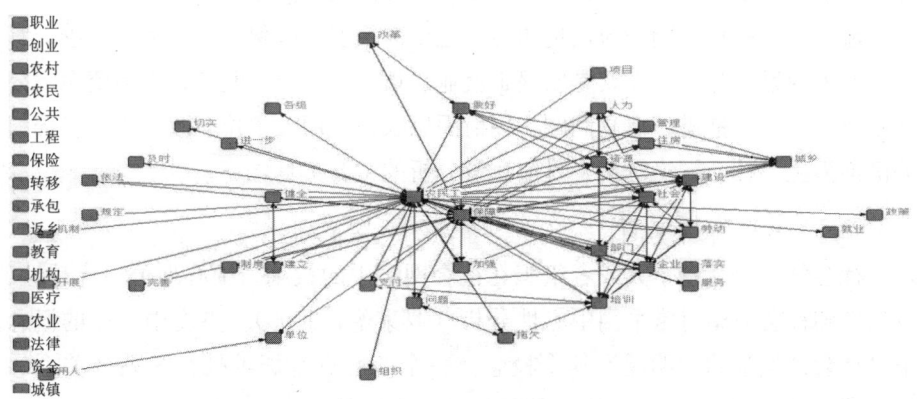

图 6-3 流出地政策网络图

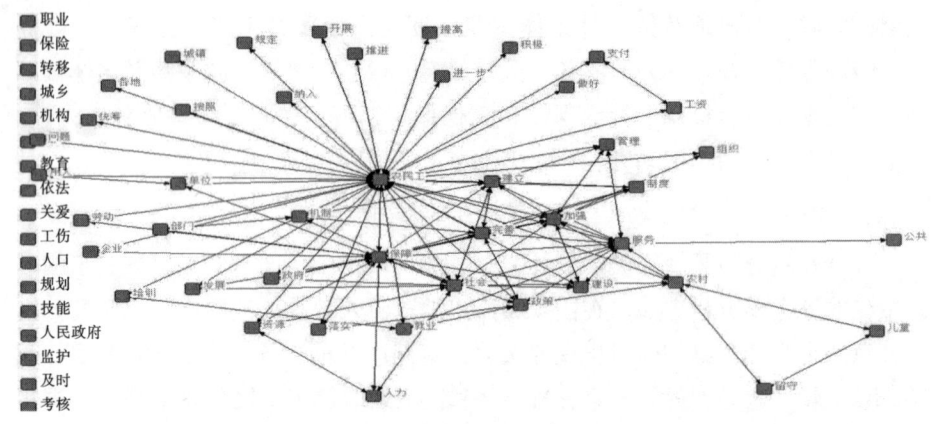

图 6-4 流入地政策网络图

农民工市民化是自上而下的推动过程，有关农民工市民化的政策文本中的关键词的网络图结构呈现出一个由核心圈、分布圈、辐射圈构成的结构。国家政策核心圈主要涉及农民工建设、保障、发展、完善、服务以及加强问题，分布圈主要涉及农民工就业、管理、组织、教育、培训、人力资源、公共服务、人口转移方面的问题，辐射圈主要是各部门的合作，包括财政部、农业部、政府以及单位。

流出地政策核心圈主要涉及工资支付、建设、落实、服务、保障、发展、加强、完善、改革问题，分布圈主要以农民工就业、组织、培训、住房问题展开，辐射圈主要涉及用人单位、政府以及各部门配合问题。

流入地政策核心圈与流出地相似，主要涉及农民工保障、服务、完善、管理、发展问题，分布圈主要是农民工就业、培训、工资、儿童、人力资源、公共服务、统筹、推进、提高问题，辐射圈以农民工用人单位、政府以及各部门关键词为主。社会网络分析是目前政策分析的主要工具之一。

5. 点度中心度分析

社会学中，衡量个人或者组织在社会网络中的权利、中心地位、优越性、特权性和社会声望时常采用中心性分析（罗家德，2005）。点度中心度的概念来自社会计量学的"明星"这个概念。一个核心点是那种处在一系列关系的"核心"位置的点，该点与其他点有众多的直接联系。在网络分析中，点度中心度是刻画关键词之间关系的最直接度量指标，它表明一个行动者与其他行动者产生关系的能力，节点的重要度越大，表明某个关键词与网络中其他关键词共同出现的次数越多，这个关键词越重要。点度中心度在本书反映的是关键词共现程度，它在很大程度上是农民工市民化的关注热点。

从国家农民工政策的点度中心度分析结果中可以直观得出,第5个节点(发展)点度中心度最高。这说明"发展"是当下国家制定有关农民工市民化政策的热点。国家、流出地和流入地政策关键词各自的点度中心度分析结果见表6-8、表6-9和表6-10。

表6-8 国家政策关键词点度中心度

序号	关键词	1 Degree	2 NrmDegree	3 Share	序号	关键词	1 Degree	2 NrmDegree	3 Share
1	农民工	2305.000	12.126	0.217	33	资源	206.000	1.084	0.019
3	保障	990.000	5.208	0.093	6	就业	203.000	1.068	0.019
10	加强	643.000	3.383	0.060	23	政府	196.000	1.031	0.018
7	社会	631.000	3.320	0.059	20	部门	161.000	0.847	0.015
4	服务	607.000	3.193	0.057	19	单位	156.000	0.821	0.015
17	建立	494.000	2.599	0.046	52	人力	156.000	0.821	0.014
28	完善	374.000	1.968	0.035	14	发展	154.000	0.810	0.014
22	政策	329.000	1.731	0.031	25	落实	141.000	0.742	0.013
5	农村	321.000	1.689	0.030	9	劳动	127.000	0.668	0.012
18	制度	275.000	1.447	0.026	11	企业	111.000	0.584	0.010
16	建设	247.000	1.299	0.023	2	培训	109.000	0.573	0.010
26	机制	234.000	1.231	0.022	21	组织	102.000	0.537	0.010
13	管理	227.000	1.194	0.021					

表6-9 流出地政策关键词点度中心度

序号	关键词	1 Degree	2 NrmDegree	3 Share	序号	关键词	1 Degree	2 NrmDegree	3 Share
1	农民工	5267.000	10.332	0.223	10	支付	562.000	1.102	0.024
3	保障	3180.000	6.238	0.134	15	问题	470.000	0.922	0.020
12	社会	1328.000	2.605	0.056	22	建立	446.000	0.875	0.019
2	工资	1315.000	2.580	0.056	13	拖欠	385.000	0.755	0.016
7	建设	1064.000	2.087	0.045	14	加强	373.000	0.732	0.016
25	资源	909.000	1.783	0.038	17	单位	326.000	0.640	0.014

续表

序号	关键词	1 Degree	2 NrmDegree	3 Share	序号	关键词	1 Degree	2 NrmDegree	3 Share
4	企业	791.000	1.552	0.033	21	制度	319.000	0.626	0.013
33	城乡	758.000	1.487	0.032	27	住房	291.000	0.571	0.012
19	发展	704.000	1.381	0.030	46	健全	261.000	0.512	0.011
8	劳动	690.000	1.354	0.029	18	落实	257.000	0.504	0.011
36	人力	591.000	1.159	0.025	23	管理	249.000	0.488	0.011
9	部门	580.000	1.138	0.025					

表6-10 流入地政策关键词点度中心度

序号	关键词	1 Degree	2 NrmDegree	3 Share	序号	关键词	1 Degree	2 NrmDegree	3 Share
1	农民工	2305.000	12.126	0.217	13	管理	227.000	1.194	0.021
3	保障	990.000	5.208	0.093	33	资源	206.000	1.084	0.019
10	加强	643.000	3.383	0.060	6	就业	203.000	1.068	0.019
7	社会	631.000	3.320	0.059	23	政府	196.000	1.031	0.018
4	服务	607.000	3.193	0.057	20	部门	161.000	0.847	0.015
17	建立	494.000	2.599	0.046	19	单位	156.000	0.821	0.015
28	完善	374.000	1.968	0.035	52	人力	156.000	0.821	0.015
22	政策	329.000	1.731	0.031	14	发展	154.000	0.810	0.014
5	农村	321.000	1.689	0.030	25	落实	141.000	0.742	0.013
18	制度	275.000	1.447	0.026	9	劳动	127.000	0.668	0.012
16	建设	247.000	1.299	0.023	11	企业	111.000	0.584	0.010
26	机制	234.000	1.231	0.022	2	培训	109.000	0.573	0.010
21	组织	102.000	0.537	0.010					

表6-8~表6-10主要是对国家、流出地、流入地政策关键词的绝对点度中心度、相对点度中心度以及中心度占比的统计分析。绝对点度中心度是测量与一点直接相连的点数，是点出度和点入度之和。相对点度中心度则可以用于比较规模不一致各图成员之间的权利大小。弗里曼（Freeman，1979）提出用点的绝对度（实际度数）与图中点的最大可能的度数之比来测度相对点度中心

度。中心度占比则是对相对点度中心度的归一化处理（刘军，2005）。

6.4.3 地方政府政策文本差异的比较分析

吕文静（2014）认为农民工市民化的加快推进，面临户籍制度限制、社会保障差异、农地制度限制、自身水平不高等困境。农民工市民化政策热点分析主要分为三方面：制度政策比较分析（户籍制度、土地制度）、劳动就业政策比较分析（就业、社会保障制度）、人力资本政策比较分析（培训、社会融入）。

1. 制度政策比较分析

城乡二元户籍制度给农民工进入城市设置了一定的阻碍，城市福利水平和公共服务与城市户籍制度相对应，导致城乡福利水平有着显著的差异。为加快农民工市民化进程，河南省制定了《河南省人民政府关于深化户籍制度改革的实施意见》（豫政〔2014〕83号）和《河南省人民政府关于促进农民进城落户的指导意见》（豫政〔2011〕4号），深化户籍制度改革，以合法稳定住所、合法稳定职业为基本落户条件，全面放开中小城市户口迁移限制。郑州市以就业年限、居住年限、城镇社会保险参保年限等为基准条件，建立完善积分落户制度。2010年，广东省制定《关于开展农民工积分入户城镇工作的指导意见》，推行农民工城市居民居住证制度，探索以农村土地承包经营权、宅基地使用权置换城镇户籍的办法。这些措施和办法保证了农民工在城市中的权益，极大地降低了农民工市民化的资金门槛。

针对农民工住房条件，河南省支持符合条件的农民工购买或租赁商品住房，鼓励开发区、产业园区按照集约用地原则，集中建设宿舍型或单元型小户型公共租赁住房，逐步将在城镇稳定就业的农民工纳入住房公积金制度实施范围，允许农民工及其就业单位暂按较低的缴存比例，先行建立住房公积金账户。四川省鼓励开发区、工业园区和劳动密集型企业建设集体宿舍类公共租赁住房，解决园区内农民工的住房问题；加强建筑施工现场管理，按相关规范要求为农民工提供标准化宿舍，切实改善建筑工地农民工的居住条件。落实农民工住房公积金制度，增加中小户型中低价位普通商品住房供应，提供住房公积金贷款支持，鼓励农民工在城市购房落户。

2. 劳动就业政策比较分析

城乡分割造成一定程度上城乡就业的不平等，《劳动合同法》的颁布对我国劳动就业制度城乡一体化做出了很大贡献，劳动市场主体平等地位已基本在法律层面得到了实现。然而，面对《劳动合同法》的相关规定，社会上却出现了单位正式员工与派遣工的不平等就业条件问题，造成畸形的就业结构及就业人员结构（颜凌芳等，2012）。针对此，河南省在农民工就业方面，在强调发展资金、技术密集型产业时，重视发展劳动密集型产业，鼓励中小企业和国有企业吸纳农民工就业，推进信息化与就业相结合，建立农村劳动力资源数据库，引导农民工就近就地转移。四川省建立城乡统一的就业失业登记制度，加强农民工在家庭服务业领域就业创业工作，把从事家政服务的农民工技能培训纳入城乡就业培训范围，实施贫困地区、革命老区、民族地区科技人员专项计划，推进技术、信息、管理、人才等创新要素向农村地区转移集聚。陕西省承接国家向西部的产业转移，鼓励发展劳动密集型产业，大力发展服务业特别是家庭服务业和中小微型企业，开发适合农民工的就业岗位。江苏省大力发展吸纳就业能力强的电子商务、现代物流、家庭服务、旅游休闲等服务业，发挥小微企业就业主渠道作用，开发适合农民工的就业岗位；加快发展高效农业、休闲农业、农产品加工流通业，促进农村劳动力就地就近转移就业。广东省主要从财力角度进行农民工就业扶持。

3. 人力资本政策比较分析

河南省制定实施了《河南省农村劳动力职业技能培训规划（2015—2020年）》，对农民工进行终身职业培训，开展农民工高技能职业人才培训；同时扶持劳务品牌发展，大力培育一批具有河南特色、有较高知名度和较强综合竞争力的农民工劳务品牌。江苏省同样将农民工纳入劳动者终身职业培训体系，推动农民工从体力型向技能型转变，加强农民工就业技能培训，确保在岗农民工至少得到1次技能提升培训，培训合格率达90%以上；完善职业培训补贴政策，建立农村劳动力资源培训需求调查制度、企业用工预报制度。

6.4.4 农民工市民化进程中的政府政策特征分析

农民工市民化是政府主导的自上而下的演化过程，政策制定与实施是促进农民工市民化的有效手段。采用内容分析法对农民工市民化相关政策进行词频分析、社会网络分析和点度中心度分析，梳理新型城镇化的背景下国家、流出地和流入地农民工市民化的政策文本，我们可以得出以下基本结论。

1. 国家、流出地、流入地农民工市民化政策一致性特征

从结构上看，国家农民工市民化政策和地方政策具有结构上的一致性，二者提取出的关键词均可以按照目标、作用层面、合作对象这三项进行归类。对

全部关键词进行分类后可以看出，国家政策与地方政策存在承接关系，作用层面主要分为工资、就业、培训、住房四大类，合作对象主要有用人单位、政府以及各部门等。在每一项细分政策中，国家关键词和地方关键词都能够很好地对应。

从内容上看，政策要点基本相同，国家政策和地方政策完全对应。比如，国办发〔2016〕1号文件提出拖欠农民工工资的治理意见，相应地，四川省出台了〔2016〕63号文件，陕西省出台了〔2016〕28号文件，河南省〔2016〕121号文件提出针对农民工工资问题的实施意见。再如，国办发〔2014〕40号文件制定了关于进一步做好为农民工服务工作的意见，四川省〔2015〕21号文件、河南省〔2015〕50号文件、江苏省〔2015〕75号文件分别制定了相应的实施意见。可见，地方政策和国家政策在内容上是对应的。

2. 国家、流出地、流入地农民工市民化政策的差异性特征

从以上政策文本中我们可以发现，国家、流入地和流出地的农民工市民化政策有着明显的不同：

一是出发点不同，从政策文件涉及范围来说，国家农民工市民化政策制定是在城镇化和经济新常态背景下的长期规划，而省级政策均是按照中央文件的基本指示来制定的。

二是着力点不同。从政策制定层面来看，由政策词频分析IDF排名结果可知，国家政策中第5个节点（人口）较高，说明人口城镇化是当下国家制定农民工市民化政策的热点。在流出地政策中，关键词"住房""社会保障"排名较前。在流入地政策的中，关键词"社会保障"排名较前。这在某种程度上说明，国家促进农民工市民化的主要手段是人口转移，采用的是一种更宏观、间接的方式；相比之下，地方主要集中在具体问题上，政策制定上采用的是一种更具体、更直接的作用方式。

国家农民工市民化政策大多强调了农民工市民化的建设、保障、发展、服务，在搜集到的22篇政策文件中，有半数以上有所涉及。而在地方出台的农民工市民化政策中，除服务、保障、发展、完善外，更注重政策的落实问题，这也可能由于地方政府直接面向具体个体，政策要点更要落实到细节之处，积极性更高，可行性更强。

3. 流出地与流入地农民工市民化政策差异性特征

四川、陕西、河南都属于农民工流出大省，江苏、浙江、广东则属于农民工流入大省。农民工的流动对流出地和流入地存在着社会和经济双面影响。从

政策角度看，流出地农民工市民化政策主要集中在就业、培训、住房方面，流入地农民工在农民工市民化方面则更加注重住房以及社会保障方面的问题。相对而言，流入地经济发达，除就业、培训外，从更深层次统筹考虑农民工社会融入问题。

从以上政府政策文本内容分析可知，国家、流入地和流出地地方政府在农民工市民化政策供给中既存在一致性，也存在差异性，在一定程度上印证了本章有关政府行为选择的理性主义特征。首先，从一致性角度，在国家有关农民工市民化的大政方针确定后，流入地和流出地地方政府都能立即根据国家政策要义出台相应的落实性政策，以推动国家有关农民工市民化政策在实践层面上的顺利开展，所体现出的一致性行动策略表明中国具有推进农民工市民化的制度优势。其次，从差异性角度，我们可以将流入地、流出地地方政府有关农民工市民化政策的差异性理解为横向竞争性差异，这在一定程度上反映了由于经济发展水平上的差异，各地方政府基于理性主义，其行动策略选择更多地立足于眼前的经济社会发展，而很难或不愿意承担农民工市民化的成本，横向竞争性差异的存在增加了农民工市民化的难度。更进一步，我们可以将地方政府与中央之间的差异性理解为纵向性的策略行为，这种不一致隐含了财政与事权不一致的矛盾，其化解策略为进一步深化整个社会对农民工市民化社会价值的认识，建立起财权和事权相一致的利益协调机制。

第7章 农民工市民化：企业行为与结果验证[①]

农民工市民化离不开城市二、三产业的稳定就业，离不开企业和其他经济社会组织所提供的就业机会、公平公正的福利待遇。从农民工与企业的相互关系角度看，农民工是企业的劳动要素供给者，也是企业产品和服务的消费者；企业是农民工人力资源的需求者，农民工人力资源价值和劳动力资源的再生产离不开企业所提供的价值实现平台。显然，农民工市民化进程中的行动策略选择决定于两者之间的关系，决定于环境对企业行为的制约。本章在系统认识农民工与企业关系的基础上，立足于经济新常态对企业的作用和影响，从利益的相互依存性角度去构建一个理论博弈模型，系统地探讨了两者合作行为发生的均衡条件，并以农民工权益保护的基本现状为基础阐释企业的策略性行为。

7.1 农民工市民化进程中的农民工与企业关系认识

7.1.1 农民工人力资本属性与企业行为选择

就业是农民工进入城市生活最重要的经济保障，稳定就业是农民工扎根城市的基础。农民工在城市只有拥有一份稳定的工作且合法权益能够得到有效保护后，才有意愿和能力在城市安定下来，也就是实现市民化。因此，提高农民工的就业机会并提高其就业质量，增加其收入是促进农民工市民化的重要突破口。

就企业而言，农民工市民化形成了稳定的不断积累技术和经验的产业大军，不仅可为企业提供丰富的劳动力资源，而且农民工市民化后自身素质的提

[①] 从现实生活中的就业类型看，就业既包括受雇于企业和其他经济社会组织，也包括自雇就业，如在城市经商等。农民进城的就业渠道更多地在企业之中，因此，本章在讨论农民工市民化进程中的利益关系时，仅研究了企业与农民工，而没有考虑其他关系框架下的农民工就业问题。

高将对企业人力资本积累、技术进步和产业升级具有重要推动作用。显然，农民工市民化将带给企业有形和无形的利益，因此，从收益角度看，企业在农民工市民化过程中有责任和义务做出自己的贡献，促进基本公共服务均等化，比如在劳动就业、社会保障、住房保障等方面配合政府政策，签订劳动合同，建立收入稳定增长机制，购买各种保险，提供适宜的住宿条件等（王美艳，2012；易毅，2013）。但是，企业以追求利润最大化为目的，降低生产成本是其提高市场竞争力的重要手段。在以农民工为供给主体的非正规劳动力市场上，受供大于求的市场结构的影响，企业拥有定价权的优势。为了赚取最大化的利润，企业的理性行为必然是尽可能地压低农业转移人口的工资，削减其福利，从而尽可能地降低企业的用工成本。从供求方面看，近年来我国劳动力基本是供大于求，劳动力的价格与需求是成反比的，并且我国企业在转型之前大都是劳动密集型企业，利润最大化必然导致生产要素成本最小化，即付给劳动力的工资最小化。在道德内在约束不足和法律外在强制约束欠缺等不利情况下，企业既没有提高农业转移人口待遇的内在动力，又没有外在的约束与推力，长期以来以廉价的劳动力促进了自身快速发展，拖欠农民工工资、不给农民工缴纳社会保险、任意辞退农民工、拒绝改善农民工工作环境等现象屡见不鲜，导致农民工在经济层面上处于明显的劣势，进而阻碍了农民工市民化的进程。

就农民工本人而言，城乡收入差距的存在和扩大是农民工退出农村、进入城市的动力源泉。我国的城乡二元劳动力市场给农民工进入城市就业设置了种种障碍。各种壁垒的存在弱化了农民工在劳动力市场上的选择权，直接导致其成为弱势群体。作为弱势群体，农民工在劳动力市场上处于非常不利的地位，失去了选择权。农民工进入城市二、三产业就业主要从事一些技术含量低的劳动密集型工作，技术含量低意味着其可替代性强，也正是因为农民工在城市非正规劳动力市场上的种种不足，所以一些不良企业想方设法拖欠农民工本就低廉的工资，并忽视对农民工的技能培训，农民工自身的人力资本难以有效地提高。相对于农村繁重的劳动和收入的不确定性，在面对企业种种不公时，农民工往往采取了容忍的态度，这在一定程度上助长了企业的不法行为。农民工通常更加看重现实收入水平，轻视自身的社会保障，这无疑大大制约了农民工对社会保障的有效需求。更进一步，由于农民工拥有的社会资本和信息资源较少，在与企业进行博弈时，明显处于弱势地位，利益诉求机制的缺乏导致农民工收入和保障水平低。因此，根据目前农民工在城市的权益保护及就业情况来看，农民工进入城市主要从事的是工作稳定性差、收入水平低、劳动强度大的二级劳动力市场的边缘性工作。在二级劳动力市场上，大多存在劳动用工管理不规范、劳动合同签订比例低、农民工的社会保障缺乏等现象。在农民工维权的长效机制尚未完全建立的情况下，这个问题长期存在，这种矛盾使得农民工大多注重短期利益而缺乏长期规划，通过合作实现长期利益最大化的集体理性难以达成。

7.1.2 经济新常态下农民工与企业关系结构变化分析

我国经济新常态主要呈现出三个特点：一是经济增长速度从高速增长转为中高速增长；二是经济结构不断优化升级，第三产业、消费需求逐步成为主体；三是从要素驱动、投资驱动转向创新驱动。

经济新常态下，农民工市民化将逐渐向纵深发展。经济新常态特点使农民工劳动权利状况不断改善，农民工可享受城市基本公共服务的门槛将不断降低，农民工可享受的公共服务的范围不断拓宽，农民工就地市民化更易实现并逐渐增加（张笑秋，2016）。经济新常态不仅给中国经济发展带来了新机遇，而且其三大特点也对农民工这一特殊群体在城市的就业和生活提出新要求。

经济新常态下，经济增长方式的转变与职业结构的白领化使农民工工资增速放缓，也对农民工人力资本提出更高要求，给农民工就业的稳定性造成影响。工资收入是绝大部分农民工最主要的收入来源，工资增速下降，制约了农民工职业转变、身份转变与权利均等的程度，不仅会增加对未来城市生活风险的担忧，降低其市民化的预期，而且将加大农民工市民化质量提升的难度。农民工目前的人力资本存量难以适应新常态提出的新要求，导致农民工市民化进程存在放缓倾向。当农民工就业不稳定时，部分农民工就业时间缩短，市民化进程的职业转变中断，并导致身份转变、权利均等的中断，使农民工市民化出现波动，难以顺利地推进。

为应对新常态下农民工市民化面临的挑战，可借助降低农民工城市生活成本的手段。进入新常态以来，虽然农民工可享受的城市公共服务范围有所增加和扩大，但部分城市基本公共服务如社会保险、基本住房保障仍未全部覆盖（胡晓书等，2014）。从上文有关农民工市民化的成本讨论中，我们可知如果有更多公共服务更便捷地向农民工开放，就可显著降低农民工的城市生活成本（孙国峰等，2014）。与此同时，提升农民工人力资本水平是应对新常态下农民工市民化挑战的根本之策。从实践来看，农民工市民化进程的加快、稳定性的增强与质量的提高均要依靠农民工人力资本的提升，这涉及地方政府为农民工提供技术、技能培训的体系建设和公共投入问题。

长期以来，廉价的劳动力为流入地企业赚取了巨大利润，促进了其快速发展，但流入地企业为追求利润最大化目标，并没有给予农民工与城市市民同等的工资权益。因此，企业作为农民工人口红利的最大受益者，在推动新型城镇化进程中通过为农民工缴纳与城市市民同等的社会保险来分担市民化成本将有利于农民工市民化。经济新常态下，劳动力无限供给能力显著下降，人口规模红利向人口质量红利转变，企业雇佣劳动力的成本上升，只有为农民工支付合理的工资，提供足额的社会保险，给予必要的技能培训，才能保障生产顺利进行。经济新常态的转型时期，农民工市民化就是要使企业将不合理的获利还给农民工，在法律框架内实现"同工同酬、同工同时、同工同权"，保障农民工的合法权益（宋艳菊等，2018）。在既有的农民工和企业关系结构中，企业的策略性行为是什么、社会福利最大化的均衡条件是什么就有待于探讨，这是从利益关系角度去审视农民工和企业两者之间围绕其市民化而进行的利益博弈。

7.2 农民工市民化进程中的企业与农民工行为博弈模型的构建

7.2.1 农民工市民化与企业利益关系认识

农民工为中国经济增长和工业化、城市化提供了强大的人力资源保障（蔡昉，2007）。长期以来，农民工生活在社会底层，缺少必要的利益尊重和认同，被视为素质低、诚信差、流动性强的廉价劳动力。这一社会性歧视在管理实践中具体表现为：将农民工视为机器，并对作业流程和私人生活实施严格监控，以防范偷懒或其他损害企业的行为；为避免"为他人作嫁衣裳"，对农民工技能培训投入严重不足（淦未宇等，2012）。这些问题的产生既与农民工的就业性质有关，也与农民工劳动力市场的非正规性有关。

然而，在经济新常态下，农民工在成长经历、个人诉求、参照目标、身份认同等方面都已发生根本性变化（杨春华，2010），传统的粗放式管理模式面临新的挑战。在经济新常态下，不同于只有简单物质诉求的时期，农民工拥有更高职业发展期望，也更加关注身份认同等；不同于纯粹依靠人口红利和劳动密集快速发展的时期，企业需要通过人力资本投资，将农民工培育成技术人才，通过社会保障，使农民工留下，成为企业可持续发展的重要支撑力量，依靠人力资本红利来提高企业的核心竞争力，促进企业良性发展。如何促进农民工市民化已经成为经济新常态下企业亟待解决的战略性难题。

对此，许多学者从多个角度展开深入研究。孙中伟等（2011）强调，应当反思最低工资标准的政策目标，并尽快建立促进农民工工资稳定增长的长效机制。韩长赋（2006）指出，农民工对身份尊重、待遇平等及公民平等权利的向往比以往更为强烈。徐细雄等（2011）认为雇佣关系稳定是化解农民工市民化难题的微观基础。组织支持理论强调组织支持是导致员工愿意为组织做出贡献，进而维系雇佣关系的关键（Eisenberger等，1986）。当企业提供的组织支持与农民工内在需求相契合时，将激发农民工高努力水平付出，提升企业生产效率，产生溢价收益。但是由于农民工身份和工作的特殊性，企业在提供组织支持，提升农民工人力资本水平和努力工作水平过程中仍然面临两难选择（淦未宇等，2013）。更进一步，如果在经济新常态下，企业的发展对农民工的人力资本提出了新要求，那么这不仅要求农民工自身要加大人力资本投资，而且也要求企业加大人力资本投资。虽然两者之间有着一致性利益，但也存在企业角度的成本收益的权衡问题。具体地讲，这已成为制约农民工市民化顺利进行的问题，农民工人力资本水平提升带来的效益能否弥补用工企业的组织支持成本？溢价收益在两者之间的分享是否能够有效弥补企业支持成本和农民工努力成本？企业不支持行为策略与不同支持策略对农民工市民化行为选择的作用有何差异？这些问题尚未引起学术界的重视。基于此，本书将从行为经济学视角出发，构建理论模型对农民工市民化进程中企业行为的作用机理进行探讨，系统考察市民化进程中企业与农民工之间的利益关系，分析企业支持成本、农民工努力成本之间的内在联系，分析溢价收益和农民工人力资本水平对企业支持成本和农民工努力成本的弥补作用，为企业支持策略和农民工行为选择提供必要的理论指导。

7.2.2 行为博弈情景设定

设定1：在一个可控范围的经济体系中有企业和农民工两类参与主体，均为风险中性。企业作为农民工的雇主，直接决定了农民工的工资水平和社会保障状况，且企业的决策会影响到农民工市民化的进程。农民工自身的意愿及能力决定了他们能否成功实现市民化的选择。

设定2：农民工有两种策略可供选择，（市民化，非市民化）是其策略空间，选择转化为市民，将付出高努力 b_1，此时农民工追求市民化后稳定的工作岗位、较高的工资收入和良好的生活条件等；选择不转化，将付出低努力 b_2，此时农民工只为赚取比农村更高的工资收入回到农村，维持在城市和农村之间过着"候鸟式"的生活。农民工的努力程度越高，付出的努力成本越高，设 $C(b)$ 为农民工所付出的努力成本，可表示为：

$$C_i(b) = \frac{1}{2}c_i b_i$$

式中，$i=1,2$，c_i 为第 i 类农民工的努力成本系数。

设定 3：农民工的产出由努力程度、生产系数和外部的不确定因素共同决定。设 π 为农民工的产出函数，可表示为：

$$\pi_i = k_i b_i + \varepsilon_i$$

式中，k_i 为第 i 类农民工的生产系数和农民工的努力对产出的贡献程度，与其人力资本水平相关，假定当农民工选择低努力时 $k_1=1$，而选择高努力时 $k_2>1$。ε_i 为外部的不确定因素，服从均值为 0、方差为 σ^2 的正态分布。

设定 4：企业也有两种策略可供选择，其策略空间为（支持农民工市民化，不支持农民工市民化）。选择支持农民工市民化，按照政府有关农民工市民化的强制性政策执行；选择不支持农民工市民化，忽视政府有关农民工市民化的政策支持。支持农民工市民化，企业需要为农民工提供较高的工资报酬 ω_1，并进一步采用激励工资，与农民工共享收益，以促进农民工投入更高的努力程度，创造更多的产出。此外，企业还需要为农民工提供必要的技能培训和充足的社会保障，与农民工共担培训成本和社保成本。不支持农民工市民化的企业仅为农民工提供较低的工资报酬 ω_2。

由此可知，在企业支持农民工市民化的背景下，农民工的收入除固定工资外，还包括激励工资；农民工的成本除努力成本外，还包括与企业共担的提高人力资本水平的培训投入成本及购买社保的成本。

设 S_1 为农民工所获得的激励工资，可表示为：

$$S_1 = \beta(\pi - D)$$

式中，β 为农民工获得的超额收益分享系数，D 为企业的基本生产要求。

设 $C(k)$ 和 $C(M)$ 分别为农民工所承担的培训成本和社保成本，可分别表示为：

$$C(k) = (1-\theta)(k-1)N, \ C(M) = (1-\gamma)M$$

式中，θ 为企业承担培训成本的比例，$1-\theta$ 则为农民工承担培训成本的比例，$k-1$ 为人力资本水平提高带来努力对产出影响程度的增加，N 为增加的单位贡献度需要的培训费用。γ 为企业承担社保成本的比例，$1-\gamma$ 则为农民工承担社保成本的比例，M 购买社保的费用支出。

设定 7：政府为减少企业的机会主义行为和促进农民工市民化的进程，需要对企业的行为进行监督，设监督力度为 $p(0 \leqslant p < 1)$，当政府发现企业不按相关政策执行时，将对其进行惩罚，假设惩罚金额为 T。

7.2.3 行为博弈模型建立

假设有 x 比例的农民工选择转化为市民，$1-x$ 比例的农民工选择不转化；有 y 比例的企业选择支持，$1-y$ 比例的企业选择不支持。参与主体的期望效用就是期望收益，根据上述设定的情景，在企业的支持策略下，农民工的期望效用为：

$$U_i^1 = \omega_1 + \beta(k_i b_i - D) - \frac{1}{2} c_i b_i^2 - (1-\theta)(k_i - 1)N - (1-\gamma)M$$

在企业的不支持策略下，农民工的期望效用为：

$$U_i^2 = \omega_2 - \frac{1}{2} c_i b_i^2$$

企业选择支持策略时的期望效用为：

$$V_1^i = k_i b_i - \beta(k_i b_i - D) - \omega_1 - \theta(k_i - 1)N - \gamma M$$

企业选择不支持策略时的期望效用为：

$$V_2^i = b_i - \omega_2 - pT$$

由此，构建农民工市民化进程中企业行为作用机理的博弈模型，农民工与企业之间的博弈支付矩阵如表 7-1 所示。

表 7-1 农民工与企业之间博弈的支付矩阵

		企业 支持（y）	企业 不支持（$1-y$）
农民工	转化 (x)	$\omega_1 + \beta(kb_1 - D) - \frac{1}{2}c_1 b_1^2 - (1-\theta)(k-1)N - (1-\gamma)M$ $kb_1 - \beta(kb_1 - D) - \omega_1 - \theta(k-1)N - \gamma M$	$\omega_2 - \frac{1}{2}c_1 b_1^2$ $b_1 - \omega_2 - pT$
农民工	不转化 ($1-x$)	$\omega_1 + \beta(kb_2 - D) - \frac{1}{2}c_2 b_2^2 - (1-\theta)(k-1)N - (1-\gamma)M$ $kb_2 - \beta(kb_2 - D) - \omega_1 - \theta(k-1)N - \gamma M$	$\omega_2 - \frac{1}{2}c_2 b_2^2$ $b_2 - \omega_2 - pT$

7.3 企业策略行为与农民工市民化策略行为分析

7.3.1 演化稳定策略求解

根据表 7-1 所示农民工与企业之间博弈的支付矩阵，农民工采取转化策略的期望收益为：

$$U_1 = y[\omega_1 + \beta(kb_1 - D) - \frac{1}{2}c_1 b_1^2 - (1-\theta)(k-1)N - (1-\gamma)M] + (1-y)(\omega_2 - \frac{1}{2}c_1 b_1^2)$$

$$= y[\omega_1 + \beta(kb_1 - D) - (1-\theta)(k-1)N - (1-\gamma)M] + (1-y)\omega_2 - \frac{1}{2}c_1b_1^2$$

农民工采取不转化策略的期望收益为：

$$U_2 = y[\omega_1 + \beta(kb_2 - D) - \frac{1}{2}c_2b_2^2 - (1-\theta)(k-1)N - (1-\gamma)M] + (1-y)(\omega_2 - \frac{1}{2}c_2b_2^2)$$

$$= y[\omega_1 + \beta(kb_2 - D) - (1-\theta)(k-1)N - (1-\gamma)M] + (1-y)\omega_2 - \frac{1}{2}c_2b_2^2$$

农民工的平均期望收益为：

$$\overline{U} = xU_1 + (1-x)U_2$$

农民工采取转化策略的复制动态方程为：

$$F(x) = \frac{\mathrm{d}x}{\mathrm{d}t} = x(U_1 - \overline{U}) = x(1-x)(U_1 - U_2)$$

$$= x(1-x)[y\beta(kb_1 - kb_2) - (\frac{1}{2}c_1b_1^2 - \frac{1}{2}c_2b_2^2)] \quad (7-1)$$

同理，企业采取支持策略的期望收益为：

$$V_1 = x[kb_1 - \beta(kb_1 - D) - \omega_1 - \theta(k-1)N - \gamma M]$$
$$+ (1-x)[kb_2 - \beta(kb_2 - D) - \omega_1 - \theta(k-1)N - \gamma M]$$
$$= x[kb_1 - \beta(kb_1 - D)] + (1-x)[kb_2 - \beta(kb_2 - D)] - \omega_1 - \theta(k-1)N - \gamma M$$

企业采取不支持策略的期望收益为：

$$V_2 = x(b_1 - \omega_2 - pT) + (1-x)(b_2 - \omega_2 - pT)$$
$$= xb_1 + (1-x)b_2 - \omega_2 - pT$$

企业的平均期望收益为：

$$\overline{V} = yV_1 + (1-y)V_2$$

企业采取支持策略的复制动态方程为：

$$F(y) = \frac{\mathrm{d}y}{\mathrm{d}t} = y(U_1 - \overline{U}) = y(1-y)(V_1 - V_2)$$
$$= y(1-y)\{x[(1-\beta)(kb_1 - kb_2) - (b_1 - b_2)]$$
$$- (b_2 - \omega_2 - pT) + [kb_2 - \beta(kb_2 - D) - \omega_1 - \theta(k-1)N - \gamma M]\}$$
$$(7-2)$$

对于农民工，令 $F(x) = 0$，得式（7-1）可能的演化稳定策略为：

$$x_1^* = 0, \ x_2^* = 1, \ y^* = \frac{\frac{1}{2}c_1b_1^2 - \frac{1}{2}c_2b_2^2}{\beta(kb_1 - kb_2)}$$

当 $y = y^*$ 时（仅当 $0 \leqslant y^* \leqslant 1$ 时），始终有 $F(x) = 0$，则 $x_1^* = 0$ 和 $x_2^* = 1$ 均是稳定状态。当 $y < y^*$ 时，$x_1^* = 0$ 是稳定状态。当 $y > y^*$ 时，

$x_2^* = 1$ 是稳定状态。博弈系统向不同方向演化的概率大小取决于 y^* 的大小，y^* 越小，$y < y^*$ 的概率越小，博弈系统向 $x_1^* = 0$ 演化的概率越小，相应地向 $x_2^* = 1$ 演化的概率越大。因为有 $0 < y < 1$，因此当 $y^* < 0$ 时，$y > y^*$ 始终成立，$x_2^* = 1$ 始终是稳定状态。

同理，对于企业，令 $F(y) = 0$，得到式（7-2）可能的演化稳定策略为：

$$y_1^* = 0, y_2^* = 1,$$

$$x^* = \frac{(b_2 - \omega_2 - pT) - [kb_2 - \beta(kb_2 - D) - \omega_1 - \theta(k-1)N - \gamma M]}{(1-\beta)(kb_1 - kb_2) - (b_1 - b_2)}$$

当 $x = x^*$ 时（仅当 $0 \leqslant x^* \leqslant 1$ 时），始终有 $F(y) = 0$，则 $y_1^* = 0$ 和 $y_2^* = 1$ 均是稳定状态。当 $x < x^*$ 时，$y_1^* = 0$ 是稳定状态。当 $x > x^*$ 时，$y_2^* = 1$ 是稳定状态。博弈系统向不同方向演化的概率大小取决于 x^* 的大小，x^* 越小，$x < x^*$ 的概率越小，博弈系统向 $y_1^* = 0$ 演化的概率越小，相应地向 $y_2^* = 1$ 演化的概率越大。当 $x^* < 0$ 时，因为有 $0 < x < 1$，$x > x^*$ 将始终成立，$y_2^* = 1$ 始终是稳定状态。

7.3.2 均衡条件分析

命题1：当企业选择不支持时，农民工选择转化与不转化的效用之差为负；当企业选择支持时，农民工选择转化与不转化的效用之差与 k、β 正相关，与 c 负相关。

为方便计算和分析，设高努力 $b_1 = 1$，低努力 $b_2 = 0$。当企业选择不支持时，农民工选择转化和不转化的效用之差为：

$$\Delta U(\omega_2) = -\frac{1}{2}c_1 \tag{7-3}$$

当企业选择支持时，农民工选择转化和不转化的效用之差为：

$$\Delta U(\omega_1) = \beta k - \frac{1}{2}c_1 \tag{7-4}$$

命题1说明，如果说农民工是否选择转化主要决定于其转化与不转化时效用的比较，那么在企业选择不支持的情况下，农民工的比较效用始终为负，农民工会选择不转化；在企业选择支持的情况下，农民工的比较效用主要受成本系数、产出系数和超额收益分享比例的影响，在成本既定的情况下，人力资本水平越高，超额收益分享越高，比较效用越大，农民工越可能选择转化。这主要是由于在企业支持的情况下，通过技能培训提高了农民工人力资本水平，使其努力工作对产出的贡献度增大，加上受激励工资的影响，农民工努力的边际效益更加显著,因此其将会选择市民化并付出高努力。

命题2:当 $\Delta C > \Delta S(b_1)$ 时,不支持是企业的行为演化稳定策略。

当农民工选择转化时,企业选择支持和不支持的收益之差为:

$$\Delta S(b_1) = k - \beta(k - D) - 1$$

成本之差为:

$$\Delta C(b_1) = \omega_1 + \theta(k-1)N + \gamma M - (\omega_2 + pT)$$

当 $\Delta C > \Delta S(b_1)$ 时:

$$\Delta C(b_1) - \Delta S(b_1) = [\omega_1 + \theta(k-1)N + \gamma M - (\omega_2 + pT)] - [k - \beta(k-D)]$$
$$= -(\omega_2 + pT) - [\beta D - \omega_1 - \theta(k-1)N - \gamma M]$$
$$- [(1-\beta)k - 1]$$
$$> 0$$

由此可以得出:

$$x^* = \frac{(-\omega_2 - pT) - [\beta D - \omega_1 - \theta(k-1)N - \gamma M]}{(1-\beta)k - 1} > 1$$

根据对演化稳定策略的求解结果可知,当 $x^* > 1$ 时,$y_2^* = 0$ 始终是稳定状态。

命题2说明,在农民工转化的前提下,当企业的比较成本大于比较收益时,不支持是企业的行为演化结果。由于 $\Delta V = \Delta S - \Delta C$,当 $\Delta C > \Delta S(b_1)$ 时,$\Delta V(b_1) < 0$,即在农民工选择转化的最好情况下,企业选择支持的期望效用小于选择不支持的期望效用。因此,企业为保证自己的利益,会选择不支持农民工市民化。也就是说,企业选择不支持农民工市民化是其理性选择的结果,是一种稳态。更进一步,企业要支持农民工市民化存在着比本书所设定情景更为严苛的条件。

命题3:在 $(1-\beta)k - 1 > 0$ 的前提下,当 $\Delta C < \Delta S(b_2)$ 时,支持是企业的行为演化稳定策略。

当农民工选择不转化时,企业选择支持和不支持的收益之差为:

$$\Delta S(b_2) = \beta D$$

成本之差为:

$$\Delta C(b_2) = \omega_1 + \theta(k-1)N + \gamma M - (\omega_2 + pT)$$

当 $\Delta C < \Delta S(b_2)$,同时满足 $(1-\beta)k - 1 > 0$ 时,有:

$$x^* = \frac{(-\omega_2 - pT) - [\beta D - \omega_1 - \theta(k-1)N - \gamma M]}{(1-\beta)k - 1} < 0$$

根据对演化稳定策略的求解结果可知,当 $x^* < 0$ 时,$y_2^* = 1$ 始终是稳定

状态。

命题 3 说明，企业的行为选择取决于其支持与不支持时收益的比较和成本的比较，及其支持时的超额收益分享比例与生产系数增加比例。在保证农民工人力资本提升增加的产出贡献度不会被超额收益分配所抵消的前提下，如果农民工不转化，那么当企业的比较成本小于比较收益时，支持则是企业的行为演化结果。当 $(1-\beta)k-1>0$ 时，企业支持增加的农民工努力产出足以弥补分享的那部分超额收益；同时当 $\Delta C<\Delta S(b_2)$ 时，$\Delta V(b_2)>0$，即在农民工选择不转化的最坏情况下，企业选择支持的效用大于选择不支持的效用，此时企业支持获得的边际收益是其最低收益，因此企业一定会选择支持农民工市民化。

命题 4：在 $(1-\beta)k-1>0$ 的前提下，当 $\Delta S(b_2) \leqslant \Delta C \leqslant \Delta S(b_1)$ 时，企业的行为选择受培训成本承担比例 θ、社保费用承担比例 γ、固定工资差距 $\omega_1-\omega_2$、政府监管力度 pT、超额收益分配系数 β 等因素的影响，且企业选择支持的概率与 θ、γ、$\omega_1-\omega_2$ 成反比，与 pT 成正比，超额收益分配系数 β 对企业行为的影响与其他因素相关。

当 $\Delta S(b_2) \leqslant \Delta C \leqslant \Delta S(b_1)$ 时：

$$\Delta C - \Delta S(b_2) = (-\omega_2 - pT) - [\beta D - \omega_1 - \theta(k-1)N - \gamma M] \geqslant 0$$

$$\begin{aligned}\Delta C - \Delta S(b_1) &= [\omega_1 + \theta(k-1)N + \gamma M - (\omega_2 + pT)] - [k - \beta(k-D)] \\ &= -(\omega_2 + pT) - [\beta D - \omega_1 - \theta(k-1)N - \gamma M] \\ &\quad - [(1-\beta)k - 1] \leqslant 0\end{aligned}$$

同时满足 $(1-\beta)k-1>0$ 时：

$$0 \leqslant x^* = \frac{(-\omega_2 - pT) - [\beta D - \omega_1 - \theta(k-1)N - \gamma M]}{(1-\beta)k - 1} \leqslant 1$$

根据对演化稳定策略的求解结果可知，当 $0 \leqslant x^* \leqslant 1$ 时，$y_1^*=0$ 和 $y_2^*=1$ 均是稳定状态，博弈系统向不同方向演化的概率大小取决于 x^* 的大小，x^* 越小，向 $y_2^*=1$ 演化的概率越大。

对 x^* 分别求关于 $\omega_1-\omega_2$、θ、γ、pT 的偏导得：

$$\frac{\partial x^*}{\partial(\omega_1-\omega_2)} = \frac{1}{(1-\beta)k-1} > 0 \tag{7-5}$$

$$\frac{\partial x^*}{\partial \theta} = \frac{(k-1)N}{(1-\beta)k-1} > 0 \tag{7-6}$$

$$\frac{\partial x^*}{\partial \gamma} = \frac{M}{(1-\beta)k-1} > 0 \tag{7-7}$$

$$\frac{\partial x^*}{\partial pT} = -\frac{1}{(1-\beta)k-1} < 0 \tag{7-8}$$

由式（7-5）、式（7-6）、式（7-7）可知，当企业承担的培训成本比例 θ 和社保费用比例 γ 以及提供的固定工资差距越大时，x^* 越大，企业选择支持的概率越小；由式（7-8）可知，当政府的监管力度 pT 越大时，x^* 越小，将有利于提高企业选择支持行为的概率。

对 x^* 求关于 β 的偏导得：

$$\frac{\partial x^*}{\partial \beta} = \frac{\{(-\omega_2 - pT) - [\beta D - \omega_1 - \theta(k-1)N - \gamma M]\}k - [(1-\beta)k - 1]D}{[(1-\beta)k - 1]^2}$$

这说明，超额收益分享系数的提高会促进或抑制企业支持行为的选择，具有不确定性，在 $\{(-\omega_2 - pT) - [\beta D - \omega_1 - \theta(k-1)N - \gamma M]\}k - [(1-\beta)k - 1]D > 0$ 情况下，β 的增加会促进的 x^* 增加，从而降低支持的优势，提高不支持行为选择的概率。反之，随着 β 的增加，x^* 变小，从而使得支持选择的优势变得明显，选择支持行为的比例变大。

命题4说明，当农民工选择不转化时，$\Delta V(b_2) \leqslant 0$，即企业选择支持的期望效用小于选择不支持的期望效用。当农民工选择转化时，$\Delta V(b_1) \geqslant 0$，即企业选择支持的期望效用大于选择不支持的期望效用。在这种情况下，企业既可能选择支持，也可能选择不支持，选择不同策略的概率大小受政府的监管力度的正向影响，受承担的培训成本比例、社保费用比例及提供的固定工资差距的负向影响，超额收益分配比例对企业行为的影响与其他因素相关。

在 $-(\omega_2 + pT) - [\beta D - \omega_1 - \theta(k-1)N - \gamma M] - [(1-\beta)k - 1] \leqslant 0$ 的假设条件下，$\{(-\omega_2 - pT) - [\beta D - \omega_1 - \theta(k-1)N - \gamma M]\}k - [(1-\beta)k - 1]D$ 的大小主要取决于 k 和 D，即此时超额收益分享系数 β 对企业行为的影响还与 k 和 D 密切相关。随着 D 增大到使偏导小于 0，β 有正向影响作用，随着 k 增大到使偏导大于 0，β 有负向影响作用。

7.3.3 研究结果讨论

1. 主要结论

结论1：农民工市民化的期望收益大于非市民化的期望收益是农民工市民化行为选择的基本条件，当企业不提供支持时，农民工转化是劣策略，当企业提供支持时，只有满足转化和不转化时获得的比较效用为正，农民工才可能选择转化为市民，并提供高努力，农民工的生产系数 k 与企业的激励系数 β 共同促进农民工市民化行为的选择。

结论2：企业的行为选择取决于其支持与不支持时收益的比较和成本的比较，及其支持时的超额收益分享比例与生产系数增加比例。在保证农民工人力资本提升增加的产出贡献度不会被超额收益分配所抵消的前提下，即使农民工不转化，企业支持时收益的增加也高于成本的增加，企业的行为将演化为支持农民工市民化。此时，企业提供的激励工资对其收益具有重要影响作用，企业提供的固定工资、共担的培训和社保费用，以及政府的监管水平共同影响其成本。

结论 3：当农民工不转化时，企业选择支持收益的增加不足以弥补成本的增加，但当农民工选择转化时，企业选择支持收益的增加足以弥补成本的增加，此时，企业的行为可能演化为支持农民工市民化，也可能演化为不支持，企业行为选择的概率与企业承担的培训成本比例 θ、社保费用比例 γ 及提供的固定工资差距 $\Delta\omega$ 负相关，与政府的监管力度 pT 正相关。

2. 进一步讨论

在城市二、三产业就业获得比在农村从事农业生产更高的工资收入是农民工市民化的基本条件。近年来，随着我国新型城镇化的推进和新的发展理念的确立，农民工进城就业的渠道更加广泛和灵活，也有了更加多样化的就业形式，而非仅企业一条通道。本章将农民工市民化这一复杂的社会现象简单地抽象化处理后纳入一个农民工与企业之间的具体情景中，对其策略进行了研究。从研究结论看，企业支持农民工市民化并愿意为农民工市民化承担其法律规定的成本，农民工积极努力工作并长期服务于企业，农民工实现市民化，企业能够持续发展是整个事件社会福利目标。然而这一目标的实现却有着非常严苛的条件，这些条件不仅有违企业的利润最大化目标，而且也有违农民工就业特点。也就是说，这一均衡条件在现实的社会实践中难以达成，这在一定程度上解释了农民工素质难以提升，企业转型升级难以寻求到合适的人力资源，农民工工资拖欠等社会现象。显然，这一问题的有效解决仅依靠企业和农民工两者的努力是不够的，也就是存在市场"失灵"的问题。因此，一方面，政府提高监督力度和惩罚力度将有利于从外部促进企业承担起应当承担的责任和义务，支持农民工市民化。另一方面，通过对市民化进程中农民工主体地位的考虑，建立起更合理的培训和社会保障支出共担机制，以及控制支持与不支持时固定工资之间的差距，更好地发挥激励工资的促进作用等，将有助于从内在机理的作用视角推动企业支持行为的选择。但不容忽视的是，激励系数的确定要视情况而定，在满足一定约束条件的前提下，才可通过提高激励工资的分配力度来促进农民工付出高努力，选择市民化，这涉及企业内部管理机制和体制创新问题。除此之外，如果没有政府"有形之手"的作用，企业行为选择也将有悖于国家政策导向，因此，在农民工市民化进程中，我们不仅要加强《劳动法》的执法监督，而且也应对积极参与农民工市民化的优秀企业给予一定的激励，如设立企业员工培训基金，支持企业为农民工提供培训投资，主动为企业分担人力资本成本，共同促进农民工市民化。

7.4 农民工权益保障分析

农民工作为整个社会系统中的一个群体，受其自身、工作等多因素的影响，农民工权益保障受到党和国家的高度重视。2016年，国务院办公厅针对近年来农民工工资拖欠问题专门出台了《关于全面治理拖欠农民工工资问题的意见》，但农民工权益受损问题仍时有发生。农民工工资问题可以很好地折射出在农民工市民化进程中企业与农民工之间的利益关系。也就是说，围绕农民工在城市二、三产业的就业而产生的合同、劳动强度、工资和社会权益虽不能完整地验证农民工市民化进程中的农民工与企业之间的整体利益关系和策略行为，但仍可以通过其管中窥豹，部分地呈现两者之间的关系和行动策略。

7.4.1 农民工劳动合同签订分析

用工单位与劳动者签订劳动合同是劳动市场上的通常做法。通过劳动合同明确双方的责、权、利，将有效地降低劳动市场的风险。长期以来，农民工就业多为非正规就业，由图7-1可知，我国农民工劳动合同签订情况改善不明显，超半数以上的农民工仍未与就业单位或用工企业签订劳动合同，且2009—2016年我国农民工劳动合同签订比重总体上呈现出先增后减趋势。签订劳动合同是保障劳动者多方权益的主要方式，也是其面临权益受损时最具有法律效力的维权依据。

图7-1 2009—2016年农民工签订劳动合同比例（%）

数据来源：国家统计局《全国农民工监测调查报告》。

长期城乡二元分割体制下，我国农民工群体在就业方式、组织力量、权利保护体系等方面的高度非正规性，以及低人力资本状态下的法律意识薄弱和就业竞争优势不足，弱化了农民工在劳动市场的主体地位，降低了其市场议价能力和集体议价能力，进一步强化了劳动力市场的"资强劳弱"的劳资现状，从而导致农民工难以依靠"劳资博弈"机制来维护自身合法权益，难以在劳资谈判过程中要求用人单位与其签订劳动合同，从而造成我国农民工劳动合同签订率普遍偏低的状况（翁玉玲，2018；郭学静等，2014）。为避免劳动争议以及更好地保障农民工群体的合法权益，2008年国家正式在全国范围内实施《劳动合同法》，极大地遏制了用人单位不签订劳动合同、损害劳动者权益的用工行为的发生（张世伟等，2018）。这一时期内我国农民工劳动合同签订情况得到极大的改善，劳动合同签订率有所提高，但自2013年起，农民工劳动合同签订率逐年降低，其可能的解释是：一方面，我国《劳动合同法》及其配套的相关制度法规、政策措施并未在具体实施过程中得到充分落实。由于我国劳动监察队伍建设缓慢，缺乏专业性执法监察人才，在立案、办案、结案、行政执法、处理程序等多个方面存在不规范性问题，整体劳动监察执法力度不高、效果欠佳，甚至有部分地方政府以及执法人员随意变更相关处罚决定，存在以调代处、以权谋私现象，难以有效地遏制用人单位的违法行为，阻碍了对农民工等劳动者群体合法权益的有效保护（李伶俐，2017）。另一方面，出于对经济效益最大化的追求，用人单位通常采取歧视策略，即用人单位更愿意与受教育水平高、技能水平高、谈判能力强的劳动者签订书面形式的劳动合同，为其提供更多的劳动权益保障；而对低人力资本、低市场议价力、低谈判能力的农民工群体，选择以非全日制或口头协议形式替代的劳动合同，进而降低其用工成本、提高经营效益，损害农民工的劳动权益（陈鹏程等，2019；程延园等，2016）。

7.4.2　农民工劳动强度分析

总体来看，我国农民工全年外出务工时间逐年递增，而其平均每月工作时间、平均每天工作时间以及各种超时工作比重均有所降低，但其劳动时长明显超过国家法律规定的8小时/天、44小时/周的工作时长，即当前我国农民工群体仍长期处于超时劳动状态，且农民工休息休假权难以得到有效保证（如表7-2所示）。

表7-2　2010—2016年外出农民工劳动时间与强度

	2010年	2011年	2012年	2013年	2014年	2015年	2016年
全年外出从业时间（月）	9.8	9.8	9.9	9.9	10.0	10.1	10.0
平均每月工作时间（天）	26.2	25.4	25.3	25.5	25.3	25.2	25.2
平均每天工作时间（小时）	9.0	8.8	8.7	8.8	8.8	8.7	8.7
每天工作时间超过8小时的比重（%）	49.3	42.4	39.6	41.0	40.8	39.1	37.3
每周工作时间超过44小时的比重（%）	90.7	84.5	84.4	84.7	85.4	85.0	84.4

数据来源：国家统计局《全国农民工监测调查报告》。

农民工求职瓶颈、工作困境及其稳定需求和城市生活过程中的生存需求与发展需求是我国农民工群体超时工作或过度工作的关键原因（王静等，2013）。一方面，赚钱养家的现实需求以及改善生活的美好愿望是我国农民工进城务工就业的本质目的。然而，在我国城乡二元体制下，大部分农民工受教育程度低、技能水平低，在求职以及就业过程中长期面临着工资收入低、工作环境差、工作不稳定等就业困境，加上农民工工资拖欠、工伤事故等劳动纠纷事件的频发，从而促使农民工群体"自愿"做出加班加点的超时工作选择，"自发性"地延长工作时间，希望通过增加劳动时间来获取更多的劳动报酬以最大限度地保障其城市生存发展。另一方面，随着农民工群体在城务工时间的不断增长，农民工为追求更好的自我发展机遇，其定居城市、融入城市的意愿更加强烈，而在这种强烈意愿的作用下以及长期身份歧视的影响下，农民工愿意也更倾向于通过对城市建设与社会发展做出更多贡献，以期获得城市归属感和社会认同感，从而加剧了农民工超时劳动程度。除受个体特征与人力资本因素影响外，农民工就业领域、单位类型、劳动保障等因素也在一定程度上影响了其劳动强度（谢勇等，2013）。一方面，我国大部分农民工就业于以简单体力劳动为主、技能水平要求较低的次要劳动力市场，如建筑业、服务业以及低端制造业等，而这些行业领域中的企业大多处于粗放式经营阶段，且在其经营收益一定的情况下，最大限度地降低成本是企业获取更多利益的主要方式方法，而其中最主要的方式是以较低的工资增长要求农民工超时超负荷工作（石建忠，2019）。部分企业还通过主动为农民工提供住宿，以有效降低农民工的通勤时间成本，从而为其加班加点的超时工作创造条件，进一步压榨农民工的劳动价值（李君甫等，2018）。另一方面，农民工劳动保障不足是农民工超时劳动的原因，未与用人单位签订劳动合同或仅是口头协议合同的农民工群体在面临用人单位的加班工作要求以及不加班则辞退的威胁时，加上权益维护依据缺失以及较高维权成本的影响，他们更倾向于选择超时工作以保障其工作稳定和生存需求（刘璐宁等，2018）。

7.4.3 农民工工资拖欠分析

总体来看，我国农民工工资拖欠比例呈现出先降后趋于稳定的趋势：2016年我国农民工工资拖欠比例为0.8%，相对于2008年总体降低了3.3个百分点；自2011年起，我国农民工工资拖欠比例均维持在0.8%左右，波动幅度较小（如图7-2所示）。尽管我国农民工工资拖欠的相对比例较低，但其绝对人数仍明显多于200万人（以2016年为例），且从2012年起相对比例在小幅度范围内回升，其可能的原因是：一方面，制止雇主拖欠农民工工资的相关法律法规、政策措施依赖于各级地方政府以及执法人员的有效实施。在现实生活中，作为理性人的一些地方政府以及执法人员却常以自身利益最大化而不作为现象较为普遍（苏晓萍等，2008）。相较于新制度建立与实施的高成本和高风险来说，一些地方政府更倾向于选择延续制度成本低且易于实施的二元制度对农民工群体进行管理。在国家经济补偿援助以及激励措施延迟到位的状况下，各级地方政府难以从农民工群体中获益，加之为避免因损害城市既得利益者的利益而引发的政治风险，地方政府以及相关执法人员低效行使其职能，不予以直接干预或制止雇主拖欠工资，导致相关法律法规、政策措施的实施机制"软化"，农民工工资拖欠现象屡禁不止（于涛等，2011）。另一方面，在长期二元化的管理机制、城乡分治的社会管理理念以及城市优先发展战略的共同作用下，城市居民和农民之间的界限划分越加明晰，城乡差距逐渐拉大，进而促使农民工长期处于我国社会边缘，农民工习惯于或被迫接受身份歧视所带来的差别待遇。而农民工对其边缘身份的认同在现实生活中往往在农民工与雇主的博弈过程中表现为一种集体无意识，难以提出相应的要求。集体无意识又会潜移默化地影响我国农民工的群体行为，促使"无劳动合同"式的用工方式成为其就业过程中的惯例，从而纵容了雇主或用人单位的欠薪行为。更进一步，当面临用人单位的欠薪行为时，由于多数农民工法律意识淡薄，缺乏自我保护与维权意识，加之劳动法律诉讼的较高成本与风险，农民工较少通过寻求法律援助以维护自我权益，而更倾向于以上访、示威等方式，仍趋向于求助政府（刘丽华，2016）。总之，国家层面对农民工工资支付保障的相关制度、法律法规得不到有效贯彻落实，且制度的法律位阶偏低，执行效率低，一定程度上是各行业和用人单位的拖欠、积欠等欠薪行为难以得到有效禁止的主要原因（王蓓等，2015）。

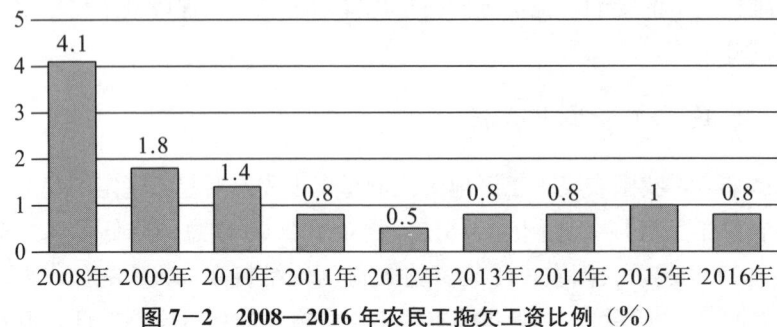

图7-2 2008—2016年农民工拖欠工资比例（%）

数据来源：国家统计局《全国农民工监测调查报告》。

7.4.4 农民工社会权益保障

社会权益是农民工作为社会成员参与社会劳动应得到的权益。近年来，随着国家相关法律法规的进一步完善，农民工的社会权益保障得到了较好的改善。由表7-3可知，我国农民工参加各类社会保险比例整体上均呈现出上升趋势。2014年，农民工社会保险参保比例最高的是工伤保险（26.2%）；参保比例增幅较大的是养老和失业保险，各增长6.9%和6.8%。但总体而言，我国农民工参加社会保险的参保率偏低，其基本权益难以得到有效保障。我国农民工社会保障现状是政府、用人单位、农民工等多方主体基于不同目标与利益，相互合作的结果（操家齐，2017）。对于长期处于低收入阶层的农民工群体来说，即使其收入水平逐年提高，但由于城市生活开支范围广、开支费用大，多数农民工仍难以承担较高的社会保险费用，从而导致我国农民工在社会保险的参保方面通常采取选择性参保方式（仇晓洁等，2016）。也就是说，从事建筑业、低端制造业等工作安全系数较低、工作危险系数较高的行业时，农民工倾向于参加工伤保险和医疗保险；而从事餐饮服务业、批发零售业等工作安全系数较高、工作危险系数较低的行业时，农民工更倾向于参加医疗与养老保险。从用人单位角度来看，缴纳员工的社会保障金则意味着其用工成本增加，相应的利润空间降低，即对于技术含量较低、产品附加值不高、平均利润较低的劳动密集型企业而言，其核心竞争力本质在于生产经营的低成本，而为农民工缴纳较高的社会保障金，将降低其获利能力。由此可见，在没有强制性约束下，用人单位不愿意为农民工购买社会保险，甚至通过不与农民工签订劳动合同、购买商业性的意外险等低费用保险来代替工伤保险或者仅购买某一种社会保险等方式，来降低其员工社会保障金的缴纳费用（李红勋，2016）。从政府角度来看，一方面，政府对农民工社会保障金的缴纳负有出资或筹资的责任。虽然当前中央和地方政府财政对社会保障的财政投入比重日益增长，但在我国经济增长放缓的现实状况下，中央和地方政府对社会保障的财政支出或补给是有限的。在政府投入有限的情况下，政府将优先保证刚性的财政支出项目，而很难惠及农民工群体。另一方面，政府对农民工社会权益保障负有监督管理的责任。而在现实经济活动中，一些地方政府出于招商引资的需要，往往会把企业为员工缴纳社会保障金的金额、比例、类型等作为一种优惠条件来吸引投资，以带动当地GDP以及税收的增长。相应地，一些地方政府对农民工社会保障政策的执行以及对企业缴纳社会保障金的监管也就存在不足，从而导致农民工社会权益保障难以得到有效的保护（李伟，2013）。以我国区域经济社会发展不平衡不充分为背景，我国不同地方的社会保障体系、运行机制以及保障项目等存在较大差异，其社保关系难以有效转移和续接，加上农民工就业的强流动性与低稳定性特征的影响，农民工群体难以适应地方社会保险的缴纳周期和建立良好稳定的社会保险关系，从而致使我国农民工群体长期处于低社会保险参保率状态，其社会权益保障未得到有效保护（贾颖，2015）。

表7-3 2008—2014年农民工参加社会保险的比例（%）

	2008年	2009年	2010年	2011年	2012年	2013年	2014年
养老保险	9.8	7.6	9.5	13.9	14.3	15.7	16.7
工伤保险	24.1	21.8	24.1	23.6	24.0	28.5	26.2
医疗保险	13.1	12.2	14.3	16.7	16.9	17.6	17.6
失业保险	3.7	3.9	4.9	8.0	8.4	9.1	10.5
生育保险	2.0	2.4	2.9	5.6	6.1	6.6	7.8

数据来源：国家统计局《全国农民工监测调查报告》。

第8章 农民工市民化：
利益关系再认识与协调机制

从农民工市民化的总体趋势看，农民工市民化既是一个农民工和家庭的重要决策，也是一个关涉到利益相关者集体行动达成的问题。随着我国经济社会的发展，从宏观层面上看，经济新常态和新型城镇化对农民工市民化既是挑战也是机遇。如果以农民工群体的内部分化为既定的社会事实，那么经济新常态和新型城镇化对不同农民工市民化的影响是不同的，也就是说农民工市民化是一个非常个性化的决策。立足于农民工顺利市民化的政策目标的内在要求，如果以农民工作为市民化的行动决策主体，那么从上述研究中我们不难发现，农民工市民化意愿和市民化能力是其关键，前者为行为动机，后者为行动资源基础。农民工市民化行为动机和行动资源的形成受制于政府和企业的行为，政府的行动选择将直接决定农民工市民化非经济门槛的高低，企业的行动选择将直接决定农民工市民化经济门槛的高低，且两者互为影响，共同决定农民工市民化的门槛[①]。因此如何立足于其内在的作用机理，构建起机理相容的利益协调机制，理应成为农民工市民化研究的内容。

---

① 门槛分析法源自波兰著名的城市经济学家和规划学家 B. 马利士（B. Malisz）1963 年发表的《城市建设经济》，借用到农民工市民化研究中，人们普遍认为农民工市民化存在着经济门槛和非经济门槛。前者为市场性约束，受供求关系、竞争关系的影响；后者为行政性约束，受政府制度安排和行政手段影响。参见黄锟. 中国农民工市民化制度分析 [M]. 北京：中国人民大学出版社，2011：88-89。

8.1 农民工市民化过程中的利益关系再认识

8.1.1 农民工市民化主体层面的过程认识

农民工市民化既可以理解为一种过程,也可以理解为一种结果。如果将农民工市民化理解为一种过程,那么重点集中于农民工转化为市民,这一转化过程包括意愿的产生、能力条件的形成和市民体系的融入等。如果将其理解为一种结果,则意味着其职业、生产生活方式的彻底市民化,不仅包括其外在象征系统的符号市民化,而且也包括其内在的价值理念和文化信仰的市民化。显然,从本课题的研究目标而言,我们讨论的重点主要集中在过程意义上的农民工市民化,研究的重点是农民工市民化行动意愿的产生和能力条件的形成。如果假定农民工是理性的,存在着市民化与非市民化的策略空间,是一个市民化成本与收益、非市民化成本与收益的比较过程,那么从静态角度看,农民工市民化的本质是农民工作为一个行动主体其行动意愿和行动能力组合的结果,由此我们可以构建起一个农民工市民化的分类行动逻辑框架,如图8-1所示。

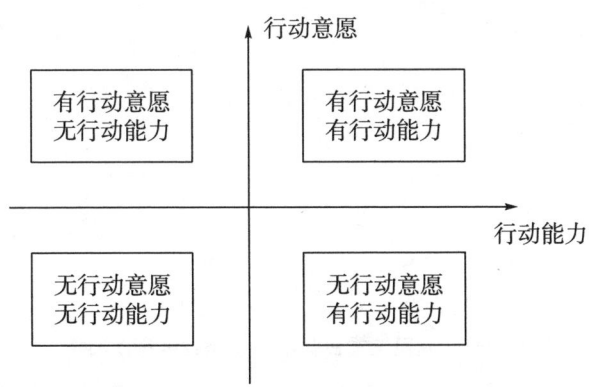

图8-1 农民工市民化分类行动逻辑框架

显然,上述有关农民工市民化的过程分析是在一个封闭系统中进行讨论的。农民工作为一个理性的行动主体,其外部影响因素被排斥在其行动决策之外,难以反映农民工市民化的复杂性,存在着明显的不足,需要将讨论的范畴拓展到一个更为宽泛的宏观环境中去。

8.1.2 农民工市民化扩展过程的利益关系认识

如果说影响农民工市民化的最直接因素是农民工的市民化意愿和行动能

力，那么从农民工市民化意愿和行动能力的生成条件可知，围绕着农民工市民化存在着一个利益相关者行动系统，他们的一致性集体行动的达成无疑会降低农民工市民化的经济门槛和非经济性门槛，有利于形成农民工市民化的成本分担机制，形成社会合力，共同促进农民工市民化（如图8-2所示）。如果上述命题成立，那么如何构建合理而科学的农民工市民化的成本分担机制这一问题，就可以有逻辑地转化为如何设计农民工市民化的利益协调机制。农民工市民化利益协调机制作为一种制度安排，不仅涉及制度供给主体、动因和条件、形成过程和机制运行等内容，其本质还是一个制度变迁与创新的过程。立足于主体层面，我们必须从利益关系角度去审视和探讨。作为农民工市民化机制或制度创新与变迁的主体，农民和农民工、中央政府、地方政府以及其他相关的经济组织和市民之间的目标函数、行为特征以及在整个利益关系格局中的作用和地位是不同的，目标函数的不同直接关系到其市民化意愿和行动能力。

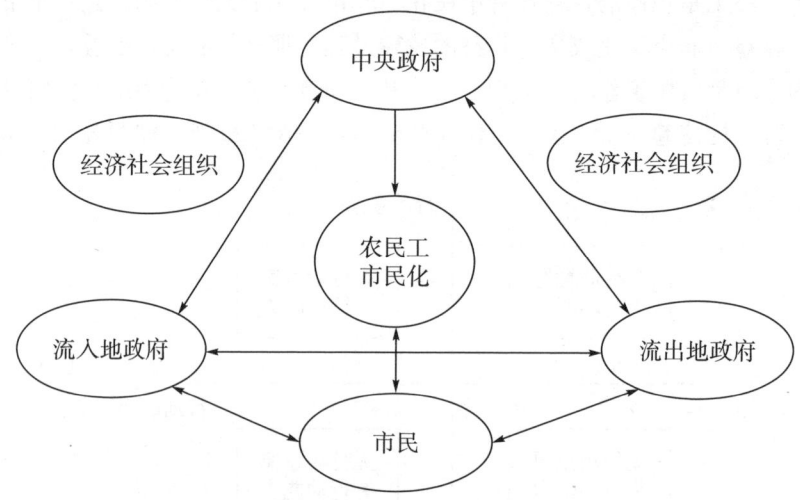

图8-2 农民工市民化的利益相关者行动系统

总体上，农民工市民化的过程始于改革开放的一系列制度的改革和创新，具有十分明显的阶段性特征，即先后经历了不安与躁动（1979—1984年）、农民工始现（1985—1989年）、非农化与城市化结合（1990—2000年）和市民化（2001年至今）四个阶段，其总体发展趋势：一是农民工市民化的政策环境由紧到松，政策环境利好趋势明显；二是农民工市民化过程中的"准市民化"

"半市民化"和"后市民化"①的过程特征十分明显（王兴国，2016）。立足于农民工市民化的整体过程，农民工市民化过程必然会引发一系列的社会关系变化，社会关系的变化既会给农民工市民化带来机会，也会产生不利的结构性约束条件，从而阻碍农民工的顺利市民化。因此，正确认识农民工市民化过程中的结构化变化特征对深化人们的认识是有利的。

影响农民工市民化的结构性约束因素既包括主体性约束，也包括制度性和社会学因素的约束，三者共同影响着农民工的顺利市民化（如图8-3所示）。在影响农民工市民化的结构性约束因素中，由城乡二元化体制派生出的二元社会结构、二元户籍制度、二元劳动力市场、二元社会保障制度、二元身份、二元文化将会形成制度性、社会性和文化性约束，这是主要的影响因素。社会性因素主要体现在社会接纳或者社会排斥上，即农民工进入城市，不仅会受到城市居民的排斥，而且还会受到整个社会系统、文化系统、政治系统和制度系统的排斥，这种排斥是整体性的。在上述一系列因素的影响下，一方面农民工在市民化过程中会出现"非农非乡"候鸟式的迁移，呈现出时空上的"钟摆效应"，不停地在城市和乡村之间按照一定的规律流动；另一方面农民工由于缺乏制度性保障而出现边缘化或者弱势循环，不仅会出现工作边缘化、地位边缘化、政治边缘化、生活边缘化、居住边缘化、权利边缘化、心态边缘化，而且在一系列边缘化的刚性约束下，农民工的弱势地位被不断强化，掉入弱势陷阱且形成弱势循环而不能自拔，其结果是农民工难以实现其真正意义上的市民化。从图8-3可知，制度性约束与社会性约束共同从显性和隐性两个层面形成一道可视之幕，阻碍着农民工市民化。

---

① 准市民化意味着农民工已基本完成了空间上的迁移，长期生活在城市，工作方式和生活方式已基本市民化，但却没有城市户口。半市民化主要指在城市二、三产业从事个体劳动和以打工为生的基层管理人员和技术员工。农民工准市民化和半市民化两者之间有交叉和重叠，其不同之处主要是对群体的区分标准。后市民化是农民工获得城市户籍并完全纳入城市公共服务体系和融入城市生活的一种状态。参见胡杰成. 农民工市民化研究[M]. 北京：知识产权出版社，2012：212；冉昊. 中国农村劳动力转移与农民工市民化[M]. 北京：经济科学出版社，2017。

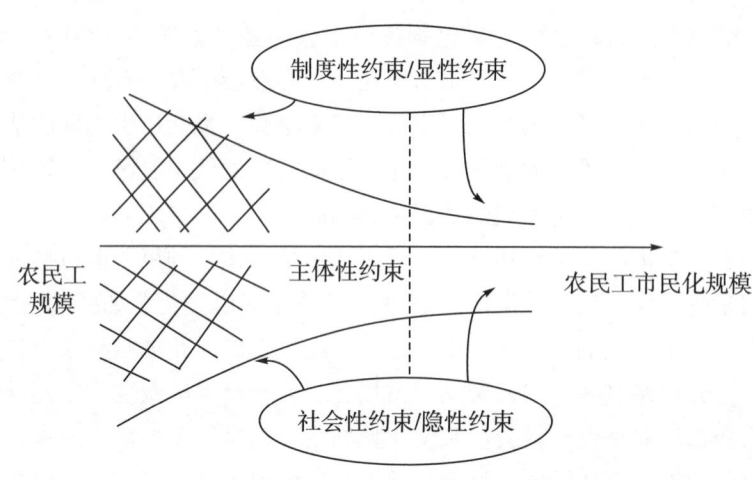

图8-3 农民工市民化的结构性约束

8.1.3 农民工市民化进程中利益关系认识的四个维度

利益关系视角下的农民工市民化的本质是成本与收益在主体之间的非对称，在时间上的非连续性以及空间范畴内的流动性。将农民工市民化的外部成本内部化、外部收益内部化，是农民工市民化利益关系主体形成一致性集体行动的关键，这涉及如何去认识因农民工市民化而引发的利益关系。因农民工市民化而形成的利益关系是一种社会建构的结果，合理而科学的认识框架将帮助人们更为清晰和全面地理解农民工市民化的利益关系结构，有利于主体间利益协调机制的构建。为此，研究基于农民工市民化成本-收益关系，从成本分担主体视角去构建起农民工市民化利益关系认识的基本框架。

如果将农民工市民化理解为发展中国家向发达国家进步过程中的一场社会运动，那么农民工市民化一方面将在宏观层面为城市二、三产业的发展和转型升级提供必不可少的劳动要素，从这一层面去看农民工市民化，其给社会带去的有利影响已超越了农民工个人和家庭，具有十分明显的正外部性。农民工市民化产生的正外部性是典型的公共利益，具有公共产品的基本属性，在产生公共利益的同时，也必然会产生公共成本。在公共经济学理论框架中，对存在公共成本和公共利益的物品的提供必须依靠政府的"有形之手"。也就是说，农民工顺利市民化离不开政府的作用。市场的基础作用主要体现在农民工进入城市二、三产部门后的要素市场上，要素市场的供需结构变化直接决定农民工市民化私人成本的分担模式，而不同的分担模式意味着农民工作为市民化的个体，其承担农民工市民化成本的多少，是一个市民化私人成本的分担比例问题。在农民工市民化总成本一定的情况下，农民工个体分担的比例越少，则越有意愿进行市民化。从农民工市民化的公共成本和私人成本与农民工市民化之间的关系角度看，农民工市民化本质上是一个利益关系的建构过程，相互之间既存在一致性利益，也存在非一致性利益。如果我们将非一致性利益关系理解为利益矛盾，那么要认识清楚这一利益关系则需要建立起一个基本的认识框架。

更进一步，我们可以从四个维度去认识农民工市民化的利益关系，如图8-4所示。

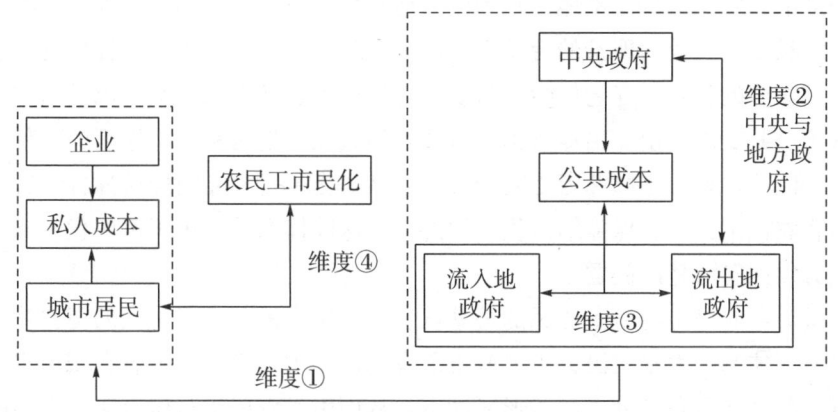

图8-4 农民工市民化利益关系认识

首先，政府与市场关系视角的认识。如果我们将农民工市民化的成本粗略地分为私人成本和公共成本，而透过两类不同成本，我们不难发现其本质是由政府和市场两套不同的资源配置逻辑而引发的矛盾。这充分说明，我们要推动农民工市民化，要构建起有利于农民工市民化的利益协调机制，就必须从政府与市场两者的关系去审视农民工市民化的成本，即政府需要承担公共成本，而企业、农民工个人以及城市居民则应承担农民工市民化的私人成本。如果不做区分，则容易出现两种不利局面。如只强调政府责任，则容易将私人成本转化为政府所承担的公共成本，加大政府的公共财政支出压力，降低政府的积极性。如果将公共成本理解为私人成本，则过高的私人成本容易导致农民工无力承担，降低农民工市民化的意愿，阻碍农民工市民化。

其次，纵向层面的政府关系认识。如果将农民工市民化的价值理解纳入国家现代化的框架中去认识，则农民工市民化的利益则可以细分为直接利益和间接利益，已超越了流入地、流出地的地方政府，从而在空间范畴上升到了国家层面，其成本可以分为直接成本和间接成本。因此，农民工市民化的利益关系认识的第二个维度应该是中央政府与地方政府之间的关系。农民工市民化将会对流入地城市的基础设施、公共服务和社会福利保障系统提出量和质的要求，需要中央和地方政府不断地加大公共财政支出。在现有的财税体制下，如何理顺中央与地方政府的财权与事权关系，如何调整中央与地方政府在农民工市民化中的支出责任就成为农民工市民化利益协调机制的第二大问题。

再次，流入地、流出地的地方政府关系认识。农民工的流动性决定了其市民化必然会引起异地保障成本问题，农民工异地保障成本问题包括保障成本应该由谁承担和不同地区之间保障成本的差异化问题。总体上，在现有的社会保障制度下，农民工从流出地转移到流入地成为产业工人，为流入地的经济社会发展贡献了相对较为廉价的劳动力，但其却难以享受到由流入地提供的社会保障，其相应的新农村养老保险、新农村合作医疗、子女义务教育以及留守老人的各项公共支出也由流出地承担，这实则为欠发达地区对发达地区的一种反向补贴。因此，如何理顺两者之间的关系，构建起科学而合理的利益补偿机制，如何将农民工的社会保障纳入流入地的社会保障体系是农民工市民化利益协调机制必须回答清楚的问题。

最后，农民工与城市居民的关系认识。中国农民工市民化大的历史背景是城乡二元体制，大量农民工进入城市既有的体制中，必将对附着在城市户口等制度上的经济利益和社会利益形成冲击，从而引发农民工与城市居民之间的利益关系调整，农民工市民化既会遭到制度性排斥，也会遭到城市居民的社会性排斥。随着国家相关制度的调整和整个社会的发展，农民工与城市居民之间的关系更加密切相关，相互依赖性更强，来自城市居民的社会性排斥更多地体现为个体层面，所反映出的个别排斥事件更多地与个体有关。因此，对农民的排斥也从改革开放初期的主要矛盾演化成为次要矛盾，也就是说，农民工市民化过程中的社会融入不是制约农民工市民化的主要问题。

8.2 农民工市民化利益协调机制的设计

8.2.1 农民工市民化利益协调机制设计基本原则

从农民工市民化引发的利益关系以及利益关系内部结构看，农民工市民化利益协调机制就是围绕农民工顺利市民化而进行的制度供给创新，其本质是一种制度设计，而制度设计的要旨是要协调各利益主体之间的异质性差异，解决其目标函数的差异性问题，必须在认识清楚农民工市民化的本质属性的基础上，坚持以下基本原则。

1. 坚持公平与效率兼顾的原则

农民工市民化是一项系统性工程，具有复杂性和长期性，农民工市民化进程中所出现问题的有效解决必须纳入整个国家的可持续发展中去思考，既要立足于新发展阶段经济社会发展的新特征，也要从新型城镇化的内在要求出发，积极、有序地推进农民工市民化工作的全面开展；既要建立健全农民工权益保护制度和工作机制，逐渐消除农民工市民化的制度障碍，又要坚持权利与义务对等的原则，引导农村剩余劳动力向大、中、小城市有序地转移；既要立足于农民工市民化的现实需求，又要考虑城市的接纳能力和城市公共基础设施、教育、医疗等公共服务供给能力；既要充分发挥政府在降低农民工市民化成本方面的主导作用，又要充分发挥企业、个人和社会其他经济组织应有的作用，共同推进农民工市民化。

2. 坚持整体与分类推进的原则

农民工市民化进程中的利益关系不仅具有长期性、复杂性特征，而且具有层次性和差异性，涉及中央政府、流入地和流出地地方政府、企业等利益主体。从农民工群体自身的特征看，其年龄、家庭结构和教育水平差异巨大，农民工群体高度分化[①]。总体上，农民工市民化包括农村退出、城市进入和城市融入三个典型阶段，不同的市民化阶段有着不同的需求。从农民工完成市民化的空间看，他们既可以在大城市完成市民化，也可以在中、小城市完成市民化，考虑到中国发展进程中的区域发展水平的差异性，农民工市民化在不同农民工群体、不同的发展阶段和不同城市类型、区域会呈现出不同的问题，参与其中的不同利益主体的目标函数、成本函数都是不同的。因此，中央政府可采取分类推进的方法，鼓励一些经济发达地区先行试点，为农民工顺利市民化进行大胆的实践和探索，积累丰富的可推广的经验。

3. 坚持整体规划与分类改革相结合的原则

农民工顺利市民化是我国经济发展新阶段面临的发展任务，是中国特色现代化国家建设的一部分，具有重要的政治、经济、社会和文化价值，涉及政府、个人、企业和社会等多元化的利益主体，涉及教育、医疗、卫生、住建、

---

① 有关农民工群体内部差异的研究通常将农民工群体按代际特征分为第一代农民工、新生代农民工，他们既有离土不离乡的，也有离土也离乡的。农民工在城市就业的方式也千差万别，有在正规的劳动力市场就业的，也有在非正规劳动力市场就业的，收入水平在农民工内部也有着巨大的差异。

社保等多个部门领域,且农民工市民化是在区域发展不平衡、城乡发展差距大的宏观背景下推进的。农民工市民化的重要价值决定了其作为一项社会工程的地位,必须从国家层面做好农民工市民化的整体规划,必须把农民工市民化纳入国家新型城镇化、乡村振兴的总体规划中做出系统性的布局。在国家做好农民工市民化的整体规划的前提下,应立足于"以人为本"的新型城镇化的总体要求,立足于公共服务均等化水平的提高,将农民工纳入城市的公共服务保障体系,并以此为基本目标,不断深化教育、医疗、卫生、住房、社会保障等领域的改革,建立起有效保护农民工权益的制度体系,降低农民工市民化的社会成本。在整体规划与分类改革过程中应突出重点,积极稳妥地在重点领域和关键环节取得实质性突破,以重点领域的实质性进展推进农民工市民化体制机制的改革深化,促进农民工顺利市民化。

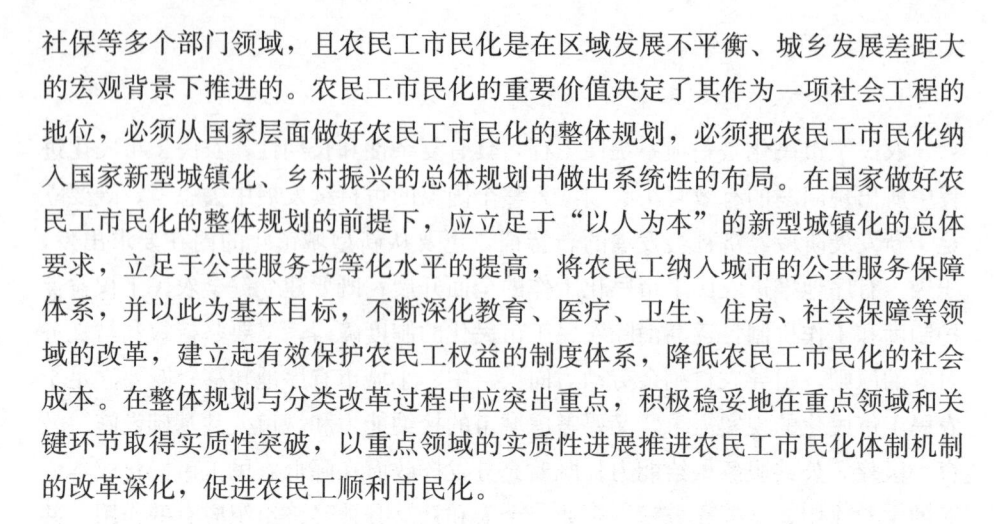

8.2.2 农民工市民化利益协调机制的内容体系构建

1. 政府层面的农民工市民化利益协调机制

(1) 完善城乡户籍制度,消除市民化制度性障碍。现行的城乡二元户籍制度是制约农民工市民化的重要制度性障碍。户籍制度与公共福利制度的捆绑导致了较高的户籍转换条件。目前我国各地区之间经济发展水平和社会公共福利供给水平存在显著差异,完善城乡户籍制度需要有序推进。因此,应该有重点、分层次地推进户籍制度改革,将户籍制度与公共福利制度分离,让农民工享受同样的社会权利,实现真正意义上的劳动公平和生存公平。我国人口管理制度改革的目标应该是由户籍所在地管理转变为符合国际惯例的居住地管理,推广实施居住证制度,突破原先只有通过落户转籍才能享受到一系列基本公共服务的政策,如农民工通过在务工所在地办理居住证,即可与当地居民平等享受医保、社保、教育、住房保障等待遇。

(2) 均等分配公共福利,降低农民工生活转换成本。在城乡二元经济体系内,农民工受到户籍、就业等经济社会政策影响,无法享受到与城镇居民相同的社会公共福利。公共福利的缺失使得农民工私人成本增加,在进行正常消费支出的同时,还要支付额外的住房、子女教育费用,从而使农民工市民化后生活成本增加。均等分配公共福利能够有效降低农民工市民化生活成本,提高农民工市民化私人净收益,进而提升农民工市民化积极性。均等分配公共福利与经济社会改革相联系,如政府可以通过加大廉租房等建设,为农民工提供低租金的住房,解决农民工短期内住房问题,为其购买自有住房提供过渡。均等分配公共福利还要实现农民工子女与城镇居民子女享有同样的受教育权利,降低农民工随迁子女教育费用支出。公共福利均等化需要国家财政支撑，可将城镇公共福利建设纳入财政预算和决算体系，建立专门账户，保证公共福利均等化顺利推进。

（3）建立无差别国民待遇市场，促进要素自由流动。不同市场主体平等参与、各种经济要素自由流动的统一市场是新型城镇化发展的基本条件。人是新型城镇化中最活跃的要素，人口在城乡之间的自由流动与集聚是新型城镇化发展的主要内容。要根除传统城镇化重物轻人的弊病，需消除社会对进城务工农民的身份歧视，引导社会对进城务工农民的价值认同。第一，清理对进城务工农民不合理的管理规定及其收费，简化各项管理服务流程，降低相关管理服务费用，对存在困难的进城务工农民予以一定的减免。第二，逐步落实进城务工农民与城镇居民平等共享子女教育、医疗卫生、社会保险、住房保障、就业创业等公共服务与社会福利，推进各项公共服务与社会福利在城乡之间、地区之间的顺畅流转，消除人口自由流动的制度障碍。第三，在进城务工农民集聚的社区加强社区文化建设，引导农民工参与社区事务，消除社会对农民工的身份偏见，促进农民工融入城市生活。第四，加快对农民工的人力资本投入，增强农民工在工作技能、生活方式、行为方式、意识形态等方面的市民化程度。

（4）明确主体责任，建立农民工市民化成本共担机制。由于我国需要由农业转移到城市的人口数量十分庞大，因此，在城镇化进程中实现社保、医疗、教育等基本公共服务的均等化和全覆盖需要巨额的资金投入。这笔巨额的资金投入显然不能仅仅依靠国家财政资金，而是需要由政府、企业、个人等各方合理分担。对此，应构建由政府主导，政府、企业和个人共同分担的多元化的农民工市民化的公共成本分担机制。政府需要负担农民工职业技能培训、医疗卫生、义务教育、保障性住房、养老保险以及市政公共设施等方面的农民工市民化的公共成本；企业应为农民工缴纳基本社保费用，并承担农民工职业技能培训的相应成本；农民工个人应积极参加社保、职业技能培训，并按相关规定承担相应的费用。

在农民工市民化成本的分担中，政府要承担大部分的农民工市民化公共成本。政府分担市民化成本的资金主要来源于财政收入，由于市民化成本涉及的种类较多和成本的投入具有周期性，因此政府应建立农民市民化成本专项支付制度，提高政府市民化成本分担能力。从短期来看，地方政府主要通过税收收入、土地出让收益、财政专项转移支付及地方政府债券等方式满足公共物品支出和社会服务支出。中央政府应加大一般公共支出和转移支付来缓解地方政府所承担的市民化成本压力；制定与农民工市民化相配套的财政转移支付制度，切实做到哪个城市吸纳的农民工的数量多,哪个城市就会得到较多的财政转移支付。从中长期看,中央政府和地方政府应分步创新公共服务制度、社会保障制度、就业制度、社会融资制度,整体规划、渐次推进,通过压缩市民化过程中的行政运行成本来增加农民工市民化的财政投入。此外,还可借助市场力量解决农民工市民化公共成本投入不足的问题。具体说来,就是要制定相应政策,鼓励社会资本进入城市公共基础设施建设领域。各级城市政府应注重构建农民工市民化公共成本分担的长效机制,从体制层面保障农民工市民化公共成本分担机制的有效运行,加速推进农民工市民化进程。农民工和企业是市民化主体,而人口红利的直接受益者之一就是企业,企业必须与农民工共同承担市民化的非公共成本部分,即企业成本和个人成本。通过完善企业内部治理结构,制定农民工与城市居民同工同酬、同工同时、同工同权的企业管理制度,通过增加员工培训等推动农民工市民化能力提升,建立人力资本与企业效益双向共赢机制。

(5) 创新农村退出的土地保障机制,增强农民工市民化能力。为适应新型城镇化发展的要求,需要建立健全地随人走的城乡土地制度。

一是深化农户宅基地的确权登记发证工作。目前,农民一般拥有土地承包经营权证,但没有宅基地使用权证。2011年5月,国土资源部联合财政部、农业部下发《关于加快推进农村集体土地确权登记发证工作的通知》,要求对全部农村范围内的集体土地确权登记发证。但是这次登记只确权到农村集体土地,而没有进一步确权到农户,农户宅基地权利没有得到明确确认。应按照每个农户拥有一份宅基地的标准进行确权登记,使宅基地使用权证成为村民合法占有和使用宅基地以及进行宅基地产权交易的有效凭证。

二是建立农村土地产权交易平台。农地权益实现的载体是土地产权交易市场,包括农用地产权交易市场和建设农地产权交易市场。政府引导建立农村土地产权交易市场并确立市场规则,鼓励闲置的农村土地进入产权交易市场,并给予成功交易的农户一定的财政补贴。农村土地产权交易方式可采用转让、租赁、合营等形式。为保障城乡平等的土地权益,政府可在试点基础上尝试建立统一的建设用地产权交易市场,允许各地探索符合条件的农村集体建设用地参与城镇非公益性项目开发建设,提高农村土地的财产性收入。

三是赋予农民工宅基地流转权。宅基地及其住房是农民最主要的财产形式,但这一财产在农民工向城市转移的过程中难以变现。我国设立宅基地制度的主要目的是保障农民在农村的居住权利,因此规定农村宅基地不能抵押,也不能向本集体以外的成员出售。

国土资源部等五部委于 2016 年 10 月出台了《关于建立城镇建设用地增加规模同吸纳农业转移人口落户数量挂钩机制的实施意见》，提出不得将农民工在城市落户与宅基地使用权退出相联系，必须充分尊重农民工的意愿，维护进城落户农民的宅基地使用权利。因此，可以在有条件的地区实施"宅基地券"[①] 的方式，采取激励的方式激励流入地为解决农民工住房问题进行财政投入。

农民工市民化的主要趋势为就近市民化，因此宅基地券的流转主要是在本省范围内，这使得宅基地券模式的可行性大为增加。在省域范围内，一个城市经济发展越快，对农民工的吸引力就越强，获得的宅基地券就越多，其获得的住房建设用地也就越多，同时，能够用于经济建设的用地也就越多。宅基地券模式的实施不但可以实现城乡之间住房建设用地的置换，而且可以实现住房建设用地在流入地和流出地之间的置换。一方面，农民工能够有机会和条件到吸引力更大的大中城市定居；另一方面，建设用地的流转也提升了土地利用效率。

（6）健全城市就业的监督与追责机制，优化农民工就业市场环境。政府作为强制履行劳动合约的第三方，是改善劳资关系和同工同酬，保障合约双方平等实施权利义务关系的监督主体。一是加快建立城乡统一的劳动力市场和就业制度，这是促进农民工在城镇稳定就业、增强其城市融入能力的必要条件。加快对城乡二元分割劳动管理体制的改革，逐步消除和取消针对农民工就业的各种不合理限制，确保农民工享有平等的劳动就业机会；继续强化劳动合同制度，制定和推行劳动合同范本，在平等就业的基础上构建规范有序、公正合理、互利共赢、和谐稳定的新型劳资关系。二是加快建立工资正常增长机制和支付保障机制。进一步完善市场评价要素贡献并按贡献分配的机制，改变传统发展方式下企业过度追求经济利润、忽视劳动者权益的状况。三是完善劳动者权益保护机制和企业违法监督机制。建议国家层面出台专门的《农民工权益保护法》，对农民工权益保护的内涵及操作范围进行明确规定。各地可结合自身实际制定《农民工权益保护条例》，针对本地劳资关系中的难点问题制定相应

---

① 宅基地券模式的主要做法是，农民工可以向宅基地所在地方政府就自己确权的宅基地申请宅基地券，然后农民工根据城镇落户条件选择落户的意向城镇，一旦被允许落户，农民工就可以要求落户城镇向其提供住房保障和其他福利，同时将宅基地券上交落户城镇。获得宅基地券的城镇可依据建设用地法规向上级政府提出增加住房建设用地指标的要求，上级政府收到宅基地券后，要求宅基地所在地退宅还耕，同时给予合理的经济补偿。这样可以在不占耕地的前提下增加城镇住房建设用地，实现城乡之间住房建设用地的空间置换。

的劳动保障监察法规，从而有效维护农民工的劳动就业权。四是加强监督与追责机制。完善的监督体系和有力的执行系统能够增加雇主违约的成本，减少其侵占农民工权利的动机。建立更为便捷的监督机制，减少农民工诉讼费用，提高惩罚实施效率，从而降低农民工通过法律途径实行维权的成本。

2. 企业层面的农民工市民化利益协调机制

既然农民工市民化彰显了经济社会发展的客观规律和国家意志，享受着人口红利的中小企业理应承担相应责任，积极承担相关成本，进而提高农民工工作积极性、员工队伍稳定性和人力资本价值，以提高企业生产效率，增加企业效益，实现农民工工资性收入增加与企业效益增加的双赢。

(1) 提高农民工工作积极性的激励机制。农民工工作积极性关系到中小企业生产效率。由于中小企业工资结构单一，农民工与就业单位之间的劳动雇佣关系不稳定，调动农民工的劳动积极性就成为企业日常经营管理的一项重要工作。若要提高农民工工作积极性，合理设计工资结构、增加人力资源使用成本是必要的。首先，可以设立工作责任奖。如果农民工对工作负有高度责任心，积极解决工作中出现的各种问题，那么可以按照基本工资的一定比例计算发放工作责任奖。其次，可以设立工作效率奖。若农民工在工作中能够提高劳动效率，为企业创造更多收益，可以根据其多创造价值的一定比例计算发放工作效率奖。最后，可以设立工作创新奖。若农民工在工作中能够改进工作方法或技术为企业创造更多价值，可以根据新增价值的一定比例计算发放工作创新奖。

(2) 提高农民工工作稳定性的保障机制。农民工工作稳定是中小企业生产稳定的人力基础。农民工流动性大根本原因是二元制度的深远影响，以及他们对中小企业缺乏归属感。增加人力资源保障成本，承担社会责任是中小企业增强农民工工作稳定性，提升企业形象的重要途径。首先，企业应严格遵守《劳动法》，与农民工签订劳动合同（何斌等，2004）；其次，缴纳社保金时应如实申报缴纳基数，而不是刻意选择当地最低缴纳基数。

(3) 提高农民工人力资本价值的培训机制。人力资本是中小企业发展的重要资源，而目前我国中小企业发展中遇到的问题之一就是缺乏人力资本存量。农民工文化水平也在逐渐增高，具备被投资的价值和潜力。增加人力资源开发成本，是解决人力资本存量缺乏问题的根本措施。首先，可以签订培训合同，规避培训后农民工人力资本流失的风险（宋德玲等，2010）；其次，可以在传统培训方式下探索培训新形式，利用网络培训不受时空限制、自由选择的特点，充分利用网络培训的方式，推动新生代农民工积极参加学习；最后，可以建立完善的培训评估体系，包括事前预测体系和事后价值评估体系，预测培训的投资收益率和评估培训后农民工创造价值能力（李硕等，2012）。中小企业可以通过对农民工的培训实现以较少的人力资源开发成本换取未来更多的收益，突破中小企业发展过程中人力资本匮乏的瓶颈。

3. 农民工主体作用发挥利益协调机制

农民工市民化实质上是在已经实现非农就业的基础上，身份、权利、生活方式的市民化。农民工个人作为市民化的主要群体和主要受益者，应分担市民化的主要私人发展成本。农民工市民化实现的最大动力是转化为城镇户口的预期净收益更高。如果农民工转化为城镇户口后获得的收入能弥补整个市民化过程的所有成本支出，则市民化将是理性的帕累托改进行为，农民工市民化的成本也就内生于主动市民化的过程中，无须政府和企业分担。

（1）市民化成本承担能力提升机制。农民工分担市民化成本的资金主要来源于土地和宅基地等财产带来的收入以及城市就业的工资性收入。在政府和企业采取了一系列保障措施降低了农业转移人口市民化后的成本支出的基础上，农民工沿着政府确权、颁证、赋权到企业分利的路径，积极实现土地流转或交易，增加自身或家庭土地财产的收益，主动提高工作努力程度，增加获得更好雇佣条件和福利待遇的机会，从而提高自身市民化私人发展成本承担的能力。

（2）农民工人力资本价值提升机制。人力资本水平对农民工就业质量具有重要影响，农民工应该将提升自身就业技能作为关键，充分利用公共图书馆或阅览室等免费开放的城市公共服务设施，自觉寻找教育培训机会，积极参与政府和企业提供的各种职业培训项目，增加人力资本储备，使自己拥有更多更好的工作技能，努力使自身能力满足城镇就业与发展需求，从而增强未来风险和竞争应对能力，促进市民化决策的形成。

8.3 农民工市民化利益协调机制运行效率的数值仿真检验

8.3.1 农民工与政府之间的利益协调机制的数值仿真

前面基于数理模型的推导结果设计了相应的利益协调机制，为直观地看出相应措施的激励作用和效果，进一步借助MATLAB软件对方程进行数值模拟，对收入提高、成本分担、弥补短期内公共服务不均等的社会福利补贴，以及土地权益保护的提供政策进行讨论。相关参数的取值情况见表8-1。事实上，模拟结果对所取参数在取值附近范围内的变化并不敏感。在现实生活中，本研究中出现的参数的具体数值可以通过查找历史数据、专家评价、调查问卷或实验等方法收集。

表 8-1 相关参数取值

参数	取值	参数	取值
$\pi_1 - \pi_2$	2	$c_1 - c_2$	1
B	0.2	c_{12}	0.7
n	0.5	D	0.6
αk	1		

1. 工资性收入的提高对农民工市民化的影响分析

农民工转化前后的工资性直接收入之差 $\pi_1 - \pi_2$ 分别取 1.5、2.0、2.5、3.0，其他参数见表 8-1，得到图 8-5。

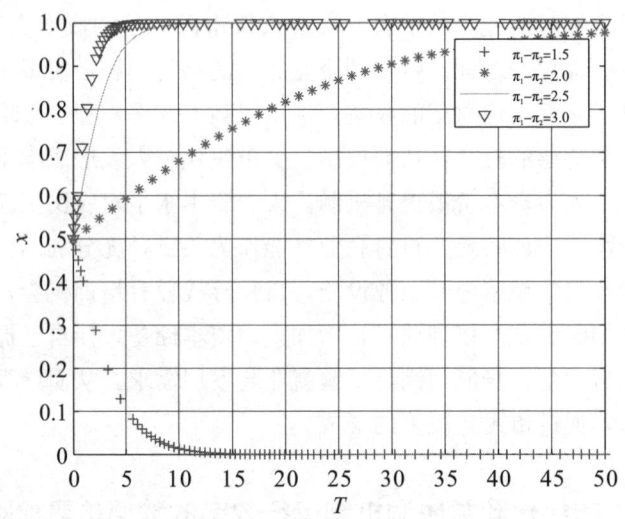

图 8-5　工资性收入增加对农民工市民化行为的影响

注：x 为第 7 章模型中设定的农民工转化为市民的比例。T 为仿真时间步长。下同。

事实上，"经济因素"始终是农村劳动转移的主要动因，农民工市民化的意愿更多的是农民工对其转化行为的收益和转化前的收益比较后作出的主观决策。如图 8-5 所示，农民工转化前后的工资性直接收入之差 $\pi_1 - \pi_2$ 小于某一临界值时，随着时间的推移，选择市民化行为的农民工比例将逐渐减少。当 $\pi_1 - \pi_2$ 逐渐增大到超过临界值时，选择市民化行为的农民工比例随时间推移将逐渐增多，而且 $\pi_1 - \pi_2$ 的进一步增加还将加快农民工市民化比例逐渐增多的速度。由此可见，收入较转化前越多，农民工抵御未来风险的能力就越强，这将增强农民工市民化的动机，促使更多的农民工选择市民化行为。因此，政府要重视农民工市民化收入增长问题，对企业行为进行有效监督和管理，确保企业消除对农民工的差别对待，为其提供就业保障和合理工资结构，强化对农民工的教育培训，提高农民工人力资本水平及要价能力，从而从外部环境和内部能力两方面为农民工市民化收入的增长提供保障。

2. 住房成本与子女受教育成本的分担对农民工市民化的影响作用

地方政府对农民工住房成本与子女受教育成本的分担比例 λ 分别取 0.2、0.4、0.6、0.8，其他参数见表 8-1，得到图 8-6。

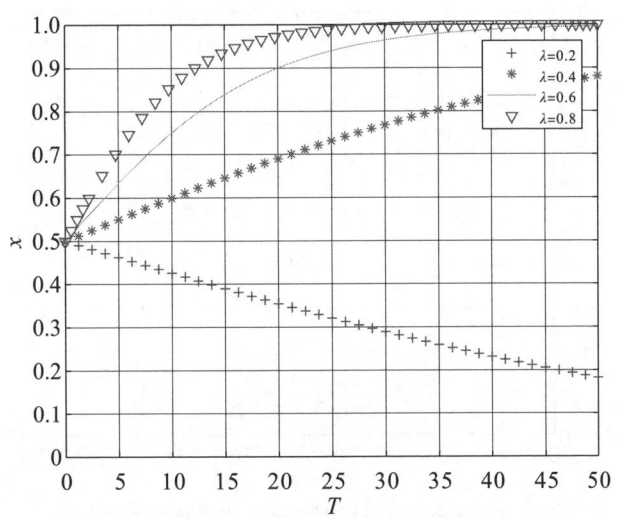

图 8-6 住房成本与子女受教育成本分担对农民工市民化行为的影响

农民工市民化势必面临着家庭的集体迁移。子女获得更好的教育资源是农民工市民化考虑的关键问题，因此住房成本和子女受教育成本是农民工市民化增加的最主要成本。如图 8-6 所示，地方政府分担这些成本的比例 λ 小于某一临界值时，随着时间的推移，选择市民化行为的农民工比例将逐渐减少。当 λ 逐渐增大到超过临界值时，选择市民化行为的农民工比例随时间推移逐渐增多，而且 λ 的进一步增加也将加快农民工市民化比例逐渐增多的速度。成本、收益分析都是基于对"经济因素"的考虑，在一定客观环境下，在一定制度保障下，农民工市民化收入的增长往往在一个可预见的范围内，因此，关键成本的分担对农民工市民化行为的选择仍具有促进作用。

新型城镇化是我国社会转型和经济发展的重大战略任务，建设以人为核心的新型城镇化，意味着把城镇化质量放在首要位置。这仍面临诸多问题和挑战，其中一个问题就是市民化住房和子女受教育成本规模巨大，如何合理分担仍然是个棘手问题。地方政府应考虑支付能力，协调各方利益关系，建立合理的各级财政分担机制。中央财政应安排专项资金，地方财政按照一定比例安排配套资金，不断完善中央和地方政府对农民工市民化住房和子女受教育成本的合理分担机制。

3. 短期内额外的社会福利补贴对推进农民工市民化的作用机理

额外的社会福利补贴 B 分别取 0.2、0.3、0.4、0.5，其他参数见表 8-1，得到图 8-7。

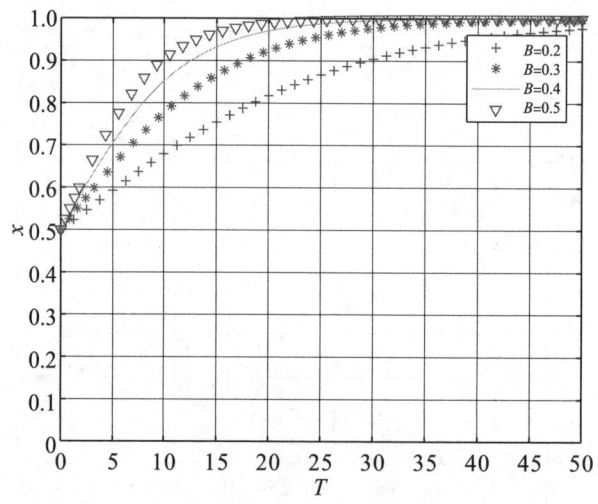

图 8-7 社会福利补贴对农民工市民化的推进作用

如图 8-7 所示，在 B 取 0 的情况下，随着时间的推移选择市民化行为的农民工比例逐渐增多；当 B 取值逐渐增大时，将加速选择市民化行为的农民工比例增大的趋势。由此可见，社会福利补贴对农民工市民化行为的选择具有辅助的促进作用。

由于社会公共服务在短期内难以实现均等化，要加快农民工市民化，短期内可通过额外补贴增加农民工市民化的社会福利，来缩短权益不一致的差距。但从长期来看，还是要赋予农民工市民化以公共服务为主的权益，这需要大量财力支撑，建立科学合理、符合我国各地区发展实际的财政供给和分担机制迫在眉睫。特别是对跨省（区、市）迁移农民工本地市民化的区域，中央政府可建立财政转移支付制度，加大对这些地方公共服务建设的支持；在土地等要素方面给予一定倾斜，以鼓励这些地方更多地实现农民工的本地市民化。

4. 土地权益保护政策对推进农民工市民化的作用效果

政府给予农民工土地权益出让补偿金 D 分别取 0.4、0.5、0.6、0.7，其他参数见表 8-1，得到图 8-8。基于前述模型的构建假设，为农民提供是否放弃土地相关权益的自主选择权，当 $D=n$ 时，表示农民工仍保留着土地权益。由于农民工转化为市民放弃土地权益的机会成本 n 取值为 0.5，因此，当 $D=n=0.5$ 时，表示农民工并未退出土地；当 $D<0.5$ 时，表示政府提供的补偿金不足以弥补农民工失去土地权益的损失；当 $D>0.5$ 时，表示政府为农民工退出土地权益提供了足够的补偿金。

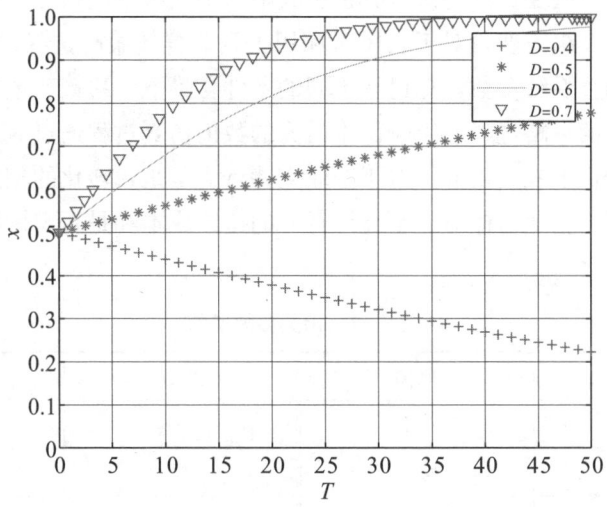

图 8-8 土地权益保护政策对农民工市民化的推进作用

如图 8-8 所示，当 $D<0.5$ 时，随着时间的推移选择市民化行为的农民工比例将逐渐减少。当 $D=n=0.5$ 时，选择市民化行为的农民工比例随时间推移逐渐增多；且随着 D 的进一步增大，农民工市民化比例逐渐增多的速度加快。由此可见，给予农民工是否保留土地权益的自主选择权，保留土地权益将是对未来不确定生活的一种保障，合理的土地退出补偿机制是对当期生活的一种支持，都在一定程度上对农民工市民化行为具有促进作用。

当在城镇化进程中，农民工的备选策略有两种时，农民工市民化是否保留或退出土地，则主要根据市民化后的预期收益进行决策。在农民工自愿保留土地权益的情形下，地方政府实施不补偿策略时的期望收益均大于补偿时的期望收益，故补偿是地方政府的劣策略。但当农民工选择退出土地，失去了土地权益时，地方政府必须实施补偿策略，然而，地方政府对农民工的接纳、福利的提供也需要获得一定的回报，因此可使地方政府获得一定的市民化人口的土地使用权，促进地方政府实施补偿策略，合理分配由此带来的增值收益。

8.3.2 农民工与企业之间利益协调机制的数值仿真

下面通过博弈模型的构建与求解比较农民工和用工企业群体不同策略的期望效用函数，提取农民工和用工企业群体的最优反应策略，并据此设计相应的利益协调机制。为了更好地探究各项决策措施对于农民工和用工企业群体策略选择的影响，尤其为可视化分析各项决策变量对于策略选择的影响过程，我们进一步进行了数值仿真。对参数进行赋值，见表8-2。以此作为模型的基准数值，采取控制变量的方法，分别使其中一个或多个决策变量保持不变，以此来分析另一个决策变量对于农民工和用工企业群体策略选择的影响。同时，分析过程中调整系统参数，探讨在不同的条件背景下，决策变量对于农民工和用工企业群体的策略选择的影响。本研究的数值仿真过程通过MATLAB软件完成，模拟分析了农民工群体对于企业支持行为下是否转化的相对收益的最优反应，以及用工企业群体对于不支持行为的违约成本和是否支持的相对成本的最优反应。

表8-2 相关参数取值

参数	取值	参数	取值
$\omega_1 - \omega_2$	0.2	θ	0.8
β	0~1	N	0.1
D	0.6	$Y'M$	0.08
k	3	pT	0.1

1. 技能培训和收益共享机制对农民工市民化行为的作用效果

农民工市民化最重要的影响因素是未来预期收益，农民工通过比较转化与不转化的收益，来进一步做出是否市民化的行为选择。根据式（7-4），在生产系数 k 取不同值的情况下，可得农民工市民化效用与非市民化效用之差 ΔU 与企业支持情况下的激励系数 β 的关系如图8-9所示。

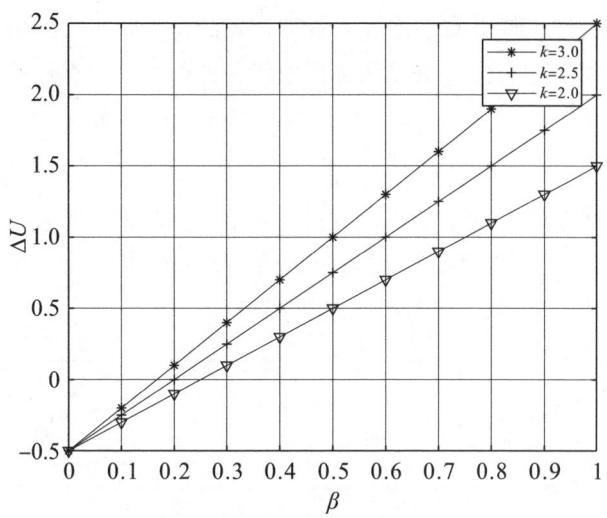

图 8-9　不同生产能力下超额收益分配对农民工比较效用的影响作用

从图 8-9 可以看出，农民工的人力资本水平越高，其选择市民化的边际效用就会越大，企业给予的收益共享激励机制的作用效果就越强。但是，并非无论激励系数的高低，生产能力高的农民工都会选择市民化并努力工作，在激励系数较低的情况下，农民工努力工作可能并不会带来任何收入的增加，就可能造成农民工的离开，使企业的培训成本成为沉没成本。而在激励系数较高的情况下，生产能力较低的农民工也能获得较高收入，就可能造成农民工的机会主义行为，使企业的激励机制失去效果。因此，通过加强对农民工的培训以提高其人力资本水平，通过给予农民工超额收益分配以增加其收入具有重要意义，但利益共享要注意度的把握，技能培训要注意忠诚度的培养。

对于人力资本水平提升机制而言，技能培训在一定程度上能够对农民工物质报酬产生显著的替代激励效应。经济新常态下，农民工有着更高的职业发展期望，因此，要关注对农民工发展需求的满足，通过人力资本投资，在农民工中培育技术过硬的蓝领人才，并将他们留在城市，使他们成为产业转型的支撑力量。虽然人力资本提升能够发挥对物质激励的替代激励效应，但过度技能培训投资或配套机制不健全都可能引发机会主义行为。因此企业还有必要健全业绩评价系统、拓展晋升渠道等强化农民工与企业之间的激励相容，强化农民工的组织认同和忠诚。

对农民工进行人力资本投资的结果是"双赢"博弈，通过知识的"溢出效应"来获得"人力资本红利"，并通过良性的利益共享机制来实现"双赢"。就利益共享协调机制而言，企业可适当放弃一部分利益来调动生产能力较高的农民工工作的积极性，使具有一定人力资本积累的员工收入持续增长，个人得到相应的发展，以消除农民工市民化过程中的工作瓶颈，并保证整体收益。

2. 农民工人力资本水平对企业行为的影响

根据式（7-4），在满足 $(1-\beta)k-1>0$，$\Delta S(b_2) \leqslant \Delta C \leqslant \Delta S(b_1)$ 的前提条件下，生产系数 k 取不同值，可得 x^* 与企业给予农民工的超额收益分配比例的关系，如图 8-10 所示。根据前面的理论分析可知，x^* 越小，企业群体向着支持（农民工市民化）方向演化的概率越大。

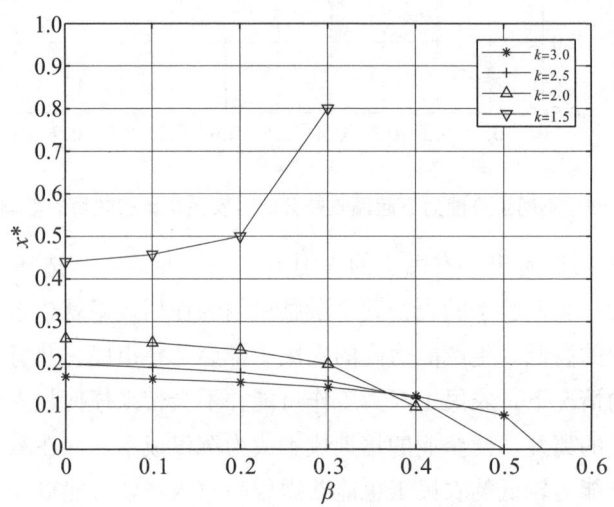

图 8-10 人力资本水平对企业支持行为选择的影响

从图 8-10 可以看出，当 $k=2$、$k=2.5$、$k=3$ 时，随着超额收益分配比例 β 的增加，x^* 逐渐减小；当 $k=1.5$ 时，随着 β 的增加 x^* 逐渐增大。据此可知，只有在农民工具有较高人力资本水平时，企业采取收益共享激励机制才有效，才会积极选择支持行为。在某一临界值上，k 越大，随着 β 的增加，x^* 减小的速度放缓。据此可知，对于人力资本水平较高的农民工，企业即使给予相对较小的超额收益分配比例，所得到的激励效果也很好。而且，当 $k=2$ 时，随着 β 的增加，x^* 只能减小到某一较小值；当 $k=2.5$、$k=3$ 时，随着 β 的增加，x^* 将逐渐减小至 0。据此可知，农民工群体人力资本的平均水平足够高时，企业更倾向于支持行为。

由此可见，首先要保证农民工的人力资本水平；其次在人力资本水平高于某一临界值后，如果人力资本水平仍较低，企业可通过适当增加超额收益分配比例，来激励农民工工作的积极性。在人力资本水平足够高的情况下，即使较低的激励系数也能使农民工获得较高的边际收益，农民工对超额收益分配比例并不十分敏感,企业可提供相对较低的分配比例。

3. 基于收益共享激励机制设计的企业行为选择

企业的基本生产要求 d 取不同值,可得 x^* 与企业给予农民工的超额收益分配比例的关系,如图 8-11 所示。

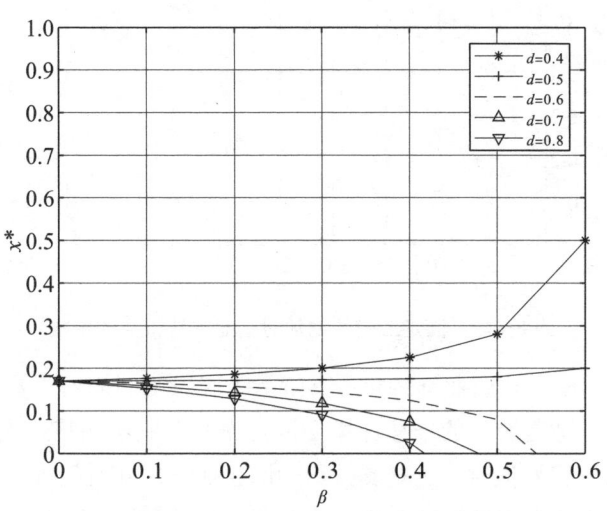

图 8-11 基准生产目标要求对企业支持行为的影响

从图 8-11 可以看出,d 取值越大,x^* 越小。当 $d=0.8$、$d=0.7$、$k=0.6$ 时,随着超额收益分配比例 β 的增加,x^* 逐渐减小;当 $d=0.5$、$d=0.4$ 时,随着 β 的增加,x^* 逐渐增大。据此可知,d 取值越大,企业保留的基本价值越多,企业选择支持行为的概率越大。当 d 取值较小时,企业支持农民工市民化的动力则主要来自分享的超额收益。此时,企业将降低给予农民工的超额收益分配比例来保证自己的利益水平。相反,增加超额收益分配比例将降低企业支持的优势,使企业选择支持行为的概率降低。因此,企业收益共享激励机制的有效设计应建立在合理确定基本生产要求的基础上,求得最适当的超额收益分配系数。但是,在 D 较大的时候,企业如果保留了较高的基本价值,超额收益共享机制的激励难度就更大,这将对农民工提高努力投入的积极性造成影响。这是一种不确定和不受控的因素,企业还应采取其他一系列支持措施来消除这种不确定性。

4. 固定工资的增加对企业支持行为的影响作用

农民工转化前后的固定工资收入之差 $\Delta\omega$ 分别取 0.2、0.3、0.4、0.5,其他参数见表 8-2,得到图 8-12。

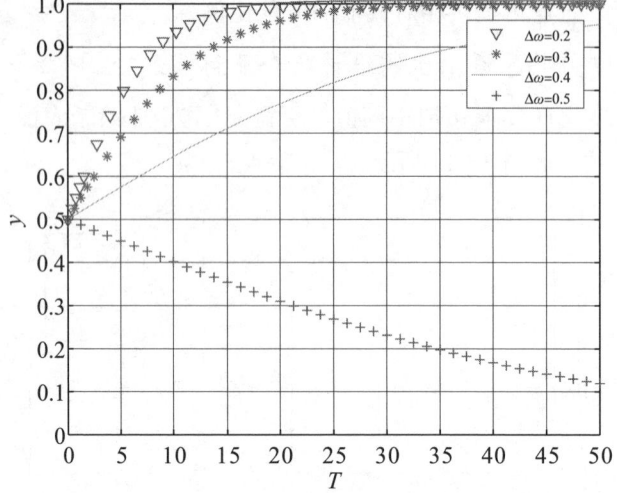

图 8-12 固定工资的增加对企业支持行为的影响

如图 8-12 所示，企业支持与不支持给予农民工的固定工资差额 $\Delta\omega$ 大于某一临界值时，随着时间的推移选择支持行为的企业比例将逐渐减少。当 $\Delta\omega$ 逐渐减小到低于临界值时，选择支持行为的企业比例随时间推移逐渐增多，而且 $\Delta\omega$ 的进一步减小还将加快企业支持比例逐渐增多的速度。

雇佣关系是农民工频繁流动及社会融合问题的核心，而雇佣关系稳定在很大程度上依赖于农民工所感知的支持强度。用工企业提供较高的工资，是维系雇佣关系稳定的微观基础，也是帮助农民工顺利实现市民化转化的重要举措。然而，虽然支持有利于改善雇佣关系，但也带来支持成本的压力，这导致其面临在支持成本与溢价收益之间权衡的两难决策。

企业有效的利益协调机制是建立合理的工资结构，在固定工资相对较高的情况下，采用激励工资的方式才能获得双赢的局面。企业提供支持需要付出成本，而农民工则面临不同努力策略选择。农民工的努力行为能够产生溢价收益，并在企业和农民工之间进行分享。当企业给予农民工一定的超额收益分配，且激励效用的增加弥补了高努力水平所产生的成本，此时，农民工将选择高努力水平并产生溢价收益，而这一收益在两者之间的分配对双方都是更优的。

5. 政府的监督与惩罚力度对企业支持行为的作用机理

政府对企业的监管力度 pT 分别取 0.1、0.2、0.3、0.4，其他参数见表 8-2，得到图 8-13。考虑到政府监管的有效性，此处以企业培训为参照，取 pT 大于企业给予农民工的培训成本。

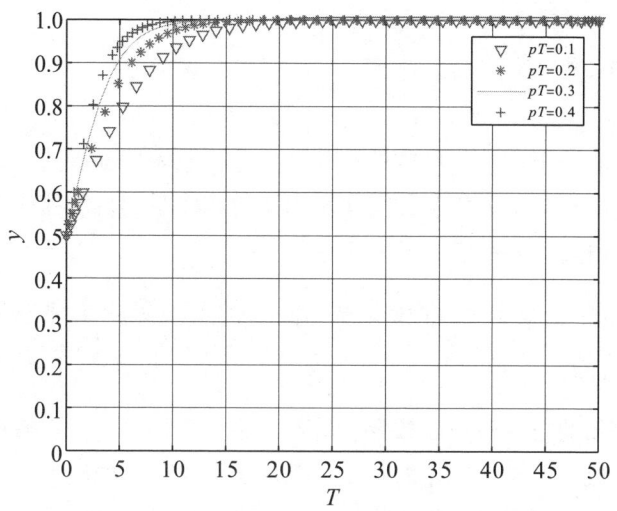

图 8-13　政府监管对企业支持行为的约束作用

如图 8-13 所示，在 pT 的各个取值下，随着时间的推移选择支持行为的企业比例逐渐增多；当 pT 取值逐渐增大时，将加速选择支持行为的企业比例增大的趋势。由此可见，政府监管对企业支持农民工市民化行为的选择具有促进作用。

企业的支持行为建立在成本足够小的情况下，因此期望承担的培训成本和社保费用比例越小越好。从博弈关系中可以看出，企业为农民工提供培训机会，并承担培训成本时，如果农民工违约，用工企业就只有付出而没有收益，企业为了追求利益最大化，必然会选择不提供培训或提高农民工支付的培训成本，但是这又可能造成农民工选择退出培训，从而导致农民工素质缺陷，增加农民工的流动性。在经济新常态下，为让农民工成为真正的"产业工人"，一方面需要内因驱动，企业可以选择在提供一定技能培训的基础上，辅以相应的激励机制留住农民工。另一方面离不开外力推动，政府还必须给企业行之有效的监管。尤其企业为农民工购买社保的行为，社保的比例一般是相对固定的，而且还不同于培训可通过知识溢出收益的共享带来双赢局面，企业行为是否符合既有约定，一定程度上更依赖于政府的监管。提高政府的监督力度和惩罚力度，将有利于减少企业的机会主义行为和促进企业的支持行为，并且减少企业机会主义行为的传染力度。对于农民工用工企业，政府不仅要通过有效的监督与惩罚机制保证它们缴存的社会保障费用足额到位，而且也可考虑给予它们适当的财政补贴以降低它们提供支持的成本，使企业的效用函数在原有基础上进一步增加。

8.4 本章小结

本章在对农民工市民化形成的利益关系进行总体性分析的基础上,重点对农民工市民化的利益协调机制的构建原则、内容体系和机制的作用机理进行了研究。从以上研究中,我们不难发现:

8.4.1 政府有关农民工市民化的制度供给对农民工市民化行为作用显著

享有均等化的公共服务如教育、就业、医疗等福利,和在城市就业得到的薪资收入,构成农民工市民化的收益,既决定其市民化的能力,也影响其面临的社会风险。农民工通过市民化能实现比在农村更大的净收益,市民化的动力就更大。而农民工能否享受到城市均等化的公共服务,能否通过市民化实现比在农村更大的净收益,受制于地方政府能否创新市民化制度。

(1) 城乡户籍制度仍然是制约农民工市民化行为选择的关键。由于户籍制度的存在,农民工市民化虽然在工资待遇、子女教育、医疗保险、社会保障等方面有较大改善,但相对于原城镇市民仍存在很大差距。因此,应当努力寻找和创造资源,合理、有序地进行户籍制度改革,保障已落户城镇的农民工依法享受城镇居民应享受的基本公共服务,逐步提高整个社会的公共服务水平,使农民工在退出土地后,一旦在城市里失业,公共福利政策能替代土地对农民起社会保障功能(姚洋,2000)。如果农民工市民化后的公共服务需要不能根本改善,其将不愿意失去以前在农村享有的各种权益。然而,户籍制度是我国二元型社会的一个特征符号,其改革是一个渐进性的过程,当前可通过适当的福利补贴来削弱这种利益的不对等。

(2) 农民工市民化公共成本的分担机制设计影响农民工市民化行为。农民工作为理性经济人,市民化的主要动机是考虑长期保障问题,还有成本收益问题(石智雷等,2015)。只有在农民工为了全面享受市民化收益而支付一定的成本代价,而城市政府部门通过成本分担把市民化成本降低到进城农民能够承受的范围,尤其是降低农民工住房成本和子女受教育成本,才能有效推动市民化进程。政府扶持行为的选择是基于对收益成本及自身财政支付能力的考虑而进行的,所以,综合而言,应更多地做好对政府承担成本的衡量和政府承担能力评估,据此设计政府与农民工之间合理的成本承担机制。

(3) 土地制度和权益保护影响农民工市民化的行为选择。土地对于农民来说有福利化的性质,是农民工回乡的重要生存保障。如何处理好农民工市民化进程中农地权益问题成为相关政府部门在农民工市民化工作中面临的一个重要课题。摆在相关政府部门面前的问题是如何在不牺牲、危害农民的土地权益的前提下,做好农地等要素资本化工作;明确农户的农地产权主体地位;完善农地流转机制,实现土地等市场要素自由流动;给予农民工是否放弃土地权益的自主选择权,加快农民工"携地市民化"的制度创新;探索以宅基地权益折抵农民工城镇住房土地出让金的计算方法。

(4) 农民工市民化能力的提高有利于农民工市民化。新型城镇化下市民化的重点落在那些有能力在城镇地区稳定就业的农业转移人口中。在农民工的自身资源禀赋中,体质、智力是人力资本禀赋的最基本内核,而知识、技能、经验则是人力资本的核心要素。因此,应加大对农民工的就业能力培训,创新职业技能培训成本分摊机制,推进公平的、城乡一体的就业培训政策,确保农民工有参加技能培训的机会和支付能力,不断增强农业转移人口在城市长期工作生活的能力,是以人为本的新型城镇化道路的重要保证。

(5) 明确农民工农村宅基地权益并实现资产资本化有利于农民工市民化。较长一段时间以来,我国农民工市民化进程以基于"土地城镇化"的农民工被动市民化为主,由此凸显出土地增值收益对于城市地方政府行为选择的重要作用。在以人为本的新型城镇化背景下,强调基于农民工自主选择是否转化为市民,以及自愿保留或退出农村土地或宅基地等的权利。政府通过经济补偿的方式来引导农民工退出农村土地或宅基地,应以土地产权或宅基地产权确认和交易为基础,置换相应用地权益,从而对政府的扶持行为形成促进作用。

从某种意义而言,如果农民工在城市有足够的社会保障,随迁子女的教育问题能得到解决,政府能提供有补贴的公租房,足够的社会保障可以有效替代土地对农民工的保障,为农民工在城市生存和发展提供稳定可靠的长期保障,不仅可提升政府的市民化供给能力,更能满足农民工的市民化需求,从而推动农民工市民化进程。

8.4.2 企业行为策略对农民工市民化行为具有直接影响

作为农民工市民化的重要参与主体,企业的支持能够对农民工的稳定就业和收入增长产生关键的作用。现代价值观的倡导和政府的监管能够促使企业注重农民工社会权益的保障和人力资本水平的培育,以及对农民工努力工作行为的激励,通过稳定的雇佣关系来留住农民工,通过知识的"溢出效应"来获得"人力资本红利",并通过良性的利益传导机制来实现企业与农民工的"双赢"。

具有一定人力资本积累的农民工的收入会持续增长,个人会得到相应的发展;在农民工中培育并留住技术过硬的人才成为企业产业转型的支撑力量,企业会获得产业转型和发展的机会。

(1) 企业对农民工的人力资本投入将显著提高农民工的收入,从而提升农民工市民化能力。在企业选择支持的情况下,农民工的生产系数对收入的影响较强,而且与激励系数一起共同影响其收益。因此,企业应建立健全技能培训制度,提高农民工努力的贡献度,并分享一部分超额收益来调动农民工选择高努力的积极性,从而消除农民工转化在工作中的瓶颈,保证双方的整体收益是有必要的。但是,通过技能培训提高农民工人力资本水平要注意忠诚度的培养,通过超额收益分配增加农民工收入要注意激励系数的设计。

(2) 农民工流动性就业属性将降低企业对人力资本投资的积极性,制约着农民工市民化。企业是否支持农民工市民化的行为选择,同样基于对成本－收益的考虑,企业支持农民工市民化的成本和收益主要受企业承担的培训成本、社保费用、企业提供的固定工资,以及企业设置的基本生产要求、激励系数和农民工的生产能力共同影响。因此,企业一是不能一味地通过固定工资的增加来稳定雇佣关系,应适当设计固定工资差额,通过提高超额收益分享比例,增强激励工资的促进作用,提高企业支持的边际收益。二是要基于对市民化进程中农民工主体地位的考虑,与农民工建立起更合理的培训和社保成本共担机制。针对农民工流动性高的问题,适当增加农民工培训成本的分担比例,降低企业支持的成本压力。

(3) 农民工自身素质的提高将有利于企业行为的改变,从而增加企业对农民工人力资本的投入。企业给予农民工超额收益分配比例的增大,必须保证不会抵消农民工人力资本提升带来的对产出贡献度的增加,同时要考虑到基本生产要求对激励效果的影响。因此,在一定技能培训使得农民工的生产贡献度较高的情况下,技能培训对农民工本身就形成了有效的激励作用,此时企业可适当降低差额收益分配的比例;在设定的基本生产要求较高的情况下,企业基本收益得到了有效保障,此时企业可通过提高超额收益分配比例来更好地激励农民工付出高努力,促进农民工选择市民化。政府还必须通过提高监督力度或惩罚力度加强对企业的外在约束力,增加企业的机会主义成本,从而保证企业支持农民工就业,为农民工自身素质的提高加大投入的积极性。

第9章 研究结论、政策建议、不足与展望

9.1 研究结论

研究结论1：经济新常态和新型城镇化对农民工市民化的影响具有不确定性。经济新常态所具有的经济增长速度放缓、结构优化和发展动力转换的内在特点对农民工群体的影响具有不确定性。一方面，经济新常态所带来的影响反映在产业层面和产业内的企业层面，这可能会影响到在不同产业内不同企业就业的农民工的就业机会，影响到农民工的收入，从而影响其市民化的意愿和能力。另一方面，以人为本的新型城镇化将带给整个国家和区域层面经济发展理念的变化，经济社会建设将从单纯的经济增长转到经济社会的协调发展上，将从"物"的关注转到"人"的关怀上。经济社会发展理念、目标的变化将会导致政府政策的变化，将有利于农民工市民化政策环境的形成，从而增强农民工市民化的意愿。考虑到农民工群体的内部分化特征和各地经济发展水平的现实差距，经济新常态和新型城镇化带给农民工市民化的影响虽在整体层面有一定的规律可循，即经济新常态对农民工市民化是不利的，新型城镇化却是有利的，但具体到个体层面的农民工而言却会因为个体在能力、意愿、家庭结构以及户籍所在农村的经济发展差异而呈现出高度的不确定性。由此可见，经济新常态和新型城镇化带给农民工市民化的影响和作用兼具宏观层面的趋势性和微观层面的不确定性的双重特征。

研究结论2：农民工市民化具有十分明显的公共属性。农民工市民化不仅意味着其就业部门的变化，而且意味着其社会角色和身份的转变，具有十分明显的外部性。首先，农民工市民化将缓解我国农业部门人地关系紧张的矛盾，提高农业部门的劳动生产率，提高农业生产的竞争力，促进整个农业的健康和现代化发展；其次，农民工市民化将扩大城市二、三产业的劳动力供给，从而有效缓解城市化进程中人口红利消失而带来的不利影响，为城市二、三产业的

可持续发展提供要素保障；再次，农民工市民化意味着农民工将彻底融入社会化分工体系中，他们将由传统的农业部门的生产者与消费者的高度一致转化为生产者与消费者在空间上的分离，极大地促进社会分工的深化，有利于拉动国内消费，优化国内的消费结构，促进消费的增长。由此可见，在新的时代背景下，农民工市民化具有十分明显的正外部性。在既有的城市空间范围内，受城市公共服务和基础设施的影响，农民工市民化势必会对教育、医疗、交通等提出新的要求，在一定时期内将会产生不利影响，这也可以理解为一种负外部性。总之，立足于新时代、新任务和新格局，农民工市民化兼具正负外部性，但两相比较，其正外部性十分明显，对中国经济社会发展影响深远，作用巨大，值得高度关注。

研究结论3：农民工市民化本质是利益关系的社会建构过程。农民工市民化的公共属性决定了农民工市民化将引发中央与地方政府、流入地与流出地地方政府、企业与农民工、城市居民与农民工之间的利益关系变化，这种利益关系涉及户籍制度、土地制度、公共服务供给制度、社会保障、劳动力市场等多个层面，利益关系的生成逻辑复杂且多变。从主体关系层面看，农民工市民化相关利益主体将构成一个利益相关者行动系统，农民工能否顺利市民化决定于利益相关者的集体行动。从主体行动策略层面看，不同行动主体的目标函数、收益函数和成本函数在不同的时空范畴内明显不同，是异质性的行动主体，围绕农民工市民化而建构起来的利益关系，具有层次性，受时空演化的作用和影响，具有动态性特征。

研究结论4：农民工市民化成本与流动方式和测算方式有关，存在地域差异。如果将农民工市民化成本区分为公共成本、市场成本和私人成本，涉及政府、企业和农民工自身，那么静态地看，一线城市的农民工市民化与经济发展水平相关，与城市规模密切相关；一线城市的市民化成本高于其他区域省市城市，东部地区高于中西部地区。农民工跨省流动的市民化成本将大幅度增加，并主要集中于公共成本。农民工市民化成本的区域间差异为农民工市民化的空间选择创造了条件，发达地区的高成本将提高农民工市民化的成本，影响到农民工的市民化规模；欠发达地区的低成本将提高农民工市民化的意愿，成为农民工市民化选择之地。但与此相应的现实可能是有就业机会的区域成本高，无就业机会的区域成本低，从而导致农民工市民化的悬浮状态，农民倾向于维持原有的状况。

研究结论5：农民工群体特征变化十分明显。一是农民工群体的总体规模呈下降趋势，中国人口数量红利正在消失；二是农民工回流趋势明显，这与公共服务均等化和发达地区产业转型升级而产生的就业冲突有关；三是新生代农民工群体已发展为农民工群体的主导力量，其作用和影响正逐渐提升；四是农民工就业领域主要集中在城市的二、三产业，全国农民工人均收入高于经济增长；五是农民工消费支出总体偏低，在总体消费支出中居住支出占比达到50%左右；六是农民工权益保护有待提高，欠薪、无劳动合同、劳动强度高等纠纷长期存在。

研究结论6：农民工市民化进程中地方政府的策略行为直接影响到农民工市民化的意愿和能力。随着我国经济社会的发展，原有的劳动力成本低的比较优势正在逐渐消失，与此同时，我国人口老龄化趋势十分明显，通过一系列的政策引导或政策干预促进农民工市民化已成为共识。为此，中央政府出台了一系列旨在降低农民工市民化成本，保护农民工经济社会权益的政策措施，然而受我国既有财税制度、经济发展方式和农民工自身的流动性等多方面的作用和影响，地方政府之间尤其是流入地与流出地政府之间事权和财权的非对称造成国家有关农民工市民化的政策在不同的地方政府执行情况不同，存在着策略性行为。地方政府的这种策略性行为对农民工市民化的影响是多层次、多维度的，其策略性行为选择的形成机理可以在地方政府的政策文本中得到很好的验证。

研究结论7：用工企业支持农民工市民化的成本具有相对性，与农民工人力资本提升和政府的监管水平有关。用工企业对农民工市民化支持与否与其自身在农民工市民化进程中所承担的培训、社保费用以及固定工资负相关，与政府的监管力度正相关，与农民工自身的努力正相关。这充分说明企业是否支持农民工市民化是多因素的结果，不仅与国家有关农民工市民化的政策有关，与政策的执行、监督力度有关，与企业在具体的用工过程中的理念和行为选择有关，更为重要的是与农民工的努力程度有关。如果将农民工的努力程度理解为一种与用工企业之间的相互合作，是合作共赢的关系，那么提高农民工的人力资本，提高农民工自身的素质，提高其自身的劳动生产率，不仅有利于用工企业对农民工的态度转变，而且也有利于提高企业的收益。农民工自身素质的提高既需要自身的不断投入，也需要企业的投入，但更为重要的是国家应该将农民工的职业培训纳入整个职业技术培训体系中，将农民工的职业培训和继续教育作为一项系统性工程加以试点、推广和应用。

研究结论8：利益关系认识是农民工市民化主体利益协调机制构建的基础。农民工市民化所形成的利益关系是因农民工流动而带来的一系列主体利益关系结构变化的结果，是主体之间围绕农民工市民化产生的收益和成本而展开的博弈结果，是社会建构的结果，具有过程性。农民工市民化所形成的利益关系可以从政府与市场、纵向层面的中央与地方政府关系、横向层面的流入地与流出地关系、农民工与城市居民关系四个维度去认识。基于四个维度的关系认识，农民工市民化的利益协调机制的构建涉及原则、内容体系和机制运行。坚持公平与效率、整体与分类推进、整体规划与分类改革相结合的原则，注重与农民工市民化相关的户籍、公共服务、统一要素市场、土地劳动力市场的监督与追责机制、职业培训体系的改革创新，建立与健全，巩固与加强，将有利于降低农民工市民化成本，增强农民工市民化意愿，提高农民工市民化能力，有序地促进农民工市民化。这一基本命题可以从工资性收入提高、住房成本与受教育成本的分担、社会福利补贴、土地权益保护政策以及技能培训与收益共享、人力资本水平、政府监督等机制系统仿真中得到验证。

9.2 政策建议

无论是过去、现在还是未来，农民工顺利市民化都有着十分重要的经济、社会意义。"十四五"规划和2035远景目标已明确提出要坚持走中国特色新型城镇化道路，深入推进以人为本的城镇化战略，以城市群、都市圈为依托促进大中小城市和小城镇协调联动、特色化发展，使更多人民群众享有更高品质的城市生活的总体要求。有关农民工市民化问题，规划进一步明确要加快农业转移人口市民化，虽然农业转移人口的范畴比农民工更宽泛一些，但农民工仍是主体，考虑到这一现实，国家提出的具体措施包括了深化户籍制度改革和健全农业转移人口市民化机制两条总体规划。国家发展改革委印发的《2021年新型城镇化和城乡融合发展重点任务》再次明确了以人民为中心的发展思想，认为推进农业转移人口市民化仍是新型城镇化的首要任务，将一以贯之地促进农业转移人口有序有效地融入城市，协同推进户籍改革，建立起公共服务常住人口的全覆盖，提出了租购房者同等对待的政策要求。由此可见，在新的发展阶段，面临新的发展任务，党和国家已经将农民工市民化问题纳入议事日程，给予了高度重视。然而农民工市民化涉及经济、社会、文化等领域，具有长期性和复杂性，其改革目标的实现需要全社会的共同努力，需要集成创新，形成社会合力和集体一致性行动。基于在利益相关者行动系统中对农民工市民化的利益属性认识和利益相关者的集体行动策略研究，本课题认为在新的发展阶段，要把农民工市民化这项巨大的社会工程建设落到实处，让农民工真正地实现"市民化"，从而更好地发挥我国所拥有的人力资源优势，形成新的生产、消费动能，为国内国际双循环发展格局的形成奠定良好的经济、社会基础，就必须从意识、制度、产业结构、公共财政、社会环境建设等方面进行系统性的改革，为农民工有序有效市民化营造良好的经济、社会氛围，让农民工有机会、有条件、有能力实现市民化。

政策建议1：客观公正地评价农民工的历史贡献，正确认识农民工市民化的时代价值和长远意义。改革开放后，我国经济保持了40多年的高速增长，这主要得益于优越的人口条件，获得了"人口红利"，"人口红利"主要体现为劳动年龄人口的不断增长和劳动力受教育程度的不断提高。总体上，劳动力无限供给有效地提高了资本的回报率。农民工从农业部门向城市二、三产业的转移，从物质资本要素相对匮乏（稀缺）的地区向物质资本相对丰裕的地区转移，有效地提高了资源的配置效率。这可以理解为农民工对中国经济高速增长的贡献。与此同时，由于农民工多在非正规部门就业，企业支付给农民工的成本是非完全成本，极大地降低了企业的用人成本，提高了资本的投资收益率，这是中国沿海地区很快发展为"世界工厂"的原因之一。同样，由于农民工在城市二、三产业就业，他们很难享受到均等化的公共服务，这在一定程度上减轻了地方政府的公共财政支出压力，为地方政府在财力有限的情况下，将公共财政用于基础设施建设赢得了"机会窗口"。这些都可以理解为农民工对中国经济社会发展的历史贡献，不能忘记。立足于经济新常态和新型城镇化的内在要求，农民工市民化将从供给和需求两个方面对中国经济高质量发展和社会建设产生重要影响。短期看，决定中国经济增长的是需求，在一个开放的经济系统中，任何一项外在的冲击都会对需求产生影响，形成需求波动；长期看，决定中国经济增长的主要是劳动、土地、资本积累和技术进步。一方面，农民工市民化将有利于劳动供给的增长和土地供给的增加，从而形成要素的强供给；另一方面，农民工市民化意味着农民工将彻底融入社会分工体系之中，实现生产者与消费者的分离，从而产生新的需求，从需求端促进中国经济的增长，有利于扩大内需，形成双循环发展的新格局。由此可见，在新的时代背景下，农民工市民化仍然利国利民，仍然具有重要的经济、社会意义，也只有全国上下充分认识到了农民工市民化的价值和意义，才能达成社会共识，国家有关农民工市民化的政策和措施才能在地方政府之间、企业和城市居民之间形成统一行动。只有全社会共同努力，才能有效地降低农民工市民化的总体性成本，促进农民工顺利市民化。

政策建议2：持续深化制度改革，努力为农民工市民化营造宽松的政策环境。党的十八届三中全会全面部署了深化改革的任务。近年来，经过不断地深化主要领域的改革,有力地破除了制约市场主体投资积极性的制度性障碍,极大地促进了经济的可持续增长,取得了有目共睹的成绩。然而就农民工市民化而言,其制度性障碍依然存在,集中体现在户籍制度、就业制度、财税制度和市场与政府之间的关系四个方面。首先是户籍制度改革仍未取得实质性的进展。近年来,随着我国劳动力无限供给曲线的进一步收紧,经济发达地区出现了"用工荒"。面对劳动力供给的不足,各地放松了户籍控制,推出了蓝印户口、积分制等多种吸引人力资源的方式。但细观这些制度,我们不难发现这些制度是选择性的,有着很高的"门槛",大多数农民工难以真正地享受到户籍制度放宽带来的实惠,也就是说大多数没有技术和专长的农民工的市民化仍然要面临"有形之墙"。因此,在国家对大中小城市发展的总体规划框架内,应尽快放开中小城市的户籍制度,用常住户口替代原有的户籍制度,并均等化隐含在不同类型户籍背后的各种福利,以破除农民工市民化的户籍门槛。其次是就业制度改革。城乡二元的劳动力市场和城市内部的二元劳动力市场的存在极大地降低了市场对劳动力资源的配置效率,极大地降低了农民工自身对其进行人力资本投资的积极性。长期以来,大多数农民工只能在非正规的劳动力市场上实现就业,各种权益难以得到有效保护,收入与付出不成正比,难以完成其市民化的物质资本和人力资本积累。因此,在新的形势下,应着手全国统一的劳动力市场的建设,一方面,应加大对企业等用人单位在员工招录过程中歧视性条款的监督,应鼓励企业招录农业转移人口,并将企业就业岗位上的农民工纳入整个企业的福利系统中,坚决制止同工不同酬的现象发生。另一方面,应加强对农民工权益的保护。多年来,国家不断加强农民工权益的保护,但欠薪等有损农民工权益的事件仍屡有发生,其根本原因与农民工就业性质有关,与劳动力市场的监督管理和不完善有关,因此,必须在全国统一劳动力市场建设的体系下,去不断完善农民工就业制度。一方面应进一步明确中央财政与地方财政的财权与事权,按照公共产品有效供给的基本原则,合理而科学地划分纵向层面的转移支付制度。另一方面,理顺横向层面的流入地与流出地地方政府之间的成本收益关系,按照权责对等的原则,建立起科学而合理的补偿机制。

  政策建议3:不断调整优化产业结构,为农民工市民化提供充分的就业机会。在城市二、三产业实现充分就业是农民工市民化的基本前提,因此,如何让农民工能够在劳动力市场上实现就业是农民工市民化必须思考的问题。总体上,不同的产业对劳动力的吸纳是不同的。相对于一、二产业,第三产业的发展对劳动力的吸纳能力是最强的。发达国家现代化进程表明,一、二、三产业结构的调整和优化是必然规律。随着经济社会的发展,二、三产业的比重尤其是第三产业的比重将不断上升。总体上，发达国家的第三产业的比率大约在80%。近年来，我国的第三产业在国家的鼓励和支持下虽有了大幅度的提高，但总体发展水平仍然不高，第三产业发展不平衡不充分难以满足人们对美好生活的需要。一般地，第三产业多是劳动密集型产业，其规模化发展和高质量发展将有利吸纳更多的农民工就业。改革开放以来，中国经济社会的发展已深深地嵌入整个世界经济体系中，受整个世界经济转型升级和信息技术快速发展的影响，我国产业的转型升级既受到技术发展的驱动，也受到人工成本的驱动，两方面的发展趋势对农民工群体都是不利的，技术发展将会对农民工就业产生排斥效应，人工成本的驱动将对农民工产生逆淘汰①。因此，我国的产业结构调整优化应充分考虑人力资源的结构性特征，在鼓励发展高科技企业的同时，应大力发展制造服务业、现代服务业和传统服务业，尤其是围绕我国快速老龄化的特征，加快发展养老服务业，通过服务业的培育和发展，为农民工提供更多、更广的就业机会，为其市民化创造条件。

政策建议4：进一步优化公共财政供给制度，提高地方政府履行农民工市民化职责的能力。地方政府行为策略与农民工市民化的成本和收益高度相关，而地方政府的行为策略与地方政府的公共财政收入联系紧密。以公共服务均等化、全覆盖为基本的执政理念，农民工市民化无疑会加重地方政府的财政支出负担。在财政收入没有新增，既有的财政支出一定的情况下，地方政府用于农民工市民化的财政支出增加则意味着城市基础设施、教育、住房、社会保障的支出则会相应降低，这又会反过来影响一个地方的经济社会发展。从以上分析可知，单纯依靠地方政府去有效地推进农民工市民化存在着激励难以相容的问题，因此，必须进一步优化公共财政供给制度，进一步激发地方政府的行动意愿，增强其行动能力，从而夯实农民工市民化的公共财政基础。首先，应进一步在稳定地方政府收入，保证地方政府政策的公共支出的前提下，建立起与常住人口而非户籍人口相关的财政转移支付制度，以激励地方政府为农民工市民化提供均等化全覆盖的公共服务。其次，应进一步优化地方政府尤其是基层政府的财政支出结构，按照公共财政的要求，明确基层财政的支出重点，将与农民工市民化成本密切相关的文化、教育、社会保障、交通、供水等公共基础社会的供给作为公共财政的优先保证项目，并将农民工及其子女的社会保障作为

---

① 为应对人工成本上涨而带来的企业总体成本的上升，沿海一些加工制造企业纷纷采取了以机器人代替农民工的策略，这事实上形成了一种新的悖论：农民工城市生活成本上升推动企业用工成本增加，企业为保持竞争优势，用机器人代替农民工，农民工失去工作机会。

重点纳入基层公共财政支出体系中,从公共财政角度去降低农民工市民化的成本。再次,应认真总结先进地区的典型经验。受执政理念、经济发展水平等多方面因素的影响,我国一些地方严格按照中央相关政策规定在推进农民工市民化方面进行了有益的探索和实践并取得了一些先进经验,尤其是一些地方政府从公共产品供给角度优化了农民工市民化的财政支出,有力地推动了农民工市民化工作的顺利开展,值得学习和借鉴。

  政策建议5:全面贯彻落实五大发展理念,为农民工市民化营造一个良好的社会环境。农民工市民化将有利于延伸和扩大我国的"人口红利"。立足于中国经济社会发展新阶段所面临的新任务和新目标,农民工市民化将有利于国内外双循环格局的形成,是社会主义现代化国家建设的重要组成部分,不仅具有重要的现实价值,而且也具有长远意义。党的十八届五中全会提出了"创新、协调、绿色、开放、共享"的五大发展理念。五大发展理念为经济新常态和新型城镇化背景下农民工市民化工作的有序推进提供了基本的思想遵循。立足于农民工市民化的现实,阻碍农民工市民化的原因是多方面的,既包括内在的个体因素,也包括外在的环境因素,两者相比较,制约和影响农民工市民化的主要因素是外在的环境因素。破解外在环境制约因素需要制度创新,需要协调发展,需要转变发展方式,需要进一步开放市场,更需要建立起共享发展的制度体系,以五大发展理念的贯彻落实,系统地推进农民工市民化有效、有序地进行。为有效、有序地推进农民工市民化,应将着力点聚焦在制度创新、协调发展和共享发展三个方面。首先,制度创新的重点是优化劳动力和土地制度,进一步健全现代财政制度,优化提高政府服务效能,从制度上为农民工市民化提供有力保证。其次,协调发展应聚焦城乡发展水平和公共服务差别的消除,应聚焦于城乡之间要素的有序自由流动,应聚焦于大中小城市和农村公共服务的均等化,以提高中小城镇对农民工的吸引力和承载能力。再次,共享发展意味着发展是为了人民,人民是推动发展的真正动力,理应由人民共享。如果从共享发展的角度去审视农民工市民化这一项巨大的社会工程,那么共享发展理应将参与社会主义现代化国家建设的农民工纳入整个社会保障体系中,通过增加公共服务、转移支付、职业技术教育、社会保障制度等方式方法,畅通农民工共享发展成果渠道,形成可持续的共享机制,以改善农民工市民化的心理预期,提高其市民化后的生活水平和社会保障水平。

9.3 研究不足

研究不足1：农民工市民化时代背景的全面性认识。农民工市民化的多重属性决定了背景认识或框架构建的重要价值。中国正处于经济社会全面转型过程中，农民工市民化内嵌于这一巨大的经济社会转型之中，其顺利市民化不仅受经济因素影响，还受政治、文化、技术等多种因素的影响。本课题将农民工市民化这一巨大的社会命题纳入经济新常态和新型城镇化这两个典型的时代背景之下对其进程的利益冲突和协调机制进行研究既有可取之处，也存在着明显的不足，缩小研究背景虽有聚焦的优点，更有利于对问题进行解剖和深描，然而却局限了视野，在有限的视野范围内对农民工市民化的价值进行探讨难免会出现片面性。因此，进一步拓宽农民工市民化的背景框架，将有利于更全面地认识农民工市民化的长远价值。

研究不足2：个体内在因素与外在因素对农民工市民化影响的交互作用认识。农民工市民化既受个体内在因素的作用和影响，又受外在的制度、政策、环境等因素的作用和影响，是内在因素与外在因素共同作用的结果，两者之间具有交互性。总体上，农民工市民化最终表现在个体层面，由此产生的问题是内在因素与外在因素交互作用的过程对农民工市民化的影响与作用是怎样的。也就是说，在农民工市民化过程中，内在因素与外在因素对农民工市民化的作用和影响是否存在先后顺序和重要性程度的问题，这种顺序性和重要性与其利益关系结构有何内在逻辑关联，这种内在的逻辑关联对其行为选择有何影响，是一个社会认知过程还是一个动态适应过程。对这些问题的研究将有助于更深层次地揭示农民工市民化的影响因素和作用机理，然而，本课题并未将这些问题纳入农民工市民化的利益关系去进行深入的探讨，弱化了整个研究认识的深度，存在着不足。

研究不足3：微观层面的个体关注不够。个体层面的农民工市民化是其生命历程中的重大事件。微观层面的农民工市民化的行为动机和行动策略与农民工个体的生命历程之间有何关系；除与农民工个体的人力资本有关系外，与其静态和动态的社会资本有何关系；尤其是立足于个体层面的农民工市民化的典型社会事件去探讨农民工从农村进入城市，个体层面的认知能力、适应能力与其人力资本的提升有何关系；人力资本提升与社会资本积累之间关系，两种资本积累与其市民化的选择以及选择结果之间有何关系是农民工市民化这一重大命题理应回答的问题。因此，应将个体的人力资本积累和社会资本建构纳入一

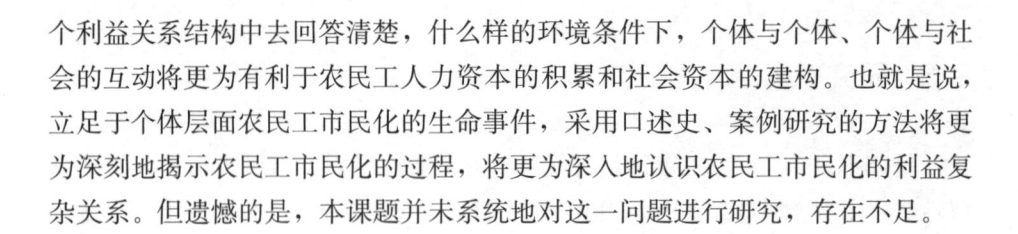

个利益关系结构中去回答清楚,什么样的环境条件下,个体与个体、个体与社会的互动将更为有利于农民工人力资本的积累和社会资本的建构。也就是说,立足于个体层面农民工市民化的生命事件,采用口述史、案例研究的方法将更为深刻地揭示农民工市民化的过程,将更为深入地认识农民工市民化的利益复杂关系。但遗憾的是,本课题并未系统地对这一问题进行研究,存在不足。

9.4 研究展望

生产要素从农业部门向城市二、三产业流动是一个国家由传统农业国家向现代化工业国家发展的必然现象和客观规律。生产要素在农村和城市之间的流动必然会产生农业剩余人口的流动。"农民工"产生于中国改革开放后,既具有人类社会现代化的共性特征,也具有十分明显的中国特色。无论是过去、现在还是将来,农民工市民化都是人类社会现代化进程中一个非常有价值的研究对象。农民工市民化涉及政治、经济、社会、文化等多个方面,农民工市民化研究的逻辑起点是"农民工"的现实存在,如何看待"农民工"这一社会事实将产生不同的学术研究进路。本书研究的学术进路是基于有效有序推进农民工市民化这一既定研究目标,将农民工市民化纳入经济新常态和新型城镇化双重背景下,立足于利益关系框架系统中的主体行动策略中去揭示主体行动策略选择与农民工市民化之间的内在逻辑关系。研究结论表明,从利益关系角度去理解和解释农民工市民化具有一定的新颖性,进一步深化了人们对农民工市民化的复杂性和系统性的认识。但在研究过程中,我们也发现以下几个问题尚待进一步深入探讨。

研究展望1:农民工自身的人力资本投资行为研究。农民工市场从无限供给到有限供给的直接结果是"民工荒"的出现,事实上,"民工荒"与农民工难以有效就业并存于现实之中,这一互为矛盾的现象说明农民工自身的人力资本或者说技能水平与社会发展需求存在着结构性矛盾,化解这一矛盾既需要整个职业教育系统进行体制机制改革和创新,有效地对农民工进行开放,也需要农民工自身根据市场需求变化,不断加大自身的人力资本投资,以提高其自身在劳动力市场上的竞争能力。农民工自身的人力资本投资具有外溢性,不仅对自身有利,而且对整个社会有益。然而,农民工怎样才能既愿意又有能力加大自身的人力资本投资,受什么因素影响,需要什么样的外在条件,不同外在条件与其投资行为有何关系都值得进行理论与实证研究。

研究展望2:农民工权益保护问题研究。农民工权益保护有广义和狭义之分。多年来，党和国家一直高度重视农民工权益保护，但在现实的劳动力市场上，农民工在劳动过程中缺乏应有的劳动保护，劳动结束后遭遇工资拖欠，农民工权益受损事件屡禁不止。这似乎成了一个悖论，为什么会出现这种一张一弛并持续存在的现象？农民工与施害方的行动逻辑是什么？是农民工权益保护制度安排或政策执行出了问题，还是与农民工自身的组织化程度有关，或者是两者综合的结果以及源于更为复杂的社会因素？这不仅需要在宏观层面进行一般性理论分析，也需要对个体案例进行深入挖掘，以揭示这种现象产生的经济、社会、文化等深层次原因，为这一现象的高效治理找到科学的应对之策。这不仅关系到和谐社会建设，也是提高国家治理能力和国家治理现代化建设的重要途径，值得深入研究。

研究展望3：农民工市民化后分化现象研究。农民工市民化是个体层面生命历程的重要事件，农民工市民化后将经历社会融入、生产生活方式的变化，对农民工个体形成挑战，既涵盖生产生活空间环境、社会环境的适应问题，也包括其社会心理的调适等。农民工适应能力以及环境的包容性对农民工市民化的生活、工作质量和健康都有重要影响。如果以农民工市民化后的群体分化为研究对象，那么农民工市民化后怎样才能更好地适应环境、身份变化而带来的冲击，其应对策略可以有效解释农民工市民化群体内的分化现象，而应对策略选择与个体、群体、外在环境关系的揭示既需要构建起一个整体性的分析框架，也需要科学而合理的研究方法，其内在作用机理的探寻将极大地丰富人口转移理论，具有十分重要的探讨价值。

参考文献

[1] Eisenberger R, Huntington R, Hutchison S, et al. Perceived organizational support [J]. Journal of Applied Psychology, 1986, 71 (3): 500–507.

[2] Fei C H, Ranis G A. Theory of economic development [J]. American Economic Review, 1961 (9): 321–341.

[3] Harris J R, Todaro M P. Migration, unemployment and development: a two-sector analysis [J]. American Economic Review, 1970 (60): 324–347.

[4] Koopmans R, Statham P, Giugni M, et al. Contested citizenship: immigration and cultural diversity in Europe [M]. Minneapolis: University of Minnesota Press, 2006.

[5] Jorgenson D W. The development of a dual economy [J]. Economic Journal, 1961, 71 (282): 309–334.

[6] Lewis W A. Economic development with unlimited supply of labor [J]. The Manchester School of Economic and Social Studies, 1954 (3): 139–191.

[7] Seeborg M C, Jin Z, Zhu Y. The new rural–urban labor mobility in China: causes and implications [J]. Journal of Socio-Economics, 2000, 29 (1): 39–56.

[8] Stark O, Taylor J E. Migration incentives, migration types: the role of relative deprivation [J]. The Economic Journal, 1991, 101 (408): 1163–1178.

[9] Todaro M P. A model of labor migration and urban unemployment in less developed countries [J]. American Economic Review, 1969, 59 (1): 138–148.

[10] Vilallonga M A. Labor migration during the first phase of Basque

industrialization: the labor market and family motivations [J]. History of the Family, 1998, 3 (2): 199-219.

[11] 安凡所. 农民工劳动力市场的契约特征及其关系治理 [J]. 求索, 2019 (1): 76-82.

[12] 白永秀, 刘盼. 新中国成立以来农村劳动力流动的历史演进——基于家庭联产承包责任制推动视角 [J]. 福建论坛（人文社会科学版）, 2019 (3): 5-14.

[13] 蔡昉. 破解农村剩余劳动力之谜 [J]. 中国人口科学, 2007 (2): 2-7.

[14] 蔡昉. 中国劳动力市场发育与就业变化 [J]. 经济研究, 2007 (7): 4-14.

[15] 蔡昉. 以农民工市民化推进城镇化 [J]. 经济研究, 2013 (3): 6-8.

[16] 蔡昉. 从人口红利到改革红利 [N]. 文汇报, 2014-04-28 (012).

[17] 蔡书凯, 倪鹏飞. 经济新常态触发的地方政府融资转型与匹配 [J]. 经济体制改革, 2015 (2): 148-154.

[18] 蔡泽昊, 俞贺楠. 新型城镇化与农民工市民化：制度保障、障碍及政策优化 [J]. 河南社会科学, 2014, 22 (3): 36-48.

[19] 操家齐. 农民工社会保障权均等化推进迟滞的深层逻辑 [J]. 社会科学战线, 2017 (7): 199-206.

[20] 曹俊杰, 刘丽娟. 新型城镇化与农业现代化协调发展问题及对策研究 [J]. 经济纵横, 2014 (10): 12-15.

[21] 曹宗平. 经济新常态下农民工返乡创业的多重动因与特殊作用 [J]. 广东社会科学, 2019 (3): 23-30+254.

[22] 陈浩, 张京祥, 陈宏胜. 新型城镇化视角下中国"土地红利"开发模式转型 [J]. 经济地理, 2015, 35 (4): 1-8.

[23] 陈鹏程, 田旭, 何军. 市场发育、劳动合同异质性与农民工工资的溢价效应——基于CHIP数据的实证研究 [J]. 农业技术经济, 2019 (6): 107-119.

[24] 陈强远, 梁琦. 技术比较优势、劳动力知识溢出与转型经济体城镇化 [J]. 管理世界, 2014 (11): 47-59.

[25] 陈雯, 闫东升, 孙伟. 长江三角洲新型城镇化发展问题与态势的判断 [J]. 地理研究, 2015, 34 (3): 397-406.

[26] 陈怡男, 刘鸿渊. 农民工市民化公共属性与制度供给困境研究 [J]. 经济体制改革, 2013 (4): 80-84.

[27] 陈咏媛. 新中国 70 年农村劳动力非农化转移：回顾与展望 [J]. 北京工业大学学报（社会科学版），2019，19（4）：18—28.

[28] 程名望，史清华，许洁. 流动性转移与永久性迁移：影响因素及比较——基于上海市 1446 份农民工样本的实证分析 [J]. 外国经济与管理，2014，36（7）：63—71.

[29] 程名望，华汉阳. 农民工务工收入及其影响因素——基于上海市 993 份调查问卷的实证分析 [J]. 湘潭大学学报（哲学社会科学版），2019，43（5）：53—59.

[30] 程延园，宋皓杰，王甫希，等. 劳动合同法实施后不同职工群体劳动权益保障差异变迁研究 [J]. 中国软科学，2016（5）：12—20.

[31] 迟福林. 转型中国的历史性抉择 [J]. 经济体制改革，2015（3）：5—14.

[32] 仇晓洁，王箐. 新型城镇化进程中农民工社会保障问题研究 [J]. 武汉金融，2016（1）：26—28.

[33] 褚荣伟，肖志国，张晓冬. 农民工城市融合概念及对城市感知关系的影响——基于上海农民工的调查研究 [J]. 公共管理学报，2012，9（1）：44—51+124.

[34] 崔传义. 对就业形势、刘易斯拐点的判断和政策选择 [J]. 中国就业，2011（4）：8—10.

[35] 党国英. 城乡界定及其政策含义 [J]. 学术月刊，2015（6）：51—58.

[36] 道格拉斯. 经济史中的结构与变迁 [M]. 陈郁，罗华平，译. 上海：上海三联书店，1994.

[37] 邓晓兰，陈宝东. 经济新常态下财政可持续发展问题与对策——兼论财政供给侧改革的政策着力点 [J]. 中央财经大学学报，2017（1）：3—10.

[38] 邓秀华. 新生代农民工问题及其市民化路径选择 [J]. 求索，2010（8）：71—73.

[39] 丁静. 中国新生代农民工市民化问题研究 [J]. 学术界，2013（1）：215—288.

[40] 丁萌萌，徐滇庆. 城镇化进程中农民工市民化的成本测算 [J]. 经济学动态，2014（2）：36—43.

[41] 杜海峰，顾东东，杜巍. 农民工市民化成本测算模型的改进及应用 [J]. 当代经济科学，2015（2）：1—10+124.

[42] 杜巍，车蕾. 新型城镇化背景下农民工居住意愿与购房能力现状分析 [J]. 当代经济管理，2019，41（8）：34-43.

[43] 杜朝晖. 经济新常态下我国传统产业转型升级的原则与路径 [J]. 经济纵横，2017（5）：61-68.

[44] 冯俏彬. 农民工市民化的成本估算、分摊与筹措 [J]. 经济研究参考，2014（8）：20-30.

[45] 范金，袁小慧. 中国经济新常态的特点、国际经验和应对重点 [J]. 南京社会科学，2015（5）：10-16.

[46] "服务业发展与农民工就业研究"课题组. 服务业发展对农民工就业影响的实证分析 [J]. 调研世界，2016（10）：38-42.

[47] 淦未宇，刘伟. 基于社会偏好视角的新生代农民工信任激励机制研究 [J]. 软科学，2012，26（9）：80-83.

[48] 淦未宇，刘伟. 基于互惠博弈视角的新生代农民工组织支持策略 [J]. 工业工程，2013，16（5）：108-112.

[49] 高相铎，陈天. 我国新型城镇化背景下城市群规划响应 [J]. 城市发展研究，2014，21（5）：6-11.

[50] 高志刚，华淑名. 新型工业化与新型城镇化耦合协调发展的机理与测度分析——以新疆为例 [J]. 中国科技论坛，2015（9）：121-126.

[51] 葛乃旭，符宁，陈静. 特大城市农民工市民化成本测算与政策建议 [J]. 经济纵横，2017（3）：65-68.

[52] 辜胜阻，李洪斌，曹誉波. 新型城镇化改革的原则与路径——十八届三中全会的城镇化新政 [J]. 江海学刊，2014（1）：79-85.

[53] 辜胜阻，李睿，曹誉波. 中国农民工市民化的二维路径选择——以户籍改革为视角 [J]. 中国人口科学，2014（5）：2-10.

[54] 辜胜阻，刘磊，李睿. 新型城镇化下的职业教育转型思考 [J]. 中国人口科学，2015（5）：2-9.

[55] 国务院发展研究中心. 农民工市民化制度创新与顶层政策设计 [M]. 北京：中国发展出版社，2011.

[56] 郭熙保，苏桂榕. 我国农地流转制度的演变、存在问题与改革的新思路 [J]. 江西财经大学学报，2016（1）：78-89.

[57] 郭万超，胡琳琳. 新型城镇化进程中农民工市民化问题探析 [J]. 科学社会主义，2014（3）：89-92.

[58] 郭学静，陈海玉，刘庚常. 农民工劳动关系政府规制的关键绩效指标体

系研究 [J]. 西北人口, 2014, 35 (4): 63-68.

[59] 韩长赋. 中国农民工发展趋势与展望 [J]. 经济研究, 2006 (12): 4-12.

[60] 韩国明, 张恒铭. 我国新型城镇化与农业现代化协调发展空间分布差异研究 [J]. 吉林大学社会科学学报, 2015, 55 (5): 36-46.

[61] 韩俊, 何宇鹏. 新型城镇化与农民工市民化 [M]. 北京: 中国工人出版社, 2014.

[62] 何斌, 张杨. 农民工劳动合同的法律经济分析——兼论农民工权益保护 [J]. 北京农业职业学院学报, 2004 (6): 48-51.

[63] 贺建风, 吴慧. 科技创新和产业结构升级促进新型城镇化发展了吗 [J]. 当代经济科学, 2016, 38 (5): 59-68.

[64] 何艳玲. 强制性城市化的实践逻辑: 贝村调查 [M]. 北京: 中央编译出版社, 2013.

[65] 胡斌红, 杨俊青. 农民工为何"偏爱"大城市?——基于城市规模与农民工就业质量的研究 [J]. 学习与实践, 2019 (6): 24-34.

[66] 胡若痴. 新型城镇化与工业化、信息化、农业现代化关系的马克思主义分析 [J]. 科学社会主义, 2014 (4): 134-137.

[67] 胡晓书, 许传新. 农民工工作满意度的影响因素研究 [J]. 企业经济, 2014 (1): 67-71.

[68] 胡月, 戴艳军. 新常态下大学生创业促进对策研究 [J]. 经济纵横, 2015 (11): 64-67.

[69] 黄锟. 农民工市民化过程中的制度冲突与协调——以城乡二元制度为例 [J]. 经济研究参考, 2013 (39): 39-47.

[70] 黄文正, 何亦名, 李宏. 经济新常态下的社会保障体系建设问题研究 [J]. 经济问题, 2015 (11): 1-6.

[71] 贾颖. 农民工社会保障问题、成因及完善建议 [J]. 人民论坛, 2015 (29): 144-146.

[72] 蒋长流, 韩春虹. 利益非一致性与农民工社会保障市民化的政策支持研究 [J]. 经济体制改革, 2015 (1): 95-99.

[73] 江飞涛, 李晓萍. 当前中国产业政策转型的基本逻辑 [J]. 南京大学学报 (哲学·人文科学·社会科学), 2015, 52 (3): 17-24+157.

[74] 姜丽丽. 经济新常态下我国中小企业税收优惠政策研究 [J]. 税务与经济, 2015 (6): 85-89.

[75] 蒋万胜, 寿纪云. 新型城镇化: 解决农民工城乡流动的重要途径 [J].

宏观经济管理，2013（12）：63-65.

[76] 江省身. 新型城镇化背景下我国工业化与农业现代化的互动发展 [J]. 社会科学家，2017（6）：85-89.

[77] 康珂. 新常态下中国经济增长动力转换的金融支持 [J]. 金融论坛，2016，21（3）：9-17.

[78] 李宝值，朱奇彪，米松华，等. 农民工社会资本对其人力资本回报率的影响研究 [J]. 农业经济问题，2017，38（12）：43-54+111.

[79] 李长安. 经济新常态下我国的就业形势与政策选择 [J]. 北京工商大学学报（社会科学版），2016，31（6）：1-9.

[80] 李长生，李学坤，戴波，等. 云南省农民工市民化成本测算及分担机制研究 [J]. 云南农业大学学报（社会科学版），2015，9（6）：1-7.

[81] 李传健，邓良. 新型城镇化与中国房地产业可持续发展 [J]. 经济问题，2015（1）：119-123.

[82] 李芙蓉，麻晓刚. 新型城镇化背景下农民工市民化的制度性障碍因素研究 [J]. 改革与战略，2013（9）：50-53.

[83] 李红勋. 转型期农民工社会保障问题研究 [J]. 理论与改革，2016（2）：150-153.

[84] 李俭国，张鹏. 新常态下新生代农民工市民化社会成本测算 [J]. 财经科学，2015（5）：131-140.

[85] 李杰，张光宏. 农村土地制度与城镇化进程：制度变迁下的历史分析 [J]. 农业技术经济，2013（2）：104-111.

[86] 李建民. 中国的人口新常态与经济新常态 [J]. 人口研究，2015，39（1）：3-13.

[87] 李娟娟，赵景峰，湛爽. 马克思经济周期理论与中国经济新常态 [J]. 经济学家，2015（9）：5-10.

[88] 李君甫，许多. 农民工的居住方式与过度劳动研究 [J]. 重庆社会科学，2018（9）：36-45.

[89] 李伶俐. 如何提高农民工劳动合同签订率 [J]. 人民论坛，2017（20）：60-61.

[90] 刘璐宁，孟续铎. 构建和谐劳动关系背景下农民工超时工作问题探析 [J]. 农村经济，2018（7）：121-128.

[91] 李萌，王安琪. 经济新常态下战略性新兴产业金融支持效率评价与分析 [J]. 经济问题探索，2016（5）：83-87.

[92] 李强. 主动城镇化与被动城镇化 [J]. 西北师大学报（社会科学版），2013（6）：1－8.

[93] 李瑞琴，肖忠意. 城镇化进程中农民工家庭消费储蓄行为决策机制——基于城市归属感视角的研究 [J]. 经济经纬，2019，36（4）：16－23.

[94] 李润国，赵青，王伟伟. 新型城镇化背景下城中村改造的问题与对策研究 [J]. 宏观经济研究，2015（8）：41－47.

[95] 李森. 新型城镇化进程中我国乡村教育可持续发展的现实困境与战略选择 [J]. 西南大学学报（社会科学版），2015，41（4）：98－105.

[96] 李森，崔友兴. 新型城镇化进程中乡村教师专业发展现状调查研究——基于对川、滇、黔、渝四省市的实证分析 [J]. 教育研究，2015，36（7）：98－107.

[97] 李诗然，方小教. 新生代农民工市民化路径选择的新趋势 [J]. 江淮论坛，2014（3）：24－27.

[98] 李硕，余佳祥，朱弘，等. 企业员工培训管理存在的问题与对策 [J]. 云南农业大学学报（社会科学版），2012（5）：20－24.

[99] 李伟. 农民工社会保障问题研究综述 [J]. 经济研究参考，2013（6）：37－45.

[100] 李英东. 农民工城市住房的困境及解决途径 [J]. 西北农林科技大学学报（社会科学版），2016，16（2）：55－60.

[101] 梁伟军. 劳动者权力视阈下的农民工权益保障分析 [J]. 江汉论坛，2017（7）：135－139.

[102] 蔺思涛. 经济新常态下我国就业形势的变化与政策创新 [J]. 中州学刊，2015（2）：82－85.

[103] 林拓，虞阳. 重塑地方感：农民工流动的空间转变及公共文化服务 [J]. 社会科学，2016（5）：68－76.

[104] 刘昌平，汪连杰. 供给侧结构性改革背景下我国就业形势的新变化与政策选择 [J]. 上海经济研究，2016（9）：25－32.

[105] 刘昌平，汪连杰. 新常态下的新业态：旅居养老产业及其发展路径 [J]. 现代经济探讨，2017（1）：23－27＋48.

[106] 刘传江，周玲. 社会资本与农民工的城市融合 [J]. 人口研究，2004（5）：12－18.

[107] 刘传江，程建林. 双重"户籍墙"对农民工市民化的影响 [J]. 经济学家，2009（10）：66－72.

[108] 刘传江. 迁徙条件、生存状态与农民工市民化的现实进路 [J]. 改革，2013 (4)：83-90.

[109] 刘传江，董延芳. 农民工的代际分化、行为选择与市民化 [M]. 北京：科学出版社，2014.

[110] 刘传江，赵晓梦. 中国第三条农村城镇化道路探索——基于劳动力供给视角 [J]. 南方人口，2016 (4)：71-80.

[111] 刘刚，刘慧. 我国东中西部地区经济发展格局比较分析 [J]. 调研世界，2012 (8)：11-14.

[112] 刘国斌，杨富田. 信息化带动新型城镇化发展问题研究 [J]. 情报科学，2015，33 (1)：49-53.

[113] 刘鸿渊. 农民工子女接受义务教育现实困境探析 [J]. 经济体制改革，2010 (3)：113-117.

[114] 刘鸿渊，陈怡男. 农地流转与农民土地财产收入关系研究——一个利益属性与主体策略行为的视角 [J]. 农村经济，2018 (5)：22-27.

[115] 刘军. 社会网络分析导论 [M]. 北京：社会科学文献出版社，2005.

[116] 刘丽华. 我国农民工劳动权益保护问题研究 [J]. 财经问题研究，2016 (S2)：167-171.

[117] 刘小年. 农民工市民化的影响因素：文献述评、理论建构与政策建议 [J]. 农业经济问题，2017 (1)：66-74.

[118] 刘仪凤，吴梦然，潘建伟. 农民工消费行为影响因素分析——以北京市为例 [J]. 商业经济研究，2019 (6)：57-59.

[119] 刘占彦. 论农民工教育服务的多边合作供给制度 [J]. 继续教育研究，2016 (4)：35-37.

[120] 娄文龙. 农民工住房保障问题研究述评 [J]. 湖南农业大学学报（社会科学版），2016，17 (5)：55-62.

[121] 陆成林. 新型城镇化过程中农民工市民化成本测算 [J]. 财经问题研究，2014 (7)：86-90.

[122] 卢科. 集约式城镇化——开创有中国特色的新型城镇化模式 [J]. 小城镇建设，2005 (12)：68-69.

[123] 卢海阳，李祖娴. 农民工人力资本现状分析与政策建议——基于福建省1476个农民工的调查 [J]. 中国农村观察，2018 (1)：111-126.

[124] 陆建珍，邢丽荣. 农民工非农就业净收益及其影响因素——基于478份农民工调研数据 [J]. 江苏农业科学，2017，45 (16)：321-326.

[125] 鲁强. 农民工的群体特征、边缘化与市民化路径——基于 TT&DTHM 模型的分析 [J]. 上海经济研究, 2016 (5): 117-128.

[126] 罗红. 新型城镇化背景下农民工市民化实现机制研究 [J]. 农村经济, 2015 (7): 91-94.

[127] 罗家德. 社会网络分析讲义 [M]. 北京: 社会科学文献出版社, 2005.

[128] 罗竖元. 农民工市民化意愿的模式选择: 基于返乡创业的分析视角 [J]. 南京农业大学学报 (社会科学版), 2017 (2): 70-81.

[129] 吕炜, 谢佳慧. 农业转移人口市民化: 重新认知与理论思辨 [J]. 财经问题研究, 2015 (11): 3-10.

[130] 吕文静. 论我国新型城镇化、农村劳动力转移与农民工市民化的困境与政策保障 [J]. 农业现代化研究, 2014, 35 (1): 57-61.

[131] 吕政. 中国经济新常态与制造业升级 [J]. 财经问题研究, 2015 (10): 3-8.

[132] 马用浩, 张登文, 马昌伟. 新生代农民工及其市民化问题初探 [J]. 求实, 2006 (4): 55-57.

[133] 马宇. 经济新常态下宏观调控政策转型分析 [J]. 现代经济探讨, 2015 (10): 10-14.

[134] 倪鹏飞. 新型城镇化的基本模式、具体路径与推进对策 [J]. 江海学刊, 2013 (1): 87-94.

[135] 欧阳慧. 农民工市民化的动力困境与路径创新 [J]. 宏观经济管理, 2016 (1): 61-63.

[136] 潘泽泉. 国家调整农民工社会政策研究 [M]. 北京: 中国人民大学出版社, 2013.

[137] 逄锦聚. 经济发展新常态中的主要矛盾和供给侧结构性改革 [J]. 政治经济学评论, 2016, 7 (2): 49-59.

[138] 齐建国, 王红, 彭绪庶. 中国经济新常态的内涵和形成机制 [J]. 经济纵横, 2015 (3): 7-17.

[139] 钱文荣, 卢海阳. 农民工人力资本与工资关系的性别差异及户籍地差异 [J]. 中国农村经济, 2012 (8): 16-27.

[140] 邵芬. 农民工工资问题探析 [J]. 云南社会科学, 2008 (2): 126-130.

[141] 单菁菁. 农民工市民化研究综述: 回顾、评析与展望 [J]. 城市发展研究, 2014, 21 (1): 18-21.

[142] 单卓然, 黄亚平. "新型城镇化" 概念内涵、目标内容、规划策略及认

知误区解析［J］. 城市规划学刊，2013（2）：16-22.

［143］ 申兵. "十二五"时期农民工市民化的难点、重点与对策［J］. 中国经贸导刊，2010（21）：16-18.

［144］ 石建忠. 健康视域下雇佣农民工过度劳动成因与规制对策［J］. 广西民族大学学报（哲学社会科学版），2019，41（3）：42-48.

［145］ 施丽萍. 基于内容分析法的中国科技创新政策研究［D］. 杭州：浙江大学，2011.

［146］ 石忆邵. 中国新型城镇化与大城市发展［J］. 城市规划学刊，2013（4）：114-119.

［147］ 石智雷，朱明宝. 财政转移支付与农业转移人口市民化研究［J］. 西安财经学院学报，2015（2）：5-10.

［148］ 宋德玲，郭迪佳. 从人力资源成本角度谈企业培训的制度设计［J］. 社会科学战线，2010（6）：196—202.

［149］ 宋加山，张鹏飞，邢娇娇，等. 产城融合视角下我国新型城镇化与新型工业化互动发展研究［J］. 科技进步与对策，2016，33（17）：49-55.

［150］ 宋艳菊，谢剑锋. 基于利益相关者博弈视角的农民工市民化成本分担机制研究［J］. 信阳师范学院学报（哲学社会科学版），2018（3）：1-10.

［151］ 孙国峰，张旭晨. 欠发达地区新生代农民工社会融入的政策选择［J］. 湖南财政经济学院学报，2014（3）：122-127.

［152］ 孙虎，乔标. 我国新型工业化与新型城镇化互动发展研究［J］. 地域研究与开发，2014，33（4）：64-68.

［153］ 孙正林，佐赫. 农民工市民化成本估算与分担机制［J］. 学术交流，2016（10）：142-146.

［154］ 孙中伟，舒玢玢. 最低工资标准与农民工工资——基于珠三角的实证研究［J］. 管理世界，2011（8）：45-56.

［155］ 苏晓萍，王朝全. 拖欠农民工工资问题的制度经济学解析［J］. 农村经济，2008（3）：113-115.

［156］ 谭雪兰，欧阳巧玲，于思远，等. 基于CiteSpace中国乡村功能研究的知识图谱分析［J］. 经济地理，2017（10）：181-187.

［157］ 唐丽萍. 地方政府竞争效应的约束机制分析［J］. 学习与探索，2010（6）：69-72.

［158］ 陶然，王瑞民，潘瑞. 新型城镇化的关键改革与突破口选择［J］. 城市

规划，2015，39（1）：9-15.

[159] 田逸飘，张卫国，刘明月. 科技创新与新型城镇化包容性发展耦合协调度测度——基于省级数据的分析[J]. 城市问题，2017（1）：12-18.

[160] 童光辉，赵海利. 新型城镇化进程中的基本公共服务均等化：财政支出责任及其分担机制——以城市非户籍人口为中心[J]. 经济学家，2014（11）：32-36.

[161] 王蓓，黄晓渝. 城镇化进程中农民工工资支付保障制度研究[J]. 四川师范大学学报（社会科学版），2015，42（3）：36-44.

[162] 王朝明，马文武. 城乡教育均衡发展、城乡收入差距与新型城镇化的关系[J]. 财经科学，2014（8）：97-108.

[163] 王琛. 基于利益相关者视角农业转移人口市民化研究[D]. 北京：中共中央党校，2014.

[164] 王可侠，杨学峰. 我国经济次发达地区的工业化与新型城镇化[J]. 学术界，2014（3）：65-74.

[165] 汪丽，李九全. 新型城镇化背景下的西北省会城市化质量评价及其动力机制[J]. 经济地理，2014，34（12）：55-61.

[166] 王静，王欣. 进城农民工超时工作的成因与特征研究[J]. 统计研究，2013，30（10）：111-112.

[167] 王美艳. 农民工汇款如何影响农户的生活消费支出——来自江苏和安徽农户调查数据的分析[J]. 贵州财经大学学报，2012，30（1）：93.

[168] 王少平，杨洋. 中国经济增长的长期趋势与经济新常态的数量描述[J]. 经济研究，2017，52（6）：46-59.

[169] 王文寅，刘娇娇，李永清. 科技创新能力对新型城镇化水平的影响——以山西省为例[J]. 经济问题，2016（11）：121-124.

[170] 王小章，冯婷. 从身份壁垒到市场性门槛：农民工政策40年[J]. 浙江社会科学，2018（1）：4-9.

[171] 王兴周，张文宏. 城市性：农民工市民化的新方向[J]. 社会科学战线，2008（12）：181-187.

[172] 王艳，李祥妹，王璖璠. 流动类型与农民工消费差异分析[J]. 消费经济，2018，34（3）：42-48.

[173] 王宇，郑红亮. 经济新常态下企业创新环境的优化和改革[J]. 当代经济科学，2015，37（6）：99-106+125-126.

[174] 王玉国，崔建伟. 基于可视化软件CiteSpace的农民工市民化中文化自

觉与文化适应性的研究 [J]. 齐齐哈尔大学学报（自然科学版），2014（6）：63-67.

[175] 王元璋，盛喜真. 农民工待遇市民化探析 [J]. 人口与经济，2004（2）：27-38.

[176] 王振. 深刻把握新型城镇化的"新型"含义 [J]. 社会科学，2014（3）：33-36.

[177] 王振坡，游斌，王丽艳. 论新型城镇化进程中的金融支持与创新 [J]. 中央财经大学学报，2014（12）：46-53.

[178] 王竹林，范维. 人力资本视角下农民工市民化能力形成机理及提升路径 [J]. 西北农林科技大学学报（社会科学版），2015（2）：51-55.

[179] 王梓懿，沈正平，杜明伟. 基于 CiteSpaceⅢ 的国内新型城镇化研究进展与热点分析 [J]. 经济地理，2017，37（1）：32-39.

[180] 魏澄荣，陈宇海. 福建省农民工市民化成本及其分担机制 [J]. 中共福建省委党校学报，2013（11）：113-118.

[181] 魏后凯. 坚持以人为核心推进新型城镇化 [J]. 中国农村经济，2016（10）：11-14.

[182] 文乐，周志鹏. 农民工留城意愿对农民工家庭消费的影响研究 [J]. 人口与发展，2019，25（4）：53-64.

[183] 温兴祥. 户籍获取、工资增长与农民工的经济同化 [J]. 经济评论，2017（1）：135-147.

[184] 翁玉玲. 我国农民工地位弱化的制度反思——以非正规就业法律规制为视角 [J]. 农业经济问题，2018（6）：98-107.

[185] 吴福象，段巍. 新型城镇化中被拆迁户的福利补偿机制研究 [J]. 中国工业经济，2015（9）：21-36.

[186] 吴业苗. "人的城镇化"困境与公共服务供给侧改革 [J]. 社会科学，2017（1）：72-81.

[187] 夏华，梁强. 新型城镇化进程的农民工收入解构：2008—2016 年 [J]. 改革，2017（6）：77-85.

[188] 夏杰长，李芳芳. 经济新常态背景下中国服务业就业特征与趋势研究 [J]. 学习与探索，2015（7）：83-89.

[189] 肖海平，肖地楚，朱佩芬. 湖南郴州市新型城镇化与新型工业化协调发展研究 [J]. 地域研究与开发，2015，34（3）：39-44.

[190] 萧鸣政，宫经理. 当前中国地方政府竞争行为分析 [J]. 中国行政管

理，2011（2）：76-80.

[191] 肖文金，张贵华. 经济新常态下农产品终端流通模式选择及其策略[J]. 财经论丛，2015（12）：85-91.

[192] 谢建社，张华初. 农民工市民化公共服务成本测算及其分担机制——基于广东省G市的经验分析[J]. 湖南农业大学学报（社会科学版），2015（16）：74.

[193] 谢天成，施祖麟. 中国特色新型城镇化概念、目标与速度研究[J]. 经济问题探索，2015（6）：112-117.

[194] 谢勇，史晓晨. 农民工的劳动时间及其影响因素研究——基于江苏省的调研数据[J]. 河北大学学报（哲学社会科学版），2013，38（1）：113-118.

[195] 徐璐. 问题与对策：对新生代农民工学历继续教育的思考[J]. 中国成人教育，2017（5）：157-160.

[196] 徐锡广，申鹏. 经济新常态下农民工"半城镇化"困境及其应对[J]. 贵州社会科学，2017（4）：136-141.

[197] 徐细雄，淦未宇. 组织支持契合、心理授权与雇员组织承诺：一个新生代农民工雇佣关系管理的理论框架——基于海底捞的案例研究[J]. 管理世界，2011（12）：51-68.

[198] 徐盈之，赵永平. 新型城镇化、地方财政能力与公共服务供给[J]. 吉林大学社会科学学报，2015，55（5）：24-35.

[199] 徐勇. 城乡一体化视域中的农业农村发展新思维——评《从行政推动到内源发展：中国农业农村的再出发》[J]. 中国行政管理，2014（10）：117-120.

[200] 徐增阳，翟延涛. 农民工公共服务的现状与意愿——基于广东省Z市调查的分析[J]. 社会科学研究，2012（6）：61-65.

[201] 薛翠翠，冯广京，张冰松. 城镇化建设资金规模及土地财政改革——新型城镇化背景下土地财政代偿机制研究评述[J]. 中国土地科学，2013，27（11）：90-96.

[202] 颜凌芳，李杰. 新型城镇化建设中劳动力转移的制约因素：一个制度框架[J]. 湖南行政学院学报，2012（3）：73-78.

[203] 阎树鑫，董衡苹，黄淑琳，等. 新型城镇化与城市规划[J]. 城市规划学刊，2013（5）：1-5.

[204] 闫智勇，吴全全. 现代职业教育体系建设目标研究[M]. 重庆：重庆

大学出版社，2017.

[205] 闫智勇，吴全全. 经济新常态下现代职业教育体系深层矛盾探思［J］. 中国高教研究，2017（1）：100-103.

[206] 姚明明. 基于家庭视角的农业转移人口市民化研究［J］. 中国国情国力，2017（9）：46-49.

[207] 姚士谋，王肖惠，陈振光. 大城市群内新型城镇化发展的策略问题［J］. 人文地理，2015，30（4）：1-5.

[208] 杨春华. 关于新生代农民工问题的思考［J］. 农业经济问题，2010，31（4）：80-84.

[209] 杨得前，蔡芳宏. 欠发达地区新型城镇化进程中的财政政策研究［J］. 中国行政管理，2015（9）：93-98.

[210] 杨慧，倪鹏飞. 金融支持新型城镇化研究——基于协调发展的视角［J］. 山西财经大学学报，2015，37（1）：1-12.

[211] 杨静，张光源. 推进"三个同步转变"的新型城镇化——以农民工市民化为突破［J］. 中州学刊，2014（6）：41-46.

[212] 杨燕. 新型城镇化进程中农民工市民化现状调查——基于内生性因素的视角［J］. 职业技术教育，2017（6）：51-55.

[213] 杨洋，王晨，章立玲，等. 基于国家规划的新型城镇化状态定量评估指标体系构建及应用——以山东半岛城市群为例［J］. 经济地理，2015，35（7）：51-58.

[214] 张引，杨庆媛，李闯，等. 重庆市新型城镇化发展质量评价与比较分析［J］. 经济地理，2015，35（7）：79-86.

[215] 杨云善. 农民工市民化的制度冲突探析［J］. 信阳师范学院学报（哲学社会科学版），2012（2）：6-10.

[216] 杨云善. 新生代农民工市民化制度创新的博弈分析［J］. 信阳师范学院学报（哲学社会科学版），2013（2）：29-32.

[217] 姚洋. 中国农地制度：一个分析框架［J］. 中国社会科学，2000（2）：54-65.

[218] 叶静怡，周晔馨. 社会资本转换与农民工收入——来自北京农民工调查的证据［J］. 管理世界，2010（10）：34-46.

[219] 叶忠海，张永，马丽华，等. 新型城镇化与社区教育发展研究［J］. 开放教育研究，2014，20（4）：100-110.

[220] 易华. 论经济新常态下文化科技融合推动文化创意产业发展［J］. 学术

论坛，2017，40（1）：145-149.

[221] 易培强. 经济新常态下消费发展的基本特征与主要对策[J]. 湖南师范大学社会科学学报，2015，44（5）：131-137.

[222] 易毅. 我国农民工市民化进程中的利益关系分析[J]. 财经问题研究，2013（3）：82-86.

[223] 郁建兴，高翔. 地方发展型政府的行为逻辑及制度基础[J]. 中国社会科学，2012（5）：95-112+206-207.

[224] 于莲. 科技创新与新型城镇化的关联度[J]. 重庆社会科学，2016（2）：23-28.

[225] 俞林，顾惠明，许敏，等. 新型城镇化进程中新生代农民工市民转化城市空间契合机理研究[J]. 西北人口，2018（2）：10-15.

[226] 余斌，吴振宇. 中国经济新常态与宏观调控政策取向[J]. 改革，2014（11）：17-25.

[227] 于涛，刘军. 农民工权益缺失的制度逻辑——以农民工工资拖欠问题为例[J]. 农村经济，2011（1）：116-119.

[228] 于燕. 新型城镇化发展的影响因素——基于省级面板数据[J]. 财经科学，2015（2）：131-140.

[229] 宛群超，邓峰. FDI、科技创新与中国新型城镇化——基于空间杜宾模型的实证分析[J]. 华东经济管理，2017，31（10）：103-111.

[230] 张贡生，罗登义. 新型城镇化之"新"诠释[J]. 经济问题，2014（6）：6-12.

[231] 张国胜. 农民工市民化的城市融入机制研究[J]. 江西财经大学学报，2007（2）：42-46.

[232] 张国胜，陈瑛. 社会成本、分摊机制与我国农民工市民化——基于政治经济学的分析框架[J]. 经济学家，2013（1）：77-84.

[233] 张继良，马洪福. 江苏外来农民工市民化成本测算及分摊[J]. 中国农村观察，2015（2）：44-56.

[234] 张景华. 新型城镇化进程中的税收政策研究[J]. 经济学家，2013（10）：55-61.

[235] 张来明，李建伟. 中国经济发展新常态重要思想的科学性与理论涵义[J]. 经济纵横，2015（3）：1-6.

[236] 张利. 新常态下我国农民工人口流动现状研究——兼评《农民工与城镇流动劳动人口经济状况分析》[J]. 农业经济问题，2018（2）：

142—143.

[237] 张荣天,焦华富. 中国新型城镇化研究综述与展望[J]. 世界地理研究,2016,25(1):59—66.

[238] 张世勇. 生命历程视角下的返乡农民工研究[D]. 武汉:华中科技大学,2011.

[239] 张世勇. 新生代农民工逆城市化流动:转变的发生[J]. 南京农业大学学报(社会科学版),2014,14(1):9—19.

[240] 张世伟,张娟. 市场化、劳动合同与农民工劳动报酬[J]. 财经科学,2018(6):121—132.

[241] 张世勇,王山珊. 金融危机影响下的农民工回流:特征、机制和趋势[J]. 文化纵横,2019(3):104—113+143.

[242] 张笑秋. 新常态下农民工市民化的挑战及其应对[J]. 湖南科技大学学报(社会科学版),2016,19(3):95—99.

[243] 张晓山. 户籍制度改革进入快车道[J]. 人民论坛,2016(30):66—68.

[244] 张许颖,黄匡时. 以人为核心的新型城镇化的基本内涵、主要指标和政策框架[J]. 中国人口·资源与环境,2014,24(S3):280—283.

[245] 张学英. 农民工的就业环境变迁及技能发展应对[J]. 教育学术月刊,2018(3):42—51.

[246] 张郿. 新常态下的养老产业发展路径[J]. 江汉论坛,2015(6):25—27.

[247] 张永丽,王博. 农民工内部分化及其市民化研究[J]. 经济体制改革,2016(4):95—101.

[248] 张勇民,梁世夫,郭超然. 民族地区农业现代化与新型城镇化协调发展研究[J]. 农业经济问题,2014,35(10):87—94.

[249] 章元,陆铭. 社会网络是否有助于提高农民工的工资水平?[J]. 管理世界,2009(3):45—54.

[250] 章元,万广华,Wang W. 国际贸易与发展中国家的城市化:来自亚洲的证据(英文)[J]. 中国社会科学英文版,2015(2):186—204.

[251] 张占斌. 新型城镇化的战略意义和改革难题[J]. 国家行政学院学报,2013(1):48—54.

[252] 张占斌. 用五大理念引领新型城镇化建设[J]. 国家行政学院学报,2016(1):13—18.

[253] 赵立. 新生代农民工的市民化心理适应——对浙江省904个样本的调查与分析 [J]. 管理世界, 2014 (11): 180-181.

[254] 赵若锦. 我国服务贸易存在的问题及对策分析 [J]. 改革与战略, 2017, 33 (1): 126-129+139.

[255] 赵树凯. 当代中国农民身份问题的思考 [J]. 华中师范大学学报 (人文社会科学版), 2011, 50 (6): 1-10.

[256] 赵永平, 徐盈之. 新型城镇化发展水平综合测度与驱动机制研究——基于我国省际2000—2011年的经验分析 [J]. 中国地质大学学报 (社会科学版), 2014, 14 (1): 116-124.

[257] 郑强. 科技创新对新型城镇化的影响——基于面板门槛模型的实证分析 [J]. 城市问题, 2017 (6): 25-35.

[258] 中国金融四十人论坛课题组. 土地制度改革与新型城镇化 [J]. 新金融评论, 2013 (4): 102-118.

[259] 周飞舟. 生财有道: 土地开发和转让中的政府和农民 [J]. 社会学研究, 2007 (1): 49-82+243-244.

[260] 周加欢, 冯健, 唐杰. 新生代农民工居住特征及影响因素分析 [J]. 城市发展研究, 2017, 24 (9): 109-119.

[261] 周明海, 杨粼炎. 中国劳动收入份额变动的分配效应: 地区和城乡差异 [J]. 劳动经济研究, 2017, 5 (6): 56-86.

[262] 周贤润. 从生产主体到消费主体: 消费认同与新生代农民工的身份建构——基于珠三角地区的分析 [J]. 福建论坛 (人文社会科学版), 2018 (8): 157-165.

[263] 周晔馨, 叶静怡, 曹和平. 流动农民工社会资本的测量及其分布特征——基于北京市农民工社会网络的分析 [J]. 云南财经大学学报, 2013 (3): 141-151.

[264] 褚宏启. 城镇化进程中的教育变革——新型城镇化需要什么样的教育改革 [J]. 教育研究, 2015, 36 (11): 4-13.

[265] 卓玛草, 孔祥利. 农民工收入与社会关系网络——基于关系强度与资源的因果效应分析 [J]. 经济经纬, 2016, 33 (6): 48-53.

后 记

农民工是改革开放后我国经济社会生活中的特殊群体，为我国经济社会发展做出了巨大贡献。作为一种现象存在，农民工与城乡二元体制的制度性安排高度相关。随着我国城镇化、工业化进程的加快，农民工市民化将成为历史必然，加快推进农民工有序市民化具有重要的现实意义。然而受制于既有体制而形成的利益关系，农民工市民化存在私人利益与公共利益、私人成本与公共成本的非一致性，主体成本收益的非一致性必然会导致相关利益主体行为的集体行动难题，这是农民工市民化滞后的真正原因。因此，从利益主体关系角度去揭示主体行为与农民工市民化之间的关系具有重要的理论价值。从历史发展角度看，农民工市民化始终贯穿于我国经济社会发展过程，有关农民工市民化的研究也会随着经济社会的发展而不断深入和发展，从利益关系角度去构建农民工市民化进程中的利益相关者的整体分析框架仅是农民工市民化研究的一个小切口，旨在为新形势下做好农民工市民化工作，出台更为有效的公共政策，形成一致性集体行动，有效降低农民工市民化的社会总成本，将以人民为中心的发展思想落地落实，促进以人为本的新型城镇化的可持续发展提供可资参考的政策性建议。

2020年，我国全面完成了小康社会建设的历史任务，开启了全面建设中国特色社会主义现代化国家的新征程。新阶段、新任务、新发展理念和高质量发展的时代背景决定了农民工市民化的价值和意义。坚持以人民为中心的发展思想，是新时代坚持和发展中国特色社会主义的根本立场。从这一根本立场出发去审视，无论是过去、现在还是将来，农民工都是人民群众的重要代表，是推动中国经济社会发展不可或缺的主体力量，因此，高度关注农民工群体对美好生活的向往，创新发展社会保障制度，为农民工提供更好和更加公平的教育、更加稳定的工作、更为满意的收入、更可靠可及的社会保障、更高水平的医疗卫生服务、更为舒适的居住条件、更加优美的环境、更为丰富的精神文化生活，必将成为城市公共服务和社会建设制度安排的重要任务。这必将导致农

农民工市民化利益：主体关系演化与协调机制研究

民工市民化研究议题的变化，涉及新时代农民工市民化价值认识、农民工市民化有效途径探寻、农民工市民化促进机制设计等，值得进一步系统而全面地研究。

本书是集体智慧的结晶，本书的顺利出版凝聚了课题组全体人员的心血和辛勤劳动。作为课题负责人，我按照课题立项申请书精心设计了大纲，在研究生刘菁儿同学的大力支持下，课题研究工作按照预期目标顺利推进，基本满足了预期进度要求。在本书修改过程中，在李好博士的支持下，我们共同撰写了本书的第1章、第2章、第3章、第7章、第8章和第9章，陈怡男教授、刘菁儿同学撰写了第4章，彭新艳副教授撰写了第5章、第6章。彭新艳副教授还主动承担起了本书的文字排版工作，为保证本书质量付出了辛勤劳动。四川大学出版社梁平老师为本书的出版尽心尽力，并提供了高质量的服务，在此一并谨致谢意。

时至今日，我国经济社会已经发生了深刻而全面的变化，百年未有之大变局深刻影响着世界经济的发展。农民工市民化的外在环境与本书形成之背景也截然不同，有了质的变化，这无疑对本书结论的检验提供了机会。限于学识和其他不可抗拒因素的影响，本书对农民工市民化的社会调查有所不足，对农民工市民化过程中的个性化因素的认识有所缺失，这些问题都有待于在后续研究中加以重视。书中难免存在不足之处，恳请广大读者批评指正。

刘鸿渊

2023年金秋十月